ETUDES GRECQUES

SUR

VIRGILE.

I.

DE L'IMPRIMERIE D'AUG. DELALAIN,
RUE DES MATHURINS-St.-JACQUES, N°. 5.

ETUDES GRECQUES

SUR

VIRGILE,

OU

RECUEIL DE TOUS LES PASSAGES DES POETES GRECS
IMITÉS DANS LES BUCOLIQUES, LES GÉORGIQUES ET L'ÉNÉIDE;

AVEC LE TEXTE LATIN
ET DES RAPPROCHEMENS LITTÉRAIRES;

PAR

F. G. EICHHOFF,

PROFESSEUR DE BELLES-LETTRES, RÉPÉTITEUR A L'INSTITUTION MASSIN.

OUVRAGE ADOPTÉ PAR L'UNIVERSITÉ.

A PARIS,

Chez { A. DELALAIN, Imprimeur-Libraire, rue des Mathurins-St.-Jacques, N°. 5.
TREUTTEL et WURTZ, Libraires, rue de Bourbon, N°. 17.

1825.

A M. le Chevalier Massin,

Chef d'Institution.

MONSIEUR,

Vous avez daigné sourire à mes premiers-essais et diriger mes pas dans la carrière des études; cet ouvrage est le fruit de vos leçons. Permettez-moi de vous l'offrir comme un foible hommage de ma reconnoissance. Puisse-t-il concourir à l'instruction de la jeunesse dont vous êtes le guide et le père! En méritant votre suffrage, j'obtiendrai ma plus douce récompense.

Votre dévoué et respectueux élève,

F. G. Eichhoff.

PRÉFACE.

La plupart des commentateurs de Virgile ne l'ont considéré qu'isolément, et sans égard aux auteurs qui l'ont précédé ou suivi. Ceux mêmes qui se sont appliqués à cette recherche ont simplement cité les endroits imités sans établir entre eux aucun rapport. Il manquoit un ouvrage où l'on trouvât tous ces matériaux réunis, et accompagnés de remarques littéraires qui en fissent sentir l'analogie. Placé entre les Grecs, ses modèles, et les modernes, ses imitateurs, Virgile semble être un heureux intermédiaire fait pour interpréter les uns et diriger chez les autres le goût et l'imagination. En rapprochant les chefs-d'œuvre des différens siècles, en observant les modifications graduelles du génie parmi toutes les nations européennes, on reconnoît la Grèce poétique revivant dans Virgile, et perpétuée par lui chez les modernes.

Sans vouloir embrasser ce plan dans toute son étendue, nous avons essayé d'en tracer une esquisse applicable aux études classiques. La marche de l'ouvrage est celle du texte latin qu'il renferme en entier; mais, pour rendre la comparaison plus immédiate, chaque chant de l'Enéide et des Géorgiques est partagé en un certain nombre de tableaux, subdivisés eux-mêmes en tirades de quinze à vingt vers dont chacune est suivie du passage grec qui s'y rapporte et du renvoi aux imitations modernes. Les Eglogues sont divisées de la même manière, et précédées, ainsi que les deux poëmes, d'un court aperçu historique. Ecrivant surtout pour les élèves, nous avons écarté à dessein toute traduction qui eût détourné leur attention de l'original sur une copie trop imparfaite. Le même motif nous a fait abréger nos remarques. Nous laissons au zèle et au talent des professeurs le soin de donner à ces notes le développement convenable : dans la forme circonscrite de notre ouvrage, nous avons dû subordonner les détails à l'ensemble.

Loin de nous l'erreur de penser que tous les passages cités dans ce livre soient précisément des modèles ou des copies de Virgile : des causes semblables ont dû produire des résultats analogues. Nous ne nous sommes pas attachés à peser les hémistiches et les syllabes ; mais nous avons voulu, en groupant autour d'un poëte unique tous les auteurs anciens et modernes qui se sont exercés dans le même genre, ébaucher un cours de littérature comparée, et montrer l'influence successive et l'alliance du génie dans tous les âges. C'est ainsi que la naïveté de Théocrite, la grâce de Bion et de Moschus semblent avoir été transmises par les Bucoliques aux idylles de Sannazar, de Pope et de Gessner; et que les préceptes d'Hésiode et d'Aratus, d'Aristote et de Théophraste, déjà embellis dans les Géorgiques, ajoutent un nouvel intérêt aux brillants tableaux de Thompson, de St.-Lambert et de Delille. C'est ainsi surtout que, dans un genre plus élevé, on se plaît à voir d'un côté Homère, Apollonius, Eschyle, Sophocle, Euripide et Pindare inspirant le chantre de l'Enéide, et ses sublimes inspirations reproduites à leur tour par le Dante, l'Arioste, le Tasse, le Camoëns, Milton, Racine, Voltaire et Klopstock.

Cet ouvrage a reçu l'approbation de l'Université. Puisse-t-il, sous de pareils auspices, être de quelque secours à la jeunesse de nos écoles, et encourager l'étude d'une langue qui contient les éléments de toutes les littératures.

BUCOLIQUES.

DE LA POÉSIE PASTORALE

I.

Origine de la Pastorale.

On désigne sous ce nom une imitation de la vie champêtre, présentée sous sa forme la plus attrayante, dans l'heureuse simplicité de la nature. Son origine remonte au berceau du genre humain. Nous en trouvons le premier modèle dans l'histoire des patriarches qui, vivant paisiblement à l'abri de leurs tentes, s'occupoient du soin de leurs troupeaux, de la pratique des vertus domestiques, et des devoirs de l'hospitalité. La même uniformité de mœurs subsista pendant plusieurs siècles dans l'Asie mineure et dans la Grèce, comme l'attestent les chants d'Homère et d'Hésiode. Lorsque enfin une civilisation plus avancée l'eut bannie du milieu des villes, elle se réfugia dans quelques vallées solitaires, dans quelques cantons privilégiés, où l'aspect d'un ciel toujours pur, la richesse d'une belle végétation, l'abondance de tous les biens de la terre entretinrent dans le cœur des hommes la joie et la sérénité, et les rendirent également étrangers à l'avilissement de l'esclavage et aux fureurs de l'ambition. C'est ainsi que pendant la lutte sanglante d'Athènes et de Lacédémone, les bergers d'Arcadie, retirés derrière leurs montagnes, chantoient en paix leurs jeux et leurs amours.

Ce fut proprement chez eux que l'Idylle prit naissance ; maîtres de la plus riche des langues, inspirés par un beau climat, ils tirèrent bientôt de leurs pipeaux rustiques les sons les plus harmonieux. Les Siciliens favorisés des mêmes avantages mirent plus de régularité dans ces compositions : les bergers établirent entre eux des combats poétiques ; une houlette, un chevreau, une génisse étoient le prix du vainqueur. Cette émulation eut un heureux effet ; l'Idylle, épurée par les règles du goût sans rien perdre de sa naïveté primitive, brilla chez eux du plus vif éclat.

II.

THÉOCRITE.

Le Sicilien Daphnis est le premier auteur de Pastorales dont le nom soit parvenu jusqu'à nous ; mais ses ouvrages, encore imparfaits sans doute malgré leur grande popularité, ne servirent que de prélude à ceux de Théocrite, désormais le modèle du genre. Ce poëte célèbre fleurit à Syracuse et à Alexandrie, environ 250 ans avant l'ère vulgaire, sous les règnes d'Hiéron II et de Ptolémée Philadelphe. Ses compositions gracieuses font aimer la nature en la peignant dans sa simplicité. L'harmonie de ses vers, écrits en dialecte dorien, ajoute encore au charme de ses pensées; son style est tour à tour noble et familier, élégant et pathétique. Il nous a laissé une trentaine de petits poëmes dont la moitié seulement peuvent s'appeler Idylles ; les autres, selon la diversité des sujets, se rapprochent de l'élégie, de l'ode ou de l'épopée ; en voici la liste explicative :

1. *Thyrsis* ou *la Mort de Daphnis*; Idylle consacrée à la mémoire du premier chantre bucolique, mort victime de la vengeance de Vénus.

2. *Simèthe* ou l'*Enchanteresse*; héroïde, où la crédulité de l'amour malheureux implore le secours de la magie.

3. *Amaryllis* ou le *Chevrier*; complainte d'un berger.

4. 5. 6. *Battus et Corydon*; *Comatas et Lacon*; *Damète et Daphnis*; luttes pastorales.

7. *La Fête de Cérès*; dialogue entre Théocrite et un ami, suivi d'une esquisse de la fête des moissons.

8. 9. *Daphnis et Ménalque*; défis entre deux jeunes bergers.

10. *Milon et Battus*; chant de moissonneurs.

11. *Le Cyclope* ou *Galatée*; chef-d'œuvre du poëte, dans lequel il prête à Polyphème l'éloquence naïve de l'amour.

12. *L'Ami fidèle*; pièce élégiaque peu intéressante.

13. *L'Enlèvement d'Hylas*; jolie narration.

14. 15. *La Fuite de Cynisca*; les *Syracusaines*; scènes satyriques : la dernière présente un riche tableau de la fête d'Adonis.

16. 17. *Les Grâces* ou *Hiéron*; *Eloge de Ptolémée*; panégyriques dont l'exagération ne détruit pas le mérite poétique.

18. *Epithalame d'Hélène*; narration médiocre.

19. *L'Amour blessé*; faible imitation d'Anacréon.

20. 21. *Le jeune Berger*; les *Pêcheurs*; ingénieux apologues.

22. *Castor et Pollux*; véritable chant héroïque dans lequel sont célébrées avec une pompe digne d'Homère les victoires de Pollux sur Amycus et de Castor sur Lyncée.

23. *L'Amant malheureux*; élégie médiocre.

24. 25. *Hercule enfant*; *Hercule chez Augias*; récits des premiers exploits du héros, étouffant les deux serpents envoyés par Junon, et terrassant le lion de Némée.

26. *Les Bacchantes*; précis de la mort de Penthée.

27. *Daphnis et la Bergère*; dialogue pastoral.

28. 29. 30. *Le Fuseau; l'Avis amical; le Sanglier d'Adonis*; pièces peu importantes.

Vingt-deux épigrammes.

III.

BION ET MOSCHUS.

Bion de Smyrne et Moschus de Syracuse s'exercèrent dans la poésie bucolique immédiatement après Théocrite. Bion remplaça la simplicité de son prédécesseur par une afféterie puérile qui dépare ses jolies productions, remplies d'ailleurs de délicatesse et d'esprit. Le temps a détruit une partie de ses Idylles dont il ne nous reste que les fragments suivants :

1. *La Mort d'Adonis*; hymne funèbre, remarquable par l'éclat des images et l'élégance des expressions, destiné à être chanté en chœur aux fêtes d'Adonis.

2. *L'Archer et l'Amour*; jolie allégorie.

3. 4. *L'Education de l'Amour; les Muses et l'Amour;* pièces anacréontiques.

5. *Le Sort commun*; épître morale.

6. *Cléodame et Myrson*; dialogue pastoral.

Huit distiques.

15. *Epithalame d'Achille*; chant de deux bergers.

16. 17. *Hymne à Vesper; Hymne à Vénus.*

Moschus, élève de Bion, aussi brillant mais plus naturel que lui, mérite souvent d'être comparé à Théocrite pour la fraîcheur des images et le rhythme des vers. Sa poésie est pleine de goût et de sentiment; elle porte l'empreinte d'une âme vertueuse. Nous avons de cet auteur aimable sept Idylles dont voici les sujets :

1. *L'Amour fugitif*; ingénieux portrait de Cupidon.

2. *L'enlèvement d'Europe*; chef-d'œuvre du poëte; un des plus brillants récits mythologiques.

3. La *Mort de Bion*; éloquent tribut de l'amitié, sous le voile de l'allégorie pastorale.

4. *Mégare et Alcmène*; pièce inférieure aux précédentes; complainte sur les malheurs d'Hercule.

5. 6. 7. La *Terre et la Mer*; les *Caprices de l'Amour*; *Alphée et Aréthuse*; petites pièces bien versifiées.

Deux épigrammes.

IV.

VIRGILE.

Églogues.

La Pastorale, bannie de la Sicile par les désastres des guerres puniques, reçut un nouveau langage du génie flexible de Virgile. Livré dès son enfance aux occupations rurales, sensible aux merveilles de la nature, le jeune Romain retrouva dans les chants de Théocrite l'image de ses propres émotions : il se pénétra des beautés du poëte grec, et les transporta dans son idiome, en leur conservant le degré de naïveté qu'admettoit l'urbanité de son siècle. Ses cadences sont mélodieuses, ses expressions nobles et touchantes, ses sujets heureux et variés. Tantôt il exprime dans l'Églogue son bonheur et sa reconnoissance; tantôt il pleure sur un tombeau ou console la douleur d'un ami; ici il peint le pouvoir de l'amour; là il développe les préceptes de la sagesse; il chante la lutte pastorale ou la gloire des vainqueurs de l'univers. Partout il intéresse, il entraîne le lecteur par le charme irrésistible de son style ; partout il unit l'élégance d'un courtisan d'Auguste à l'aimable abandon du berger sicilien. Il a surtout imité ses onze premières Idylles qui, pour le plan et la plupart des détails, correspondent aux dix Eglogues dans l'ordre suivant :

Eglogue II. *Alexis*. . . . . . . Idylles 3 et 11.
III. *Palémon*. . . . . 4 et 5.
V. *Daphnis* . . . . 1 et 7.
VII. *Mélibée* . . . . 8 et 9.
VIII. *L'Enchanteresse*. . . . . 2, 3 et 11.
IX. *Méris* . . . . 7.
X. *Gallus*. . . . . 1.

Les Eglogues I, IV et VI, *Tityre*, *Pollion* et *Silène*, appartiennent spécialement à Virgile.

V.

Poëtes Bucoliques postérieurs à Virgile.

NÉMÉSIEN de *Carthage* et CALPURNIUS de *Sicile*, contemporains de Carin et de Numérien, s'appliquèrent sans succès au genre bucolique. Il nous reste de ces deux auteurs un poëme sur la *Chasse* et onze Eglogues de la plus grande foiblesse. Quelques traits heureux, quelques images riantes ne suffisent pas pour détruire la monotonie de leurs compositions, copies décolorées des plus parfaits modèles.

A la renaissance des lettres grecques en Orient, Longus donna dans *Daphnis et Chloé* le premier exemple du roman pastoral. On vit paroître après lui plusieurs auteurs latins modernes, parmi lesquels Sannazar tient un rang distingué. Admirateur passionné de Virgile, il a cherché à imiter son style et l'a quelquefois égalé. Il a reproduit ses beautés sous une nouvelle forme en substituant aux bergers des pêcheurs, au spectacle de la terre celui de l'océan. Nous avons de lui six églogues, le poëme de la *Vierge*, et le roman italien de l'*Arcadie*.

Le Tasse et Guarini, ses compatriotes, se frayèrent une nouvelle route en créant le drame champêtre. Ils mirent en scène des personnages, et donnèrent à leurs compositions un plan, une action, un dénoûment. La flexibilité de la langue italienne leur permit d'y transporter le coloris antique. L'*Aminte* et le *Berger fidèle* seroient des chefs-d'œuvre, si la répétition trop fréquente des complaintes amoureuses, la tendance trop marquée au bel esprit n'en excluoient quelquefois la nature. Il y a loin cependant de ces légers défauts à ceux dont leurs maladroits copistes surchargèrent la littérature du seizième siècle. On vit éclore à cette époque une foule de romans métaphysiques, italiens, français, anglais, espagnols, plus fades et plus ridicules les uns que les autres, n'ayant d'autre mérite que de prolonger pendant dix volumes l'incertitude et l'ennui du lecteur.

Ce travers fut évité en Espagne par Garcilasso et Cervantes; en France, par Racan et Segrais, dont les compositions firent goûter de nouveau l'austère simplicité des anciens. Les *Bergeries* de Racan et les Eglogues de Segrais ont cette mélodie de rhythme, ce sentiment touchant et vrai, auxquels on ne se lasse jamais de revenir.

Mme. Deshoulières, joignant à leurs talents toute l'amabilité de son sexe, donna à l'Idylle un but moral, sans lui rien faire perdre de sa grâce. Fontenelle au contraire abusa de la délicatesse de son esprit pour lui donner une direction fausse, en substituant l'afféterie des courtisans au langage naïf des bergers.

Pope fut plus sage en Angleterre, et composa d'après Virgile ses Eglogues des quatre saisons et son hymne sublime du *Messie*. Enfin le modeste et vertueux Gessner assura à la nation allemande la palme de la pastorale moderne. Peu inférieur pour le style à Théocrite et à Virgile, il les surpasse dans le choix de ses sujets ; ses Idylles respirent la plus pure innocence ornée des charmes d'une riante poésie. On ne peut les lire sans aimer la nature, et on ne peut l'aimer sans devenir meilleur. Sa *Mort d'Abel* a cette teinte religieuse qui rappelle l'homme à sa dignité primitive, cette candeur d'expression, cette éloquence du cœur dont Florian a reproduit quelques traits dans ses nouvelles d'*Estelle* et de *Galatée*.

ÉGLOGUE PREMIÈRE.
TITYRE.

SUJET.

Après la bataille de Philippes, les Triumvirs distribuèrent aux soldats vétérans les terres de Crémone et de Mantoue. La métairie de Virgile, située dans le village d'Andès, fut comprise dans ce partage, et donnée au centurion Arius; mais protégé par Varus et Pollion, le poëte obtint d'Octave la restitution de ses champs, et cette Eglogue fut le prix du bienfait. Le plan lui en appartient tout entier : sous le nom de Tityre il chante son bonheur et la générosité d'Octave; sous celui de Mélibée il peint le désespoir et la fuite des Mantouans. Cette pièce fut composée l'an de Rome 713; Virgile touchoit alors à sa trentième année.

MÉLIBÉE, TITYRE.

M. Tityre, tu patulæ recubans sub tegmine fagi
Silvestrem tenui musam meditaris avenâ :
Nos patriæ fines et dulcia linquimus arva ;
Nos patriam fugimus : tu, Tityre, lentus in umbrâ,
Formosam resonare doces Amaryllida silvas.

Ce début simple et naturel respire une douce mélancolie ; on y trouve le ton du sentiment qui règne dans tout le cours de cette Eglogue. Les deux derniers vers sont du petit nombre de ceux que Virgile a empruntés ici à Théocrite.

Ὡς τοι ἐγὼν ἐνόμευον ἀν' ὤρεα τὰς καλὰς αἶγας,
φωνᾶς εἰςαΐων· τὺ δ' ὑπὸ δρυσὶν ἢ ὑπὸ πεύκαις
ἁδὺ μελισδόμενος κατακέκλισο, θεῖε Κομάτα.

Idylle VII, v. 87.

★

T. O Meliboee, deus nobis hæc otia fecit ;
Namque erit ille mihi semper deus : illius aram
Sæpè tener nostris ab ovilibus imbuet agnus.
Ille meas errare boves, ut cernis, et ipsum
10 Ludere quæ vellem, calamo permisit agresti.

Virgile offre à Octave le même hommage que Théocrite à Apollon :

Βωμὸν δ' αἱμάξει κεραὸς τράγος οὗτος ὁ μαλὸς
τερμίνθου τρώγων ἔσχατον ἀκρέμονα.

Epigramme I.

★

M. Non equidem invideo; miror magis : undique totis
Usque adeò turbatur agris ! En ipse capellas
Protenùs æger ago ; hanc etiam vix, Tityre, duco :
Hîc inter densas corylos modò namque gemellos,
Spem gregis, ah! silice in nudâ connixa reliquit.
Sæpè malum hoc nobis, si mens non læva fuisset,
De cœlo tactas memini prædicere quercus ;
Sæpè sinistra cavâ prædixit ab ilice cornix.
Sed tamen iste deus qui sit, da, Tityre, nobis.

Le premier hémistiche est traduit de ce vers grec : κοὔ τοι
τὶ φθονέω (*Id. I*, *v.* 62), mais la peinture qui suit n'a point de
modèle. La croyance superstitieuse de Mélibée est bien conforme aux mœurs pastorales ; c'est ainsi qu'un berger de Théocrite lit dans une feuille de pavot l'infidélité de son amante
(*Id. III*, *v.* 28). Le cri funeste de la corneille a déjà été signalé
par Hésiode :

Μή τοι ἐφεζομένη κρώζῃ λακέρυζα κορώνη.
ŒUvres et Jours, v. 745.

★

20 *T.* Urbem quam dicunt Romam, Meliboee, putavi
Stultus ego huic nostræ similem, quò sæpè solemus
Pastores ovium teneros depellere fœtus.
Sic canibus catulos similes, sic matribus hædos
Nôram ; sic parvis componere magna solebam.
Verùm hæc tantùm alias inter caput extulit urbes,
Quantùm lenta solent inter viburna cupressi.

Tityre, frappé de la grandeur de Rome, ne répond pas à la
question de son ami. Il cherche d'abord des images équivalentes

pour lui peindre cette ville immense dont le souvenir l'occupe tout entier. Théocrite emploie la même comparaison pour marquer la supériorité d'Hélène sur ses compagnes :

Πιείρα μεγάλα ἅτ' ἀνέδραμε κόσμος ἀρούρα,
ἢ κάπῳ κυπάρισσος, ἢ ἅρματι Θεσσαλὸς ἵππος,
ὧδε καὶ ἁ ῥοδόχρως Ἑλένα Λακεδαίμονι κόσμος.
Idylle XVIII, v. 29.

★

M. Et quæ tanta fuit Romam tibi causa videndi ?
T. Libertas : quæ sera, tamen respexit inertem,
Candidior postquam tondenti barba cadebat ;
30 Respexit tamen, et longo post tempore venit,
Postquam nos Amaryllis habet, Galatea reliquit.
Namque, fatebor enim, dùm me Galatea tenebat,
Nec spes libertatis erat, nec cura peculî.
Quamvis multa meis exiret victima septis,
Pinguis et ingratæ premeretur caseus urbi,
Non unquam gravis ære domum mihi dextra redibat.

Galatée et Amaryllis représentent deux bergères, dont l'une abusoit de l'amour de Tityre, tandis que l'autre, plus dévouée à ses intérêts, le mit en état d'aller à Rome pour se racheter du fruit de ses épargnes. C'est a tort qu'on a cru voir dans ces deux noms une allusion à Rome et à Mantoue. Le dernier vers est emprunté de Catulle :

Meisque pinguis agnus ex ovilibus
Gravem domum remittit ære dexteram.
Epigramme XX.

★

M. Mirabar quid mœsta deos, Amarylli, vocares;
Cui pendere suâ patereris in arbore poma.
Tityrus hinc aberat : ipsæ te, Tityre, pinus,
40 Ipsi te fontes, ipsa hæc arbusta vocabant.

Moschus a placé ces images gracieuses dans son Idylle sur la *Mort de Bion* :

Κρανίδες ὠδύραντο, καὶ ὕδατα δάκρυα γέντο·
Ἀχὼ δ' ἐν πέτρησιν ὀδύρεται, ὅττι σιωπῆς,
κοὐκ ἔτι μιμεῖται τὰ σὰ χείλεα· σῷ δ' ἐπ' ὀλέθρῳ
δένδρεα καρπὸν ἔριψε, τὰ δ' ἄνθεα πάντ' ἐμαράνθη.
                              Moschus, Idylle III, v. 29.

*

T. Quid facerem? neque servitio me exire licebat,
Nec tàm præsentes alibi cognoscere divos.
Hîc illum vidi juvenem, Meliboee, quotannis
Bis senos cui nostra dies altaria fumant.
Hîc mihi responsum primus dedit ille petenti:
Pascite ut antè boves, pueri, submittite tauros.

Les honneurs divins que l'adulation offre ici à Octave sont ceux que Ptolémée fit rendre à son père (*Id. XVII*, *v.* 126); mais Virgile sait louer avec plus de délicatesse que Théocrite. Son dernier vers, traduit du poëte grec (*Id. IX*, *v.* 3), a été développé par le Tasse (*Aminte*, *act. II*, *sc.* 2).

*

M. Fortunate senex, ergò tua rura manebunt!
Et tibi magna satis; quamvis lapis omnia nudus,
Limosoque palus obducat pascua junco.

50 Non insueta graves tentabunt pabula fœtas,
Nec mala vicini pecoris contagia lædent.
Fortunate senex, hîc inter flumina nota
Et fontes sacros, frigus captabis opacum;
Hinc tibi, quæ semper vicino ab limite sepes
Hyblæis apibus florem depasta salicti,
Sæpè levi somnum suadebit inire susurro;
Hinc altâ sub rupe canet frondator ad auras:
Nec tamen intereà raucæ, tua cura, palumbes,
Nec gemere aëriâ cessabit turtur ab ulmo.

Les principaux traits de cette belle description, qui acquiert un nouveau prix dans la bouche d'un exilé, se retrouvent, avec un sentiment moins profond mais avec la même richesse de poésie, dans le tableau des *Fêtes de Cérès* qui termine la 7ᵐᵉ. Idylle :

Ἀδείας σχίνοιο χαμευνίσιν ἐκλίνθημες,
ἔν τε νεοτμάτοισι γεγαθότες οἰναρέοισι.
πολλαὶ δ᾽ ἄμμιν ὕπερθε κατὰ κρατὸς δονέοντο
αἴγειροι πτελέαι τε· τὸ δ᾽ ἐγγύθεν ἱερὸν ὕδωρ
Νυμφᾶν ἐξ ἄντροιο κατειβόμενον κελάρυσδε.
τοὶ δὲ ποτὶ σκιεραῖς ὀροδαμνίσιν αἰθαλίωνες
τέττιγες λαλαγεῦντες ἔχον πόνον· ἁ δ᾽ ὀλολυγὼν
τηλόθεν ἐν πυκινῇσι βάτων τρύζεσκεν ἀκάνθαις.
ἄειδον κόρυδοι καὶ ἀκανθίδες, ἔστενε τρυγών·
πωτῶντο ξουθαὶ περὶ πίδακας ἀμφὶ μέλισσαι.
πάντ᾽ ὦσδεν θέρεος μάλα πίονος, ὦσδε δ᾽ ὀπώρης.
                                        Idylle VII, v. 133.

★

60 *T.* Antè leves ergò pascentur in æthere cervi,
Et freta destituent nudos in littore pisces;

Antè, pererratis amborum finibus, exsul
Aut Ararim Parthus bibet, aut Germania Tigrim,
Quàm nostro illius labatur pectore vultus.

Le plus ancien exemple de ces hyperboles poétiques, devenues d'un usage général, se retrouve au 5me. livre d'Hérodote : Οτε οὐρανὸς ἔσται ἔνερθε τῆς γῆς, καὶ ἡ γῆ μετέωρος ὑπὲρ τοῦ οὐρανοῦ, καὶ οἱ ἄνθρωποι νομὸν ἐν θαλάσσῃ ἕξουσι, καὶ οἱ ἰχθύες τὸν πρότερον ἄνθρωποι (*Histoire*, *liv. V, section* 92).

★

M. At nos hinc alii sitientes ibimus Afros,
Pars Scythiam, et rapidum Cretæ veniemus Oaxen,
Et penitùs toto divisos orbe Britannos.
En, unquàm patrios longo post tempore fines,
Pauperis et tuguri congestum cespite culmen,
70 Post aliquot, mea regna videns mirabor, aristas?
Impius hæc tàm culta novalia miles habebit?
Barbarus has segetes? En, quo discordia cives
Perduxit miseros! En, queis consevimus agros!
Insere nunc, Meliboee, piros; pone ordine vites.
Ite meæ, felix quondam pecus, ite capellæ:
Non ego vos posthâc, viridi projectus in antro,
Dumosâ pendere procul de rupe videbo;
Carmina nulla canam; non, me pascente, capellæ,
Florentem cytisum et salices carpetis amaras.

Ce tableau forme un heureux contraste avec celui du bonheur de Tityre. Peut-être en traçant ces lignes attendrissantes, le poëte faisoit-il un dernier effort pour fléchir les triumvirs en faveur de ses compatriotes. Ses vers respirent ce vif amour de la patrie qui dicta à Tyrtée son ode de l'*Exil*.

Etudes grecq. Ire Partie.

Ils ont produit chez les modernes deux imitations célèbres : le premier chœur de l'*Esther* de Racine et le *Village abandonné* de Goldsmith. Les dernières paroles de Mélibée s'adressent à son troupeau, comme celles du Daphnis de Sicile, qui fait en mourant ses adieux à la nature :

Ω λύκοι, ὦ θῶες, ὦ ἀν' ὤρεα φωλάδες ἄρκτοι,
χαίρεθ' · ὁ βουκόλος ὕμμιν ἐγὼ Δάφνις οὐκ ἔτ' ἀν' ὕλαν,
οὐκ ἔτ' ἀνὰ δρυμώς, οὐκ ἄλσεα · χαῖρ' Ἀρέθοισα
καὶ ποταμοί, τοὶ χεῖτε καλὸν κατὰ Θύμβριδος ὕδωρ.

Idylle I, v. 115.

*

80 *T.* Hic tamen hanc mecum poteris requiescere noctem
Fronde super viridi : sunt nobis mitia poma,
Castaneæ molles, et pressi copia lactis.
Et jam summa procul villarum culmina fumant,
Majoresque cadunt altis de montibus umbræ.

L'accueil de l'hospitalité, le repas modeste des bergers terminent dignement ce joli drame champêtre. L'invitation de Tityre rappelle ces vers de Théocrite :

Ἁδιον ἐν τὠντρῳ παρ' ἐμὶν τὰν νύκτα διαξεῖς ·
ἐντὶ δάφναι τηνεί, ἐντὶ ῥαδιναὶ κυπάρισσοι,
ἐντὶ μέλας κισσός, ἔντ' ἄμπελος ἁ γλυκύκαρπος.

Idylle XI, v. 44.

ÉGLOGUE DEUXIÈME.
ALEXIS.

SUJET.

Le berger Corydon exprime son amour pour Alexis, esclave chéri d'un autre maître. Quelques auteurs ont prétendu que Virgile désignoit par cette allégorie le jeune Alexandre, esclave de Pollion; nous pensons qu'il n'a eu d'autre but que d'imiter deux jolies Idylles grecques: l'Amaryllis et le Cyclope de Théocrite. Cette composition a servi de modèle aux premières Églogues de Segrais et de Gessner, et aux deuxièmes de Sannazar et de Pope.

Formosum pastor Corydon ardebat Alexin,
Delicias domini ; nec, quid speraret, habebat.
Tantùm inter densas, umbrosa cacumina, fagos
Assiduè veniebat ; ibi hæc incondita solus
Montibus et silvis studio jactabat inani :

Ces vers, malgré leur harmonie, n'égalent pas le début du *Cyclope*, dont Virgile s'est attaché ici à reproduire les principales beautés. Théocrite représente Polyphème assis sur un rocher désert et célébrant les charmes de Galatée, tandis que ses brebis retournent seules au bercail :

Οὕτω γοῦν ῥᾷστα διᾶγ' ὁ Κύκλωψ ὁ παρ' ἁμῖν,
ὡ 'ρχαῖος Πολύφαμος, ὅκ' ἤρατο τᾶς Γαλατείας,
ἄρτι γενειάσδων περὶ τὸ στόμα τὼς κροτάφως τε.
ἤρατο δ' οὔτι ῥόδοις, οὐ μάλοις, οὐδὲ κικίννοις,
ἀλλ' ὀλοαῖς μανίαις· ἁγεῖτο δὲ πάντα πάρεργα.
πολλάκι ταὶ ὄϊες ποτὶ ταὔλιον αὐταὶ ἀπῆνθον
χλωρᾶς ἐκ βοτάνας· ὁ δὲ, τὰν Γαλάτειαν ἀείδων,
αὐτῶ ἐπ' ἀϊόνος κατετάκετο φυκιοέσσας,
ἐξ ἀοῦς, ἔχθιστον ἔχων ὑποκάρδιον ἕλκος
Κύπριος ἐκ μεγάλας, ἅ οἱ ἥπατι πᾶξε βέλεμνον.
ἀλλὰ τὸ φάρμακον εὗρε· καθεζόμενος δ' ἐπὶ πέτρας
ὑψηλᾶς, ἐς πόντον ὁρῶν ἄειδε τοιαῦτα·

Idylle XI, v. 7.

Segrais et Pope ont imité le début de Virgile dans leurs églogues de *Climène* et de l'*Eté*.

★

O crudelis Alexi, nihil mea carmina curas ?
Nil nostri miserere ? mori me denique coges.
Nunc etiam pecudes umbras et frigora captant ;

Nunc virides etiam occultant spineta lacertos;
10 Thestylis et rapido fessis messoribus æstu
Allia serpyllumque herbas contundit olentes :
At mecum raucis, tua dùm vestigia lustro,
Sole sub ardenti resonant arbusta cicadis.

Le premier vers se retrouve dans le *Cyclope* :

Ὦ λευκὰ Γαλάτεια, τί τὸν φιλέοντ' ἀποβάλλῃ;
Idylle XI, v. 19.

La fin du second est dans l'*Amaryllis* : ἀπάγξασθαί με ποιησεῖς (*Id. III, v. 9*). Le contraste du calme de la nature avec l'agitation du cœur de Corydon rappelle divers passages de Théocrite et d'Hésiode :

Σιμιχίδα, πᾷ δὴ τὺ μεσαμέριον πόδας ἕλκεις,
ἀνίκα δὴ καὶ σαῦρος ἐφ' αἱμασιαῖσι καθεύδει;
Idylle VII, v. 21.

Νειοὶ δ' ἐκπονέοιντο ποτὶ σπόρον, ἀνίκα τέττιξ,
ποιμένας ἐνδίους πεφυλαγμένος, ἔνδοθι δένδρων
ἀχεῖ ἐν ἀκρεμόνεσσιν.
Idylle XVI, v. 94.

Ἦμος δὲ σκόλυμός τ' ἀνθεῖ, καὶ ἠχέτα τέττιξ
δενδρέῳ ἐφεζόμενος λιγυρὴν καταχεύετ' ἀοιδὴν
πυκνὸν ὑπὸ πτερύγων, θέρεος καματώδεος ὥρῃ.
OEuvres et Jours, v. 585.

★

Nonne fuit satius, tristes Amaryllidis iras
Atque superba pati fastidia ? nonne Menalcan ?
Quamvis ille niger, quamvis tu candidus esses.

O formose puer, nimiùm ne crede colori !
Alba ligustra cadunt, vaccinia nigra leguntur.

Les premiers vers rappellent le chant des *Moissonneurs* (*Id. X, v.* 26). Le dernier couplet résume élégamment ces deux passages :

Λευκὸν τὸ κρίνον ἐστὶ, μαραίνεται, ἀνίκα πίπτει·
ἁ δὲ χιὼν λευκά, καὶ τάκεται, ἀνίκα παχθῇ.

Idylle XXIII, v. 30.

Καὶ τὸ ἴον μέλαν ἐντὶ, καὶ ἁ γραπτὰ ὑάκινθος·
ἀλλ' ἔμπας ἐν τοῖς στεφάνοις τὰ πρᾶτα λέγονται.

Idylle X, v. 28.

On trouve encore une image analogue (*Id. XXVII, v.* 8) reproduite par Ausone dans son Idylle des *Roses*.

★

Despectus tibi sum, nec qui sim quæris, Alexi;
20 Quàm dives pecoris, niveï quàm lactis abundans.
Mille meæ Siculis errant in montibus agnæ ;
Lac mihi non æstate novum, non frigore defit.
Canto quæ solitus, si quandò armenta vocabat,
Amphion Dircæus in Actæo Aracyntho.
Nec' sum adeò informis : nuper me in littore vidi,
Cùm placidum ventis staret mare; non ego Daphnin
Judice te metuam, si nunquam fallat imago.

Corydon revient ici à l'imitation du Cyclope qui fait également à Galatée l'énumération de ses richesses :

Ἀλλ᾽ ὠὑτὸς, τοιοῦτος ἐὼν, βοτὰ χίλια βόσκω,
κἠκ τούτων τὸ κράτιστον ἀμελγόμενος γάλα πίνω·
τυρὸς δ᾽ οὐ λείπει μ᾽ οὔτ᾽ ἐν θέρει, οὔτ᾽ ἐν ὀπώρῃ,
οὐ χειμῶνος ἄκρῳ· ταρσοὶ δ᾽ ὑπεραχθέες αἰεί.
συρίσδεν δ᾽ ὡς οὔτις ἐπίσταμαι ὧδε Κυκλώπων,
τίν, τὸ φίλον γλυκύμαλον, ἅμα κἠμαυτὸν ἀείδων,
πολλάκι νυκτὸς ἀωρί.
Idylle XI, v. 34.

Virgile n'a pas rendu cette dernière image qui étoit cependant bien digne de son pinceau. Le portrait de Corydon (reproduit par le Tasse, *Aminte*, acte II, sc. 1), se retrouve dans l'Idylle de *Damète* et *Daphnis* :

Καὶ γάρ θην οὐδ᾽ εἶδος ἔχω κακὸν, ὥς με λέγοντι.
ἦ γὰρ πρᾶν ἐς πόντον ἐσέβλεπον· ἦς δὲ γαλάνα·
καὶ καλὰ μὲν τὰ γένεια, καλὰ δ᾽ ἐμὶν ἁ μία κώρα,
ὡς παρ᾽ ἐμὶν κέκριται, κατεφαίνετο· τῶν δέ τ᾽ ὀδόντων
λευκοτέραν αὐγὰν Παρίας ὑπέφαινε λίθοιο.
Idylle VI, v. 34.

★

O tantùm libeat mecum tibi sordida rura
Atque humiles habitare casas, et figere cervos,
30 Hædorumque gregem viridi compellere hibisco!
Mecum unâ in silvis imitabere Pana canendo :
Pan primus calamos cerâ conjungere plures
Instituit ; Pan curat oves oviumque magistros.

Cet appel de Corydon, malgré sa douceur et sa grâce, ne rend pas toute la sensibilité des paroles du Cyclope :

Ἐξένθοις, Γαλάτεια, καὶ ἐξενθοῖσα λάθοιο,
ὥσπερ ἐγὼν νῦν ὧδε καθήμενος, οἴκαδ᾽ ἀπενθεῖν.

ποιμαίνειν δ᾽ ἐθέλοις σὺν ἐμὶν ἅμα, καὶ γάλ᾽ ἀμέλγειν,
καὶ τυρὸν πᾶξαι, τάμισον δριμεῖαν ἐνεῖσα.
Idylle XI, v. 63.

★

Nec te pœniteat calamo trivisse labellum ;
Hæc eadem ut sciret, quid non faciebat Amyntas ?
Est mihi disparibus septem compacta cicutis
Fistula, Damœtas dono mihi quam dedit olim,
Et dixit moriens : te nunc habet ista secundum.
Dixit Damœtas, invidit stultus Amyntas.
40 Præterea duo, nec tutâ mihi valle reperti
Capreoli, sparsis etiam nunc pellibus albo,
Bina die siccant ovis ubera : quos tibi servo.
Jam pridem à me illos abducere Thestylis orat
Et faciet, quoniam sordent tibi munera nostra.

Virgile embellit dans ses premiers vers (supérieurement imités par Pope, *Egl. II*), ce passage si naïf de *Daphnis* et *Ménalque* :

Η μάν τοι κἠγὼ σύριγγ᾽ ἔχω ἐννεάφωνον,
λευκὸν καρὸν ἔχοισαν, ἴσον κάτω, ἴσον ἄνωθεν.
πρώαν νιν συνέπαξ᾽· ἔτι καὶ τὸν δάκτυλον ἀλγῶ
τοῦτον, ἐπεὶ κάλαμός γε διασχισθεὶς διέτμαξεν.
Idylle VIII, v. 21.

L'offrande des deux chevreaux est faite par l'amant d'Amaryllis :

Η μάν τοι λευκὰν διδυματόκον αἶγα φυλάσσω,
τάν με καὶ ἁ Μέρμνωνος Ἐριθακὶς ἁ μελανόχρως
αἰτεῖ· καὶ δωσῶ οἱ, ἐπεὶ τύ μοι ἐνδιαθρύπτῃ.
Idylle III, v. 34.

Le géant Polyphème, d'une humeur plus martiale, destine un autre don à Galatée :

. . . . τρέφω δέ τοι ἕνδεκα νεβρὼς
πάσας ἀμνοφόρως, καὶ σκύμνως τέσσαρας ἄρκτων.

Idylle XI, v. 40.

*

Hùc ades, o formose puer : tibi lilia plenis
Ecce ferunt nymphæ calathis; tibi candida Naïs,
Pallentes violas et summa papavera carpens,
Narcissum, et florem jungit bene olentis anethi;
Tum, casiâ atque aliis intexens suavibus herbis,
50 Mollia luteolâ pingit vaccinia calthâ.
Ipse ego cana legam tenerâ lanugine mala,
Castaneasque nuces, mea quas Amaryllis amabat.
Addam cerea pruna, et honos erit huic quoque pomo;
Et vos, o lauri, carpam, et te, proxima myrte,
Sic positæ quoniam suaves miscetis odores.

Le poëte s'élève au-dessus de toute comparaison dans le choix de cet admirable bouquet, où tout ce qu'il y a de plus gracieux dans la nature se réunit pour fêter Alexis, et où la magie des sons peint à l'esprit la nuance de chaque fleur. On n'en retrouve que de foibles vestiges dans la guirlande d'Amaryllis :

Τὸν στέφανον τῖλαί με κατ' αὐτίκα λεπτὰ ποιησεῖς,
τόν τοι ἐγών, Ἀμαρυλλὶ φίλα, κισσοῖο φυλάσσω,
ἐμπλέξας καλύκεσσι καὶ εὐόδμοισι σελίνοις.

Idylle III, v. 21.

Le bouquet du Cyclope est encore moins varié :

. . . . ἔφερον δέ τοι ἢ κρίνα λευκὰ,
ἢ μάκων· ἀπαλὰν ἐρυθρὰ παταγώνι ἔχοισαν.

Idylle XI, v. 56.

L'union du laurier et du myrte est marquée dans ce vers de Théocrite :

Δάφναις, καὶ μύρτοισι, καὶ εὐώδει κυπαρίσσω.

Epigramme 4.

Gessner a développé l'idée de Virgile avec une grande richesse de poésie dans la peinture de la grotte de *Milon*.

*

Rusticus es, Corydon, nec munera curat Alexis;
Nec, si muneribus certes, concedat Iolas.
Eheu, quid volui misero mihi! floribus austrum
Perditus, et liquidis immisi fontibus apros.
60 Quem fugis, ah demens? habitârunt di quoque silvas,
Dardaniusque Paris; Pallas quas condidit arces,
Ipsa colat, nobis placeant antè omnia silvæ.

Les principaux traits de ce passage, bien rendu par Segrais et par Pope (*Eglogues* 1 *et* 2), se trouvent réunis dans le *jeune Berger* de Théocrite :

Καὶ πᾶσαι καλόν με κατ' ὤρεα φαντὶ γυναῖκες,
καὶ πᾶσαί με φιλεῦνθ'· ἁ δ' ἀστυκὰ οὐκ ἐφίλασεν,
ἀλλ', ὅτι βωκόλος ἐμμὶ, παρέδραμε· κ' οὔποτ' ἀκούει,
ὡς καλὸς Διόνυσος ἐπ' ἄγκεσι πόρτιν ἐλαύνει·
οὐκ ἔγνω δ', ὅτι Κύπρις ἐπ' ἀνέρι μήνατο βώτᾳ,
καὶ Φρυγίης ἐνόμευσεν ἐν ὤρεσιν· αὐτὸν Ἄδωνιν
ἐν δρυμοῖσι φίλασε, καὶ ἐν δρυμοῖσιν ἔκλαυσεν.

Idylle XX, v. 30.

*

Torva leæna lupum sequitur, lupus ipse capellam ;
Florentem cytisum sequitur lasciva capella ;
Te, Corydon, o Alexi : trahit sua quemque voluptas.
Aspice, aratra jugo referunt suspensa juvenci,
Et sol crescentes decedens duplicat umbras :
Me tamen urit amor, quis enim modus adsit amori ?

La comparaison des animaux, ingénieuse mais peu naturelle, est tirée de l'Idylle des *Moissonneurs* :

Ἀ αἲξ τὸν κύτισον, ὁ λύκος τὰν αἶγα διώκει,
ἁ γέρανος τὤροτρον· ἐγὼ δ'. ἐπὶ τὶν μεμάνημαι.

Idylle X, v. 30.

J. B. Rousseau l'a heureusement modifiée dans son églogue de *Palémon*. Le dernier vers de Virgile rappelle ces mots de Théocrite : θερμὸς γὰρ ἔρως αὐτῷ με καταίθει (Id. *VII, v.* 56).

*

Ah Corydon, Corydon, quæ te dementia cepit !
70 Semiputata tibi frondosâ vitis in ulmo est :
Quin tu aliquid saltem, potiùs quorum indiget usus,
Viminibus mollique paras detexere junco ?
Invenies alium, si te hic fastidit, Alexin.

Corydon termine sa complainte de la même manière que Polyphème :

Ὦ Κύκλωψ, Κύκλωψ, πᾷ τὰς φρένας ἐκπεπότασαι ;
αἴκ' ἐνθὼν ταλάρως τε πλέκοις, καὶ θαλλὸν ἀμάσας
ταῖς ἄρνεσσι φέροις, τάχα κεν πολὺ μᾶλλον ἔχοις νοῦν.

τὰν παρεοῖσαν ἄμελγε· τί τὸν φεύγοντα διώκεις;
εὑρήσεις Γαλάτειαν ἴσως καὶ καλλίον᾽ ἄλλαν.

Idylle XI, v. 72.

En comparant l'ensemble des deux pièces on voit que Théocrite, outre le mérite de l'invention, a quelquefois sur Virgile celui du sentiment, mais que le poëte latin l'emporte sur son modèle par la richesse du style et la délicatesse des pensées. On doit cependant observer que l'Idylle du *Cyclope*, dont nous n'avons analysé qu'une partie, renferme encore une foule de vers pleins de grâce dont Virgile a profité dans ses autres Eglogues.

ÉGLOGUE TROISIÈME.
PALÉMON.

SUJET.

Cette scène pastorale se divise en deux parties : la première est une querelle et un défi entre Ménalque et Damète, bergers rivaux ; la seconde leur combat poétique qu'ils soumettent au jugement de Palémon, et dans lequel ils se répondent en couplets alternatifs, selon l'usage établi en Sicile. Cette pièce est tirée de deux Idylles de Théocrite, intitulées Battus et Corydon, et Comatas et Lacon. Les principales imitations modernes sont la deuxième Eglogue de Segrais, la première de Pope, et la cinquième de Gessner.

MÉNALQUE, DAMÈTE, PALÉMON.

M. Dic mihi, Damœta, cujum pecus ? an Melibœi ?
D. Non ; verùm Ægonis : nuper mihi tradidit Ægon.
M. Infelix o semper, oves, pecus ! ipse Neæram
Dùm fovet, ac, ne me sibi præferat illa , veretur,
Hic alienus oves custos bis mulget in horâ ;
Et succus pecori, et lac subducitur agnis.

Ces premiers vers sont traduits littéralement de la 4me. Idylle de Théocrite :

BATTUS.

Εἰπέ μοι, ὦ Κορύδων, τίνος αἱ βόες ; ἦ ρα Φιλώνδα ;

CORYDON.

οὐκ, ἀλλ' Αἴγωνος· βόσκεν δέ μοι αὐτὰς ἔδωκεν.

BATTUS.

ἦ πά ψε κρύβδαν τὰ ποθέσπερα πάσας ἀμέλγεις ;
. . . .
φεῦ, φεῦ· βασεῦνται καὶ ταὶ βόες, ὦ τάλαν Αἴγων,
εἰς ἀΐδαν, ὅκα καὶ τὺ κακᾶς ἠράσσαο νίκας.

Idylle IV, v. 1 et 26.

Après ce début, Virgile passe à l'imitation de la 5me. Idylle qui lui a surtout servi de modèle dans le plan de son *Palémon*. Théocrite introduit deux bergers qui commencent par s'accabler d'invectives, et qui se disputent ensuite le prix du chant en prenant un bûcheron pour arbitre. On trouve dans cette composition une représentation trop fidèle de la nature; les images les plus délicates y sont flétries par de grossières saillies. Quoique Virgile en ait élagué les traits les plus choquants, les vingt vers qui suivent correspondent presqu'en entier aux vingt premiers de Théocrite, renfermant l'entrevue de *Comatas* et de *Lacon*:

*

D. Parciùs ista viris tamen objicienda memento.
Novimus et qui te, transversa tuentibus hircis,
Et quo, sed faciles nymphæ risere, sacello.
10 M. Tum, credo, cùm me arbustum videre Myconis,
Atque malà vites incidere falce novellas?
D. Aut hic ad veteres fagos, cùm Daphnidis arcum
Fregisti et calamos: quæ tu, perverse Menalca,
Et cùm vidisti puero donata, dolebas;
Et si non aliquà nocuisses, mortuus esses.
M. Quid domini faciant, audent cùm talia fures!
Non ego te vidi Damonis, pessime, caprum
Excipere insidiis, multùm latrante Lyciscà?
Et cùm clamarem : quò nunc se proripit ille?
20 Tityre, coge pecus : tu post carecta latebas.
D. An mihi cantando victus non redderet ille,
Quem mea carminibus meruisset fistula caprum?
Si nescis, meus ille caper fuit; et mihi Damon
Ipse fatebatur, sed reddere posse negabat.
M. Cantando tu illum? aut unquam tibi fistula cerâ
Juncta fuit? non tu in triviis, indocte, solebas
Stridenti miserum stipulâ disperdere carmen?

C. Αἶγες ἐμαὶ, τῆνον τὸν ποιμένα τὸν Συβαρίταν
φεύγετε τὸν Λάκωνα· τό μευ νάκος ἐχθὲς ἔκλεψεν.

L. οὐκ ἀπὸ τᾶς κράνας σίττ' ἀμνίδες; οὐκ ἐςορῆτε
τόν μευ τὰν σύριγγα πρώαν κλέψαντα Κομάταν;

C. τὰν ποίαν σύριγγα; τὺ γὰρ πόκα, δῶλε Συβάρτα,
ἐκτάσω σύριγγα; τί δ' οὐκέτι σὺν Κορύδωνι
ἀρκεῖ τοι καλάμας αὐλὸν ποππύσδεν ἔχοντι;

L. τάν μοι ἔδωκε Λύκων, ὦ 'λεύθερε. τὶν δὲ τὸ ποῖον
Λάκων ἐκκλέψας ποκ' ἔβα νάκος; εἰπὲ Κομάτα·
οὐδὲ γὰρ Εὐμάρᾳ τῷ δεσπότᾳ ἦς τοι ἐνεύδεν.

C. τὸ Κροκύλος μοι ἔδωκε, τὸ ποικίλον, ἁνίκ' ἔθυσε
ταῖς Νύμφαις τὰν αἶγα· τὺ δ', ὦ κακὲ, καὶ τότ' ἐτάκευ
βασκαίνων, καὶ νῦν με τὰ λοίσθια γυμνὸν ἔθηκας.

L. οὔ μὰν, οὐ τὸν Πᾶνα τὸν ἄκτιον, οὐ σέ γε Λάκων
τὰν βαίταν ἀπέδυσ' ὁ Καλαίθιδος· ἢ κατὰ τήνας
τὰς πέτρας, ὦ 'νθρωπε, μανεὶς ἐς Κρᾶθιν ἁλοίμαν.

C. οὐ μὰν, οὐ ταύτας τὰς λιμνάδας, ὦ 'γαθὲ, Νύμφας,
αἴτ' ἐμὶν ἵλαοι τε καὶ εὐμενέες τελέθοιεν,
οὔ τευ τὰν σύριγγα λαθὼν ἔκλεψε Κομάτας.

Idylle V, v. 1.

★

D. Vis ergò, inter nos, quid possit uterque, vicissim
Experiamur? ego hanc vitulam, ne fortè recuses,
30 Bis venit ad mulctram, binos alit ubere fœtus,
Depono : tu dic mecum quo pignore certes.

Virgile se hâte de terminer la querelle des deux rivaux, fastidieusement prolongée par Théocrite, pour arriver au défi pastoral. Les vers qui servent à l'énoncer se retrouvent dans *Daphnis* et *Ménalque*, et dans *Thyrsis* :

Χρῄσδεις ὦν ἐςιδεῖν, χρῄσδεις καταθεῖναι ἄεθλον;
Idylle VIII, v. 11.

ÉGLOGUE III.

Αἰγά τέ τοι δωσῶ διδυματόκον ἐς τρὶς ἀμέλξαι,
ἃ, δύ' ἔχοισ' ἐρίφως, ποταμέλξεται ἐς δύο πέλλας.
Idylle I, v. 25.

Ἀλλὰ τί μὰν θησεῖς, τί δὲ τὸ πλέον ἕξεῖ ὁ νικῶν;
Idylle VIII, v. 17.

*

M. De grege non ausim quicquam deponere tecum :
Est mihi namque domi pater, est injusta noverca ;.
Bisque die numerant ambo pecus, alter et hædos.
Verùm, id quod multò tute ipse fatebere majus,
Insanire libet quoniam tibi, pocula ponam
Fagina, cælatum divini opus Alcimedontis ;
Lenta quibus torno facili superaddita vitis
Diffusos hederâ vestit pallente corymbos.
40 In medio duo signa : Conon, et, quis fuit alter
Descripsit radio totum qui gentibus orbem,
Tempora quæ messor, quæ curvus arator haberet ?
Necdum illis labra admovi, sed condita servo.

La réponse naïve de Ménalque est celle du berger de Théocrite :

Οὐ θησῶ ποκα ἀμνόν· ἐπεὶ χαλεπός θ'· ὁ πατήρ μευ
χ' ἁ μάτηρ· τὰ δὲ μᾶλα ποθέσπερα πάντ' ἀριθμεῦντι.
¶Idylle VIII, v. 15.

Quant à la description de la coupe, ornée des portraits de Conon et d'Aratus célèbres astronomes du siècle des Ptolémées, elle est tirée de l'Idylle de *Thyrsis* :

Καὶ βαθὺ κισσύβιον, κεκλυσμένον ἁδέϊ καρῷ,
ἀμφῶες, νεοτευχές, ἔτι γλυφάνοιο ποτόσδον·

Etudes grecq. Ire Partie.

τῷ περὶ μὲν χείλη μαρύεται ὑψόθι κισσὸς,
κισσὸς ἑλιχρύσῳ κεκονισμένος· ἁ δὲ κατ' αὐτὸν
καρπῷ ἕλιξ εἱλεῖται ἀγαλλομένα κροκόεντι.
. . . .
οὐδ' ἔτι πα ποτὶ χεῖλος ἐμὸν θίγεν, ἀλλ' ἔτι κεῖται
ἄχραντον. τῷ κέν τυ μάλα πρόφρων ἀρεσαίμαν,
αἴκεν μοι τὺ φίλος τὸν ἐφίμερον ὕμνον ἀείσῃς.

Idylle I, v. 27 et 59.

Après ces vers, Théocrite décrit avec élégance les trois tableaux qui ornent ce vase précieux, offert à Thyrsis par son ami s'il veut lui chanter la mort de Daphnis. Le premier représente une jeune fille dont deux amants cherchent à fixer les regards; le second, un pêcheur assis sur un rocher et jetant avec effort ses filets dans la mer; le troisième, un vignoble gardé par un enfant. Nous ne pouvons résister au plaisir de citer ce dernier passage :

Τυτθὸν δ' ὅσσον ἄπωθεν ἀλιτρύτοιο γέροντος
πυρναίαις σταφυλαῖσι καλὸν βέβριθεν ἀλωά.
τὰν ὀλίγος τις κῶρος ἐφ' αἱμασιαῖσι φυλάσσει
ἥμενος· ἀμφὶ δέ μιν δύ' ἀλώπεκες· ἁ μὲν ἀν' ὄρχως
φοιτῇ σινομένα τὰν τρώξιμον· ἁ δ' ἐπὶ πήραν
πάντα δόλον τεύχοισα, τὸ παίδιον οὐ πρὶν ἀνήσειν
φατὶ, πρὶν ἢ ἀκράτιστον ἐπὶ ξηροῖσι καθίξῃ.
αὐτὰρ ὅγ' ἀνθερίκεσσι καλὰν πλέκει ἀκριδοθήραν,
σχοίνῳ ἐφαρμόσδων· μέλεται δέ οἱ οὔτέ τι πήρας,
οὔτε φυτῶν τοσσῆνον, ὅσον περὶ πλέγματι γαθεῖ.

Idylle I, v. 45.

Les plus célèbres imitations de la coupe de Thyrsis, dont celle de Ménalque n'offre qu'une foible image, sont la corbeille d'Europe dans la 2ᵐᵉ. Idylle de Moschus, et la cruche du Faune dans la 9ᵐᵉ. de Gessner.

★

D. Et nobis-idem Alcimedon duo pocula fecit,
Et molli circùm est ansas amplexus acantho;
Orpheaque in medio posuit silvasque sequentes.
Necdùm illis labra admovi, sed condita servo.
Si ad vitulam spectas, nihil est, quód pocula laudes.

Théocrite fait aussi dire à deux de ses bergers :

Ἐντὶ δέ μοι γαυλὸς κυπαρίσσινος, ἐντὶ δὲ κρητὴρ,
ἔργον Πραξιτέλευς· τᾷ παιδὶ δὲ ταῦτα φυλάσσω.
Idylle V, v. 104.

Παντᾷ δ' ἀμφὶ δέπας περιπέπταται ὑγρὸς ἄκανθος,
Αἰολικόν τι θάημα· τέρας κέ τυ θυμὸν ἀτύξαι.
Idylle I, v. 55.

★

M. Nunquam hodiè effugies; veniam quocumque voca-
50 Audiat hæc tantùm vel qui venit : ecce Palæmon. [ris.
Efficiam posthàc, ne quemquam voce lacessas.
D. Quin age, si quid habes, in me mora non erit ulla;
Nec quemquam fugio : tantùm, vicine Palæmon,
Sensibus hæc imis, res est non parva, reponas.

Toute cette scène est traduite littéralement du défi de Comatas et de Lacon :

L. Τίς κρινεῖ; αἴθ' ἔνθοι ποθ' ὁ βωκόλος ὧδε Λυκώπας.
C. οὐδὲν ἐγὼ τήνω ποτιδεύομαι· ἀλλὰ τὸν ἄνδρα,
αἰ λῇς, τὸν δρυτόμον βωστρήσομες, ὃς τὰς ἐρείκας
τήνας τὰς παρὰ τὶν ξυλοχίσδεται· ἐντὶ δὲ Μόρσων.
L. βωστρέομες.
C. τὺ κάλει νιν.
L. ἴθ', ὦ ξένε, μικκὸν ἄκουσον
* 3

τᾷδ᾽ ἐνθών· ἄμμες γὰρ ἐρίσδομες, ὅστις ἀρείων
βωκολιαστάς ἐντι. τὺ δ᾽, ὦ 'γαθὲ, μήτ᾽ ἐμὲ, Μόρσων,
ἐν χάριτι κρίνῃς, μήτ᾽ ὦν τύ γα τοῦτον ὀνάσῃς.
Idylle V, v. 62.

★

P. Dicite: quandoquidem in molli consedimus herbâ;
Et nunc omnis ager, nunc omnis parturit arbos,
Nunc frondent silvæ, nunc formosissimus annus.
Incipe, Damœta ; tu deindè sequere, Menalca.
Alternis dicetis; amant alterna Camœnæ.

Ces paroles de Palémon sont imitées avec une grande supériorité du début de *Daphnis* et *Ménalque* :

Βωκολιάσδεο Δάφνι· τὺ δ᾽ ᾠδᾶς ἄρχεο πρᾶτος,
ᾠδᾶς ἄρχεο πρᾶτος, ἐφέψασθω δὲ Μενάλκας.
Idylle IX, v. 1.

Virgile y a joint ces vers de Bion sur le printemps :

Εἶαρ ἐμοὶ τριπόθατον ὅλῳ λυκάβαντι παρείη,
ἁνίκα μήτε κρύος, μήθ᾽ ἅλιος ἄμμε βαρύνει·
εἴαρι πάντα κύει, πάντ᾽ εἴαρος ἁδέα βλαστεῖ.
Bion, Idylle VI, v. 15.

Ici commencent les chants de Damète et de Ménalque, partagés en vers amébées ou couplets alternatifs, comme ceux de Comatas et de Lacon. La règle de ces sortes de couplets est que le second reproduise toujours, sous la même forme et dans le même nombre de vers, une idée analogue ou opposée à celle du premier. Les distiques de Virgile ne sont pour la plupart qu'une traduction élégante de ceux de Théocrite.

★

60 *D.* Ab Jove principium, Musæ : Jovis omnia plena;
Ille colit terras; illi mea carmina curæ.
M. Et me Phœbus amat : Phœbo sua semper apud me
Munera sunt, lauri, et suave rubens hyacinthus.

Le début de Damète est tiré de l'*Eloge de Ptolémée* :

Ἐκ Διὸς ἀρχώμεσθα, καὶ ἐς Δία λήγετε Μοῖσαι.
Idylle XVII, v. 1.

Les autres vers correspondent aux premiers couplets de Comatas et de Lacon :

c. Ταὶ Μῶσαί με φιλεῦντι πολὺ πλέον ἢ τὸν ἀοιδὸν
Δάφνιν· ἐγὼ δ' αὐταῖς χιμάρως δύο πράν ποκ' ἔθυσα.
l. Καὶ γὰρ ἔμ' Ὡπόλλων φιλέει μέγα· καὶ καλὸν αὐτῷ
κριὸν ἐγὼ βόσκω· τὰ δὲ Κάρνεα καὶ δὴ ἐφέρπει.
Idylle V, v. 80.

★

D. Malo me Galatea petit, lasciva puella;
Et fugit ad salices, et se cupit antè videri.
M. At mihi sese offert ultrò, meus ignis, Amyntas;
Notior ut jam sit canibus non Delia nostris.

c. Βάλλει καὶ μάλοισι τὸν αἰπόλον ἁ Κλεαρίστα,
τὰς αἶγας παρελεῦντα, καὶ ἁδύ τι ποππυλιάσδει.
l. Κἠμὲ γὰρ ὁ Κρατίδας τὸν ποιμένα λεῖος ὑπαντῶν
ἐκμαίνει· λιπαρὰ δὲ παρ' αὐχένα σείετ' ἔθειρα.
Idylle V, v. 88.

★

D. Parta meæ Veneri sunt munera : namque notavi
Ipse locum, aëriæ quo congessêre palumbes.

70 *M.* Quod potui, puero silvestri ex arbore lectâ
Aurea mala decem misi ; cras altera mittam.

C. Κἠγὼ μὲν δωσῶ τᾷ παρθένῳ αὐτίκα φάσσαν,
ἐκ τᾶς ἀρκεύθω καθελών· τηνεὶ γὰρ ἐφίσδει.
L. Ἀλλ' ἐγὼ ἐς χλαῖναν μαλακὸν πόκον, ὁππόκα πεξῶ
τὰν οἶν τὰν πελλὰν, Κρατίδᾳ δωρήσομαι αὐτός.

Idylle V, v. 96.

Segrais a fait du premier couplet une imitation charmante dans *Climène*. Virgile a substitué au second ces vers de l'*Amaryllis* :

Ἠνίδε τοι δέκα μᾶλα φέρω· τηνῶθε καθεῖλον,
ὦ μ' ἐκέλευ καθελεῖν τύ· καὶ αὔριον ἄλλα τοι οἰσῶ.

Idylle III, v. 10.

*

D. O quotiès, et quæ nobis Galatea locuta est!
Partem aliquam, venti, divûm referatis ad aures.
M. Quid prodest, quòd me ipse animo non spernis,
Si dùm tu sectaris apros, ego retia servo ? [Amynta :

Le couplet de Damète, embelli par Segrais dans *Amire*, se retrouve dans les *Fêtes de Cérès* :

Νύμφαι κἠμὲ δίδαξαν ἀν' ὤρεα βωκολέοντα
ἐσθλὰ, τά που καὶ Ζανὸς ἐπὶ θρόνον ἄγαγε φάμα.

Idylle VII, v. 92.

*

D. Phyllida mitte mihi, meus est natalis, Iola :
Cùm faciam vitulâ pro frugibus, ipse venito.
M. Phyllida amo antè alias, nam me discedere flevit,
Et, longum formose vale, vale, inquit, Iola.

L'élégante répétition du dernier vers se retrouve dans ce quatrain de *Daphnis* et *Ménalque*:

Κἄμ' ἐκ τῶ ἄντρω σύνοφρυς κόρα ἐχθὲς ἰδοῖσα
τὰς δαμάλας παρελεῦντα, καλὸν καλὸν ἦμες ἔφασκεν·
οὐ μὰν οὐδὲ λόγον ἐκρίθην ἄπο τὸν πικρὸν αὐτᾷ,
ἀλλὰ κάτω βλέψας τὰν ἀμετέραν ὁδὸν εἷρπον.

Idylle VIII, v. 72.

★

80 *D.* Triste lupus stabulis, maturis frugibus imbres,
Arboribus venti, nobis Amaryllidis iræ.
M. Dulce satis humor, depulsis arbutus hædis,
Lenta salix fœto pecori, mihi solus Amyntas.

Les premiers vers sont tirés d'un distique de la même Idylle, que l'auteur latin n'a point égalé:

Δένδρεσι μὲν χειμὼν φοβερὸν κακὸν, ὕδασι δ' αὐχμός,
ὄρνισιν δ' ὕσπλαγξ, ἀγροτέροις δὲ λίνα·
ἀνδρὶ δὲ, παρθενικᾶς ἁπαλᾶς πόθος. ὦ πάτερ, ὦ Ζεῦ,
οὐ μόνος ἠράσθην· καὶ τὺ γυναικοφίλας.

Idylle VIII, v. 57.

★

D. Pollio amat nostram, quamvis est rustica, musam:
Pierides, vitulam lectori pascite vestro.
M. Pollio et ipse facit nova carmina: pascite taurum,
Jam cornu petat, et pedibus qui spargat arenam.
D. Qui te, Pollio, amat, veniat quò te quoque gaudet;
Mella fluant illi, ferat et rubus asper amomum.
90 *M.* Qui Bavium non odit, amet tua carmina, Mævi;
Atque idem jungat vulpes, et mulgeat hircos.

Ces quatre couplets se rapportent à Virgile lui-même et à Pollion son protecteur. Les deux premiers semblent indiquer l'époque où l'on préparait à Rome le triomphe du consul, revenu vainqueur de son expédition d'Illyrie. Dans le troisième le poëte souhaite à l'ami de Pollion, c'est-à-dire à lui-même, la jouissance de tous les biens de l'âge d'or énumérés par Comatas et Lacon :

C. Ἱμέρα ἀνθ᾽ ὕδατος ῥείτω γάλα, καὶ τὺ δὲ, Κρᾶθι,
οἴνῳ πορφύροις, τὰ δέ τοι σία καρπὸν ἐνείκαι.
L. Ῥείτω χ᾽ ἁ Συβαρῖτις ἐμὶν μέλι· καὶ τὸ ποτ᾽ ὄρθρον
ἁ παῖς ἀντ᾽ ὕδατος τᾷ κάλπιδι κηρία βάψαι.

Idylle V, v. 124.

Dans le quatrième il confond d'un seul trait deux mauvais écrivains envieux de sa gloire (*Horace*, *Epode IX*), et termine par une image de Théocrite :

Τίς τρίχας ἀντ᾽ ἐρίων ἐποκίξατο; τίς δὲ, παρεύσας
αἰγὸς πρωτοτόκοιο, κακὰν κύνα δῆλετ᾽ ἀμέλγειν;

Idylle V, v. 26.

★

D. Qui legitis flores et humi nascentia fraga,
Frigidus, o pueri, fugite hinc, latet anguis in herbâ.
M. Parcite, oves, nimium procedere : non benè ripæ
Creditur ; ipse aries etiam nunc vellera siccat.
D. Tityre, pascentes à flumine reice capellas ;
Ipse, ubi tempus erit, omnes in fonte lavabo.
M. Cogite oves, pueri : si lac præceperit æstus,
Ut nuper, frustrà pressabimus ubera palmis.

Ces détails se retrouvent dans Théocrite, quoique sous une forme différente :

ÉGLOGUE III.

C. Σίττ' ἀπὸ τᾶς κοτίνω ταὶ μηκάδες· ὧδε νέμεσθε,
ὡς τὸ κάταντες τοῦτο γεώλοφον, ᾇ τε μυρῖκαι.
L. οὐκ ἀπὸ τᾶς δρυὸς οὗτος ὁ Κώναρος, ᾇ τε Κυναίθα,
τουτεὶ βοσκησεῖσθε ποτ' ἀντολάς, ὡς ὁ Φάλαρος;
Idylle V, v. 100.

On prétend que le 4me. vers est une épigramme contre le centurion Arius qui se jeta dans le Mincio pour poursuivre Virgile à la nage. Le 6me. est tiré de ce couplet de Comatas :

Αἶγες ἐμαὶ θαρσεῖτε κερουχίδες· αὔριον ὔμμε
πάσας ἐγὼ λουσῶ Συβαρίτιδος ἔνδοθι κράνας.
Idylle V, v. 145.

★

100 D. Eheu, quàm pingui macer est mihi taurus in arvo!
Idem amor exitium pecori est, pecorisque magistro.
M. His certè neque amor causa est; vix ossibus hærent:
Nescio quis teneros oculus mihi fascinat agnos.
D. Dic quibus in terris, et eris mihi magnus Apollo,
Tres pateat cœli spatium non amplius ulnas.
M. Dic quibus in terris inscripti nomina regum
Nascantur flores, et Phyllida solus habeto.

Les deux premiers couplets se retrouvent dans *Battus* et *Corydon* :

Τήνας μὲν δὴ τοι τᾶς πόρτιος αὐτὰ λέλειπται
τὠστέα. μὴ πρῶκας σιτίζεται, ὥσπερ ὁ τέττιξ;
. . . .
λεπτὸς μὰν χὠ ταῦρος ὁ πύρριχος· αἴθε λάχοιεν
τοὶ τῶ Λαμπριάδα τοὶ δαμόται, ὅκκα θύοντι
τᾷ Ἥρᾳ, τοιόνδε· κακοχράσμων γὰρ ὁ δᾶμος.
Idylle IV, v. 15 et 20.

On y reconnoît aussi ce vers de *Daphnis* et *Ménalque* :

Χὼ τὰς βῶς βόσκων, χ' αἰ βόες αὐότεραι.
Idylle VIII, v. 48.

Les deux énigmes, dont l'une désigne un puits, l'autre l'hyacinthe portant l'initiale d'Ajax, appartiennent spécialement à Virgile. Elles ont été imitées par Pope dans l'Eglogue du *Printemps*.

★

P. Non nostrum inter vos tantas componere lites,
Et vitulâ tu dignus, et hic, et quisquis amores
110 Aut metuet dulces, aut experietur amaros.
Claudite jam rivos, pueri : sat prata biberunt.

Dans l'Idylle de *Comatas* et *Lacon*, Morson assigne le prix à Comatas :

Παύσασθαι κέλομαι τὸν ποιμένα. τὶν δὲ, Κομάτα,
δωρεῖται Μόρσων τὰν ἀμνίδα· καὶ τὺ δὲ, θύσας
ταῖς Νύμφαις, Μόρσωνι καλὸν κρέας αὐτίκα πέμψον.
Idylle V, v. 138.

Mais dans celle de *Damète* et *Daphnis*, la lutte reste également indécise :

Νίκη μὰν οὐδ' ἄλλος, ἀνάσσατοι δ' ἐγένοντο.
Idylle VI, v. 46.

ÉGLOGUE QUATRIÈME.
POLLION.

SUJET.

Cette Eglogue a donné lieu à beaucoup de conjectures, dont voici la plus probable. Octavie, sœur d'Auguste et veuve de C. Marcellus, fiancée à Antoine en vertu du traité de Brindes, mit au monde le jeune Marcellus, gendre futur d'Auguste et héritier présomptif de l'empire. Virgile rattache au règne fortuné de ce prince l'accomplissement des oracles Sibyllins qui annonçoient le retour de l'âge d'or, et la pacification générale de la terre: tradition antique sortie de la Judée, et faisant allusion à la venue du Messie qui suivit de près la composition de cette pièce. De là cette ressemblance frappante entre le texte latin et la prédiction d'Isaïe que nous allons en rapprocher. Il existe une traduction grecque du Pollion, conservée dans un fragment d'Eusèbe sous le nom de Constantin. Pope a imité et surpassé Virgile dans sa belle Eglogue du Messie.

Sicelides Musæ, paulò majora canamus ;
Non omnes arbusta juvant humilesque myricæ :
Si canimus silvas, silvæ sint consule dignæ.

Ultima Cumæi venit jàm carminis ætas :
Magnus ab integro seclorum nascitur ordo;
Jàm redit et Virgo, redeunt Saturnia regna ;
Jàm nova progenies cœlo demittitur alto.
Tu modò nascenti puero, quo ferrea primùm
Desinet, ac toto surget gens aurea mundo,
10 Casta fave Lucina : tuus jàm regnat Apollo.

Après une invocation aux Muses de Sicile, déesses tutélaires de Théocrite, le poëte développe l'oracle de Cumes dans un style digne de l'interprète sacré, qui célèbre ainsi la naissance du Sauveur, huit siècles avant son apparition sur la terre :

Ἐξελεύσεται ῥάβδος ἐκ τῆς ῥίζης Ἰεσσαὶ, καὶ ἄνθος ἐκ τῆς ῥίζης ἀναβήσεται.
Καὶ ἀναπαύσεται ἐπ' αὐτὸν πνεῦμα τοῦ Θεοῦ, πνεῦμα σοφίας καὶ συνέσεως, πνεῦμα βουλῆς καὶ ἰσχύος, πνεῦμα γνώσεως καὶ εὐσεβείας.

Chap. XI, verset 1.

Εὐφρανθήτω ὁ οὐρανὸς ἄνωθεν, καὶ αἱ νεφέλαι ῥανάτωσαν δικαιοσύνην· ἀνατειλάτω ἡ γῆ, καὶ βλαστησάτω ἔλεος

Chap. XLV, verset 8.

J. B. Rousseau a imité Virgile dans son Ode sur la *Naissance du duc de Bretagne*, et Pope dans le début de son *Eglogue*.

★

Teque adeò decus hoc ævi, te consule, inibit,
Pollio ; et incipient magni procedere menses.
Te duce, si qua manent sceleris vestigia nostri,

Irrita perpetuâ solvent formidine terras.
Ille deûm vitam accipiet, divisque videbit
Permixtos heroas, et ipse videbitur illis;
Pacatumque reget patriis virtutibus orbem.

Le poëte vient de désigner Octave sous l'allégorie d'Apollon; ici il s'adresse au consul dont la victoire récente sur les Illyriens partisans de Brutus avoit terminé la guerre civile, et donné l'espoir d'une longue tranquillité. Voici comment le prophète d'Israël peint le règne paisible du Messie:

Ἄξω γὰρ εἰρήνην ἐπὶ τοὺς ἄρχοντας, καὶ ὑγίειαν αὐτῷ.
Μεγάλη ἡ ἀρχὴ αὐτοῦ, καὶ τῆς εἰρήνης αὐτοῦ οὐκ ἔστιν ὅριον·
ἐπὶ τὸν θρόνον Δαβὶδ, καὶ τὴν βασιλείαν αὐτοῦ, κατορθῶσαι
αὐτὴν, καὶ ἀντιλαβέσθαι ἐν κρίματι καὶ ἐν δικαιοσύνῃ, ἀπὸ τοῦ
νῦν καὶ εἰς τὸν αἰῶνα.

Chap. IX, verset 6.

*

At tibi prima, puer, nullo munuscula cultu,
Errantes hederas passim cum baccare tellus
20 Mixtaque ridenti colocasia fundet acantho.
Ipsæ lacte domum referent distenta capellæ
Ubera, nec magnos metuent armenta leones.
Ipsa tibi blandos fundent cunabula flores.
Occidet et serpens, et fallax herba veneni
Occidet; Assyrium vulgò nascetur amomum.

Virgile assigne trois périodes au retour successif de l'âge d'or: l'enfance, l'adolescence, et l'âge mûr du jeune héros. Dans la première, la terre se couvrira des roses du printemps, et tous les fléaux disparoîtront. Les images employées pour cette circonstance ressemblent si exactement à celles d'Isaie, qu'on seroit tenté de croire que le chantre de Marcellus n'a fait que traduire le texte du prophète :

Ἡ δόξα τοῦ Λιβάνου πρὸς σὲ ἥξει, ἐν κυπαρίσσῳ καὶ πεύκῃ καὶ κέδρῳ ἅμα, δοξάσαι τὸν τόπον τὸν ἅγιόν μου.

Chap. LX, verset 13.

Εὐφράνθητι ἔρημος, διψῶσα ἀγαλλιάσθω ἔρημος, καὶ ἀνθείτω ὡς κρίνον.

Chap. XXXV, verset 1.

Συμβοσκηθήσεται λύκος μετὰ ἀρνός, καὶ πάρδαλις συναναπαύσεται ἐρίφῳ, καὶ μοσχάριον καὶ ταῦρος καὶ λέων ἅμα βοσκηθήσοντα, καὶ παιδίον μικρὸν ἄξει αὐτούς.

Καὶ βοῦς καὶ ἄρκτος ἅμα βοσκηθήσονται, καὶ ἅμα τὰ παιδία αὐτῶν ἔσονται· καὶ λέων ὡς βοῦς φάγεται ἄχυρα.

Καὶ παιδίον νήπιον ἐπὶ τρωγλῶν ἀσπίδων, καὶ ἐπὶ κοίτην ἐκγόνων ἀσπίδων τὴν χεῖρα ἐπιβαλεῖ.

Καὶ οὐ μὴ κακοποιήσουσιν, οὐδὲ μὴ δύνωνται ἀπολέσαι οὐδένα ἐπὶ τὸ ὄρος τὸ ἅγιόν μου· ὅτι ἐνεπλήσθη ἡ σύμπασα τοῦ γνῶναι τὸν κύριον, ὡς ὕδωρ πολὺ κατακαλύψαι θαλάσσας.

Chap. XI, verset 6.

Rousseau a reproduit ces images dans son Ode, et dans l'Idylle allégorique d'*Elise*; mais ses deux imitations n'égalent pas celle de Pope.

★

At, simul heroum laudes et facta parentis
Jàm legere, et quæ sit poteris cognoscere virtus,
Molli paulatim flavescet campus aristâ,
Incultisque rubens pendebit sentibus uva,
30   Et duræ quercus sudabunt roscida mella.
Pauca tamen suberunt priscæ vestigia fraudis,
Quæ tentare Thetim ratibus, quæ cingere muris
Oppida, quæ jubeant telluri infindere sulcos.

Alter erit tùm Tiphys, et altera quæ vehat Argo
Delectos heroas ; erunt etiam altera bella,
Atque iterùm ad Trojam magnus mittetur Achilles.

L'adolescence de Marcellus sera marquée par de nouveaux prodiges. Le tableau de la fertilité spontanée de la terre a aussi son parallèle dans Isaïe :

Ἔσται ἡ ἄνυδρος εἰς ἕλη· καὶ εἰς τὴν διψῶσαν γῆν πηγὴ ὕδατος ἔσται, ἐκεῖ εὐφροσύνη ὀρνέων, ἐπαύλεις καλάμου καὶ ἕλη.

Chap. XXXV, verset 7.

Καὶ ἀντὶ τῆς στοιβῆς ἀναβήσεται κυπάρισσος, ἀντὶ δὲ τῆς κονύζης ἀναβήσεται μυρσίνη.

Chap. LV, verset 13.

Dans les derniers vers, qui font sans doute allusion à la guerre d'Octave contre Sextus Pompée, le poëte suppose qu'avant l'accomplissement de l'âge d'or, on verra reparoître les temps héroïques, mentionnés par Hésiode dans sa description des cinq âges :

Αὖθις ἔτ' ἄλλο τέταρτον ἐπὶ χθονὶ πουλυβοτείρῃ
Ζεὺς Κρονίδης ποίησε δικαιότερον καὶ ἄρειον,
ἀνδρῶν ἡρώων θεῖον γένος, οἳ καλέονται
ἡμίθεοι, προτέρῃ γενεῇ κατ' ἀπείρονα γαῖαν.
καὶ τοὺς μὲν πόλεμός τε κακὸς καὶ φύλοπις αἰνὴ,
τοὺς μὲν ἐφ' ἑπταπύλῳ Θήβῃ Καδμηΐδι γαίῃ
ὤλεσε μαρναμένους μήλων ἕνεκ' Οἰδιπόδαο·
τοὺς δὲ καὶ ἐν νήεσσιν ὑπὲρ μέγα λαῖτμα θαλάσσης
ἐς Τροίην ἀγαγὼν Ἑλένης ἕνεκ' ἠυκόμοιο.

OEuvres et Jours, v. 156.

★

Hinc, ubi jàm firmata virum te fecerit ætas,
Cedet et ipse mari vector, nec nautica pinus
Mutabit merces : omnis feret omnia tellus.
40 Non rastros patietur humus, non vinea falcem ;
Robustus quoque jàm tauris juga solvet arator.
Nec varios discet mentiri lana colores :
Ipse sed in pratis aries jàm suave rubenti
Murice, jàm croceo mutabit vellera luto ;
Sponte suâ sandyx pascentes vestiet agnos.

Enfin, quand Marcellus montera sur le trône, l'âge d'or brillera dans tout son éclat. Plus de guerres, plus de travaux : la nature préviendra tous les vœux des humains. Les couleurs, qu'emploie ici Virgile sont celles sous lesquelles Hésiode peint le bonheur d'un peuple juste :

Οἱ δὲ δίκας ξείνοισι καὶ ἐνδήμοισι διδοῦσιν
ἰθείας, καὶ μήτι παρεκβαίνουσι δικαίου,
τοῖσι τέθηλε πόλις· λαοὶ δ' ἀνθεῦσιν ἐν αὐτῇ·
εἰρήνη δ' ἀνὰ γῆν κουροτρόφος, οὐδέ ποτ' αὐτοῖς
ἀργαλέον πόλεμον τεκμαίρεται εὐρύοπα Ζεύς.
οὐδέ ποτ' ἰθυδίκαισι μετ' ἀνδράσι λιμὸς ὀπηδεῖ,
οὐδ' ἄτη, θαλίῃς δὲ μεμηλότα ἔργα νέμονται.
τοῖσι φέρει μὲν γαῖα πολὺν βίον, οὔρεσι δὲ δρῦς
ἄκρη μέν τε φέρει βαλάνους, μέσση δὲ μελίσσας·
εἰροπόκοι δ' ὄιες μαλλοῖς καταβεβρίθασι·
τίκτουσιν δὲ γυναῖκες ἐοικότα τέκνα γονεῦσιν·
θάλλουσιν δ' ἀγαθοῖσι διαμπερές· οὐδ' ἐπὶ νηῶν
νείσσονται, καρπὸν δὲ φέρει ζείδωρος ἄρουρα.
Œuvres et Jours, v. 223.

Les mêmes idées ont été exprimées par Aratus (*Phénomènes*, *v*. 108), par Ovide (*Métamorphoses*, *ch*. *I*, *v*. 89), et par Horace dans sa description des Iles fortunées :

ÉGLOGUE IV.

Nos manet Oceanus circumvagus; arva, beata
  Petamus arva, divites et insulas.
Reddit ubi cererem tellus inarata quotannis,
  Et imputata floret usque vinea;
Germinat et nunquàm fallentis termes olivæ,
  Suamque pulla ficus ornat arborem;
Mella cavâ manant ex ilice; montibus altis
  Levis crepante lympha desilit pede;
Illic injussæ veniunt ad mulctra capellæ,
  Refertque tenta grex amicus ubera;
Nec vespertinus circùm gemit ursus ovile,
  Nec intumescit alta viperis humus.

              Epode XI, v. 41.

         ★

  Talia secla, suis dixerunt, currite, fusis
Concordes stabili fatorum numine Parcæ.
  Aggredere, o magnos, aderit jàm tempus, honores,
Cara deûm soboles, magnum Jovis incrementum!
50 Aspice convexo nutantem pondere mundum,
Terrasque, tractusque maris, cœlumque profundum;
Aspice venturo lætentur ut omnia seclo.
  O mihi tàm longæ maneat pars ultima vitæ,
Spiritus, et quantùm sat erit tua dicere facta!
Non me carminibus vincet, nec Thracius Orpheus,
Nec Linus: huic mater quamvis, atque huic pater adsit,
Orphei Calliopea, Lino formosus Apollo.
Pan etiam Arcadiâ mecum si judice certet,
Pan etiam Arcadiâ dicat se judice victum.
  Incipe, parve puer, risu cognoscere matrem:
60 Matri longa decem tulerunt fastidia menses.
Incipe, parve puer: cui non risêre parentes,
Nec deus hunc mensâ, dea nec dignata cubili est.

Etudes grecq. Ire Partie.

Le commencement de ce chant de triomphe est imité de l'*Horoscope d'Achille*, dans Catulle :

> Accipe, quod lætâ tibi pandunt luce sorores
> Veridicum oráclum ; sed vos, quæ fata sequuntur
> Currite ducentes subtemina, currite fusi.
> *Noces de Thétis et de Pélée*, v. 325.

Virgile s'élève dans les vers suivants au plus haut degré d'enthousiasme. L'image de l'agitation du globe rappelle, quoiqu'avec une grande supériorité, la *Naissance de Ptolémée*, chantée par Théocrite (*Id. XVII*, v. 64.). Tout-à-coup le poëte tempère ses accords pour s'incliner vers le berceau du jeune roi, dont il devoit, seize ans après, déplorer la mort prématurée (Enéide VI, v. 860) ; il lui promet les honneurs de l'apothéose et la félicité d'Hercule (*Id. XXIV*, v. 82), pour prix du premier sourire dont il récompensera la tendresse maternelle :

> Torquatus volo parvulus,
> Matris è gremio suæ
> Porrigens teneras manus,
> Dulce rideat ad patrem
> Semihiante labello.
> Catulle, *Epithalame de Manlius*.

Après avoir admiré dans la composition latine tout ce que la mythologie païenne peut offrir de plus noble et de plus gracieux, contemplons le magnifique tableau que l'esprit prophétique fait du règne du Sauveur, au 60ᵐᵉ. chapitre d'Isaïe, qui a inspiré à Racine la *Prophétie de Joad*, et à Pope la conclusion de son Eglogue :

Φωτίζου, φωτίζου Ἱερουσαλὴμ, ἥκει γάρ σου τὸ φῶς, καὶ ἡ δόξα κυρίου ἐπὶ σὲ ἀνατέταλκεν.
Ἰδοὺ σκότος καλύψει γῆν, καὶ γνόφος ἐπ' ἔθνη, ἐπὶ δὲ σὲ φανήσεται κύριος, καὶ ἡ δόξα αὐτοῦ ἐπὶ σὲ ὀφθήσεται.

ÉGLOGUE IV.

Καὶ πορεύσονται βασιλεῖς τῷ φωτί σου, καὶ ἔθνη τῇ λαμπρότητί σου.

Ἆρον κύκλῳ τοὺς ὀφθαλμούς σου, καὶ ἴδε συνηγμένα τὰ τέκνα σου. ἥκασι πάντες οἱ υἱοί σου μακρόθεν, καὶ αἱ θυγατέρες σου ἐπ' ὤμων ἀρθήσονται.

Τότε ὄψῃ, καὶ φοβηθήσῃ, καὶ ἐκστήσῃ τῇ καρδίᾳ, ὅτι μεταβαλεῖ εἰς σὲ πλοῦτος θαλάσσης, καὶ ἐθνῶν καὶ λαῶν.

. . . .

Καὶ οὐκ ἔσται σοι ἔτι ὁ ἥλιος εἰς φῶς ἡμέρας, οὐδὲ ἀνατολὴ σελήνης φωτιεῖ σοῦ τὴν νύκτα, ἀλλ' ἔσται σοι κύριος φῶς αἰώνιον, καὶ ὁ Θεὸς δόξα σου.

Chap. LX, verset 1.

Ἄρατε εἰς τὸν οὐρανὸν τοὺς ὀφθαλμοὺς ὑμῶν, καὶ ἐμβλέψατε εἰς τὴν γῆν κάτω· ὅτι ὁ οὐρανὸς ὡς καπνὸς ἐστερεώθη, ἡ δὲ γῆ ὡς ἱμάτιον παλαιωθήσεται, οἱ δὲ κατοικοῦντες ὥσπερ ταῦτα ἀποθανοῦνται· τὸ δὲ σωτήριόν μου εἰς τὸν αἰῶνα ἔσται, ἡ δὲ δικαιοσύνη μου οὐ μὴ ἐκλείπῃ.

Chap. LI, verset 6.

ÉGLOGUE CINQUIÈME.
DAPHNIS.

SUJET.

Deux bergers, *Ménalque* et *Mopsus*, figurant le poëte lui-même et un de ses amis, déplorent la mort cruelle de *Daphnis*, et célèbrent son apothéose. On a cru reconnoître dans cette Eglogue une allusion au meurtre de Jules César, et aux honneurs divins qui lui furent rendus par Octave. Mais il est plus naturel de penser qu'elle n'est qu'une imitation du Thyrsis de Théocrite, consacré à la mémoire de Daphnis, fils de Mercure, le premier des chantres bucoliques. Virgile y a joint plusieurs traits de l'Elégie de Bion sur la Mort d'Adonis, et de celle de Moschus sur la Mort de Bion. Sa composition a servi de modèle aux premières Eglogues de Némésien et Sannazar, à la quatrième de Pope et à la douzième de Gessner.

MÉNALQUE, MOPSUS.

ME. Cur non, Mopse, boni quoniam convenimus
Tu calamos inflare leves, ego dicere versus, [ambo,
Hic corylis mixtas inter considimus ulmos?
MO. Tu major; tibi me est æquum parere, Menalca:
Sive sub incertas zephyris motantibus umbras,
Sive antro potiüs succedimus; aspice ut antrum
Silvestris raris sparsit labrusca racemis.

La proposition de Ménalque est celle de Thyrsis à son ami, dans la 1ere. Idylle de Théocrite :

Λῆς, ποτὶ τᾶν Νυμφᾶν, λῆς, αἰπόλε, τᾷδε καθίξας,
ὡς τὸ κάταντες τοῦτο γεώλοφον, αἵ τε μυρῖκαι,
συρίσδεν ; τὰς δ᾽ αἶγας ἐγὼν ἐν τῷδε νομευσῶ.

Idylle I, v. 12.

La réponse de Mopsus rappelle celle de Comatas (*Id. V,* *v.* 47), et la grotte de Calypso dans Homère :

Ἡ δ᾽ αὐτοῦ τετάνυστο περὶ σπείους γλαφυροῖο
ἡμερὶς ἡβώωσα, τεθήλει δὲ σταφυλῆσι·
κρῆναι δ᾽ ἑξείης πίσυρες ῥέον ὕδατι λευκῷ,
πλησίαι ἀλλήλων τετραμμέναι ἄλλυδις ἄλλη·
ἀμφὶ δὲ λειμῶνες μαλακοὶ ἴου ἠδὲ σελίνου.

Odyssée, ch. V, v. 68.

★

ME. Montibus in nostris solus tibi certet Amyntas.
MO. Quid, si idem certet Phœbum superare canendo?
ME. Incipe, Mopse prior: si quos aut Phyllidis ignes,
Aut Alconis habes laudes, aut jurgia Codri.
Incipe; pascentes servabit Tityrus hædos.

Le nom d'Amyntas désigne sans doute un auteur contemporain dont Virgile raille la présomption. Théocrite a dit dans le sens opposé, en faisant l'éloge du poëte Lycidas :

Ἐσθλὸς ἀνὴρ μέγ' ἄριστος, ὃν οὐδέ κεν αὐτὸς ἀείδεν
Φοῖβος σὺν φόρμιγγι παρὰ τριπόδεσσι μεγαίροι.
Idylle VII, v. 100.

Ménalque indique les sujets de diverses chansons pastorales : l'amour de Phyllis, l'éloge du sculpteur Alcon, la querelle des bergers par Codrus. Dans l'Idylle grecque, le chevrier engage Thyrsis à lui chanter la mort de Daphnis :

Ἀλλὰ, τὺ γὰρ δὴ, Θύρσι, τὰ Δάφνιδος ἄλγεα εἶδες,
καὶ τᾶς βωκολικᾶς ἐπὶ τὸ πλέον ἵκεο μώσας,
δεῦρ', ὑπὸ τὰν πτελέαν ἐσδώμεθα, τῶ τε Πριήπω
καὶ τᾶν Κρανιάδων κατεναντίον, ἅπερ ὁ θῶκος.
Idylle I, v. 19.

★

MO. Immò hæc, in viridi nuper quæ cortice fagi
Carmina descripsi, et modulans alterna notavi,
Experiar : tu deindè jubeto certet Amyntas.
ME. Lenta salix quantùm pallenti cedit olivæ,
Puniceis humilis quantùm saliunca rosetis :
Judicio nostro tantùm tibi cedit Amyntas.

Les paroles de Mopsus sont celles de Lycidas à Théocrite, qui paroît lui-même sous le nom de Simichide dans l'Idylle des *Fêtes de Cérès* :

Ἀλλ' ἄγε, βωκολικᾶς ταχέως ἀρχώμεθ' ἀοιδᾶς,
Σιμιχίδα· κἠγὼ μέν, ὅρη φίλος, εἴ τοι ἀρέσκει
τοῦθ' ὅ τι πρὰν ἐν ὄρει τὸ μελύδριον ἐξεπόνασα.
Idylle VII, v. 49.

La comparaison de Ménalque rappelle ces vers de Comatas :

Ἀλλ' οὐ σύμβλητ' ἐστὶ κυνόσβατος οὐδ' ἀνεμώνα
πρὸς ῥόδα, τῶν ἄνθηρα παρ' αἱμασιαῖσι πεφύκη.

Idylle V, v. 92.

Ici commence l'éloge funèbre de Daphnis, imité des trois Idylles grecques que nous avons indiquées. Celle de Théocrite est une composition dramatique beaucoup plus étendue que le tableau de Virgile : on y voit Daphnis expirant, victime d'un amour malheureux, les dieux champêtres réunis autour de lui, et cherchant en vain à calmer sa douleur, Vénus s'applaudissant de sa victoire, et le berger prêt à quitter la vie faisant ses adieux à la nature. Virgile a reproduit cette scène attendrissante dans sa dixième Eglogue ; mais ici il n'a pu en placer que quelques traits, puisqu'il représente Daphnis déjà enlevé à la terre, et reçu au rang des immortels. L'Idylle de Bion sur la mort d'Adonis et celle de Moschus sur la mort de Bion sont plus conformes au plan qu'il a suivi ; mais la première est une élégie pleine d'élégance composée pour les fêtes de Vénus, et n'ayant presque rien de pastoral ; l'autre, consacrée à l'amitié, convient particulièrement à un favori des Muses. Virgile s'est donc contenté de reproduire les idées générales qui pouvoient s'appliquer à son héros, en couronnant ensuite son éloge par une brillante apothéose.

★

MO. Sed tu desine plura, puer ; successimus antro.
20 Exstinctum nymphæ crudeli funere Daphnin
Flebant : vos coryli testes et flumina nymphis :
Cùm, complexa sui corpus miserabile nati,
Atque deos atque astra vocat crudelia mater.
Non ulli pastos illis egêre diebus
Frigida, Daphni, boves ad flumina ; nulla neque amnem

Libavit quadrupes, nec graminis attigit herbam.
Daphni, tuum Pœnos etiam ingemuisse leones
Interitum, montesque feri silvæque loquuntur.
Daphnis et Armenias curru subjungere tigres
30 Instituit ; Daphnis thiasos inducere Baccho,
Et foliis lentas intexere mollibus hastas.
Vitis ut arboribus decori est, ut vitibus uvæ,
Ut gregibus tauri, segetes ut pinguibus arvis,
Tu decus omne tuis : postquam te fata tulerunt,
Ipsa Pales agros, atque ipse reliquit Apollo.
Grandia sæpè quibus mandavimus hordea sulcis,
Infelix lolium, et steriles dominantur avenæ;
Pro molli violâ, pro purpureo narcisso,
Carduus et spinis surgit paliurus acutis.
40 Spargite humum foliis, inducite fontibus umbras,
Pastores : mandat fieri sibi talia Daphnis ;
Et tumulum facite, et tumulo superaddite carmen :
Daphnis ego in silvis, hinc usque ad sidera notus,
Formosi pecoris custos, formosior ipse.

La douleur de la mère de Daphnis, qui fait le sujet des premiers vers, a été appliquée à Vénus par ceux qui considèrent cette pièce comme le panégyrique de César. Dans l'Idylle de Bion, Vénus et les Oréades pleurent également la mort d'Adonis :

Καὶ Νύμφαι κλαίουσιν Ὀρειάδες· ἁ δ' Ἀφροδίτα,
λυσαμένα πλοκαμῖδας, ἀνὰ δρυμὼς ἀλάληται
πενθαλέα, νήπλεκτος, ἀσάνδαλος· αἱ δὲ βάτοι νιν
ἐρχομέναν κείροντι, καὶ ἱερὸν αἷμα δρέπονται·
ὀξὺ δὲ κωκύουσα δι' ἄγκεα μακρὰ φορεῖται,
Ἀσσύριον βοόωσα πόσιν, καὶ παῖδα καλεῦσα.

Bion, Idylle I, v. 19.

L'image de la langueur des troupeaux et du deuil général des forêts, reproduite par La Fontaine dans la plus belle de ses fables (*liv. VII, fable I*), se retrouve dans Moschus et dans Théocrite :

Ὤρεα δ' ἐστὶν ἄφωνα, καὶ αἱ βόες, αἱ ποτὶ ταύροις
πλασδόμεναι, γοάοντι, καὶ οὐκ ἐθέλοντι νέμεσθαι.

Moschus, Idylle III, v. 23.

Τῆνον μὰν θῶες, τῆνον λύκοι ὠρύσαντο,
τῆνον χὠ'κ δρυμοῖο λέων ἀνέκλαυσε θανόντα.

Idylle I, v. 71.

Mopsus signale ensuite les découvertes utiles de Daphnis, et marque son influence bienfaisante par une comparaison de la 8.me Idylle :

Τᾷ δρυῒ ταὶ βάλανοι κόσμος, τᾷ μαλίδι μᾶλα,
τᾷ βοῒ δ' ἁ μόσχος, τῷ βωκόλῳ αἱ βόες αὐταί.

Idylle VIII, v. 79.

Au moment où Daphnis expire, les dieux abandonnent les campagnes et les frappent de stérilité. Théocrite et Moschus appliquent les mêmes images à la mort de Daphnis et à celle de Bion :

Νῦν ἴα μὲν φορέοιτε βάτοι, φορέοιτε δ' ἄκανθαι,
ἁ δὲ καλὰ νάρκισσος ἐπ' ἀρκεύθοισι κομάσαι·
πάντα δ' ἔναλλα γένοιτο, καὶ ἁ πίτυς ὄχνας ἐνείκαι.
Δάφνις ἐπεὶ θνάσκει· καὶ τὰς κύνας ὤλαφος ἕλκοι.

Idylle I, v. 132.

Δένδρεα καρπὸν ἔριψε, τὰ δ' ἄνθεα πάντ' ἐμαράνθη.
μάλων οὐκ ἔρρευσε καλὸν γλάγος, οὐ μέλι σίμβλων.

Moschus, Idylle III, v. 32.

Enfin les bergers, pour charmer leur douleur, élèvent à Daphnis un monument champêtre, et y inscrivent son épitaphe imitée de Théocrite :

Δάφνις ἐγὼν ὅδε τῆνος, ὁ τὰς βόας ὧδε νομεύων,
Δάφνις ὁ τὼς ταύρως καὶ πόρτιας ὧδε ποτίσδων.

Idylle I, v. 120.

*

ME. Tale tuum carmen nobis, divine poeta,
Quale sopor fessis in gramine, quale per æstum
Dulcis aquæ saliente sitim restinguere rivo.
Nec calamis solùm æquiparas, sed voce magistrum ;
Fortunate puer, tu nunc eris alter ab illo.
50 Nos tamen hæc quocumque modo tibi nostra vicissim
Dicemus, Daphninque tuum tollemus ad astra ;
Daphnin ad astra feremus : amavit nos quoque Daphnis.
MO. An quicquam nobis tali sit munere majus ?
Et puer ipse fuit cantari dignus, et ista
Jàm pridem Stimicon laudavit carmina nobis.

Le compliment aimable de Ménalque est celui de Thyrsis au chêvrier :

Ἁδύ τι τὸ ψιθύρισμα καὶ ἁ πίτυς, αἰπόλε, τήνα,
ἁ ποτὶ ταῖς παγαῖσι μελίσδεται· ἁδὺ δὲ καὶ τὺ
συρίσδες· μετὰ Πᾶνα τὸ δεύτερον ἆθλον ἀποισῇ.

Idylle I, v. 1.

Il se peut aussi que dans les derniers vers Virgile fasse allusion à Théocrite son maître, et qu'il s'assigne à lui-même le second rang ; dans cette hypothèse le nom de Stimicon désigneroit Pollion ou Varus.

Parlant ensuite lui-même sous le nom de Ménalque, il quitte le ton modeste de l'élégie pour s'élever à la hauteur de l'ode. Il montre ce Daphnis, dont la perte a coûté tant de pleurs, admis dans le séjour céleste et exauçant les prières des bergers; il peint la nature entière applaudissant à son triomphe, et reprenant sous ses auspices son éclat et sa sérénité. L'idée de cet heureux contraste appartient exclusivement à Virgile; on n'en trouve que de faibles traces dans l'apothéose d'Adonis qui, étendu sur un lit de pourpre, conserve même au milieu de sa gloire l'immobilité de la mort. Toutefois les vers latins contiennent plusieurs imitations partielles.

*

ME. Candidus insuetum miratur limen Olympî,
Sub pedibusque videt nubes et sidera Daphnis.
Ergò alacris silvas et cœtera rura voluptas,
Panaque, pastoresque tenet, Dryadasque puellas.
60 Nec lupus insidias pecori, nec retia cervis
Ulla dolum meditantur : amat bonus otia Daphnis.
Ipsi lætitiâ voces ad sidera jactant
Intonsi montes, ipsæ jàm carmina rupes,
Ipsa sonant arbusta : deus, deus ille, Menalca!
Sis bonus, o felixque tuis! en quatuor aras :
Ecce duas tibi, Daphni, duoque altaria Phœbo.
Pocula bina novo spumantia lacte quotannis,
Craterasque duo statuam tibi pinguis olivi;
Et multo imprimis hilarans convivia baccho,
70 Antè focum, si frigus erit, si messis, in umbrâ
Vina novum fundam calathis Arvisia nectar.
Cantabunt mihi Damœtas et Lyctius Ægon;
Saltantes satyros imitabitur Alphesibœus.

Hæc tibi semper erunt, et cùm solemnia vota
Reddemus nymphis, et cùm lustrabimus agros.
Dùm juga montis aper, fluvios dùm piscis amabit,
Dùmque thymo pascentur apes, dùm rore cicadæ :
Semper honos nomenque tuum laudesque manebunt.
Ut Baccho Cererique, tibi sic vota quotannis
80 Agricolæ facient ; damnabis tu quoque votis.

L'admission de Daphnis dans l'Olympe et la pacification de la terre rappellent la prédiction de l'apothéose d'Hercule, vainqueur des embûches de Junon :

Γαμβρὸς δ' ἀθανάτων κεκλήσεται, οἳ τάδ' ἐπῶρσαν
κνώδαλα φωλεύοντα βρέφος διαδηλήσασθαι.
ἔσται δὴ τοῦτ' ἆμαρ, ὁπανίκα νεβρὸν ἐν εὐνᾷ
καρχαρόδων σίνεσθαι ἰδὼν λύκος οὐκ ἐθελήσει.

Idylle XXIV, v. 82.

Les idées suivantes se retrouvent dans l'Idylle de Bion, et dans celle de Théocrite sur la *Fête d'Adonis :*

Ὤρεα πάντα λέγοντι, καὶ αἱ δρύες, Αἲ τὸν Ἄδωνιν·
καὶ ποταμοὶ κλαίοντι τὰ πένθεα τᾶς Ἀφροδίτας.

Bion, Idylle I, v. 32.

Ἴλαθι νῦν, φίλ' Ἄδωνι, καὶ ἐς νέωτ' εὐθυμήσαις.
καὶ νῦν ἦνθες, Ἄδωνι, καί, ὅκκ' ἀφίκῃ, φίλος ἥξεῖς.

Idylle XV, v. 143.

Quant à la description du sacrifice annuel de Daphnis, représentant, dit-on, les jeux de J. César, elle est extraite presque littéralement d'un charmant passage des *Fêtes de Cérès*, où Lycidas promet de célébrer l'arrivée de son ami à Mitylène :

Ἀγεάνακτι πλόον διζημένῳ ἐς Μιτυλάναν
ὤρια πάντα γένοιτο, καὶ εὔπλοον ὅρμον ἵκοιτο.
κἠγὼ, τῆνο κατ' ἆμαρ, ἀνήθινον, ἢ ῥοδόεντα,
ἢ καὶ λευκοΐων στέφανον περὶ κρατὶ φυλάσσων
τὸν Πτελεατικὸν οἶνον ἀπὸ κρητῆρος ἀφυξῶ,
πὰρ πυρὶ κεκλιμένος· κύαμον δέ τις ἐν πυρὶ φρυξεῖ,
χ' ἁ στιβὰς ἐσσεῖται πεπυκασμένα ἔςτ' ἐπὶ πᾶχυν
κνύζᾳ τ', ἀσφοδέλῳ τε, πολυγνάμπτῳ τε σελίνῳ.
καὶ πίομαι μαλακῶς, μεμναμένος Ἀγεάνακτος,
αὐταῖσιν κυλίκεσσι καὶ ἐς τρύγα χεῖλος ἐρείδων.
αὐλησεῦντι δέ μοι δύο ποιμένες· εἷς μὲν, Ἀχαρνεὺς,
εἷς δὲ, Λυκωπίτας· ὁ δὲ Τίτυρος ἐγγύθεν ᾄσει,
ὡς ποκα τᾶς ξενέας ἠράσσατο Δάφνις ὁ βώτας·
χ' ὡς ὄρος ἀμφεπολεῖτο, καὶ ὡς δρύες αὐτὸν ἐθρήνευν,
Ἱμέρα αἵτε φύοντι παρ' ὄχθαισιν ποταμοῖο·
εὖτε χιὼν ὥς τις κατετάκετο μακρὸν ὑφ' Αἷμον,
ἢ Ἄθω, ἢ Ῥοδόπαν, ἢ Καύκασον ἐσχατόεντα.

Idylle VII, v. 61.

*

MO. Quæ tibi, quæ tali reddam pro carmine dona?
Nam neque me tantùm venientis sibilus austri,
Nec percussa juvant fluctu tàm littora, nec quæ
Saxosas inter decurrunt flumina valles.
ME. Hâc te nos fragili donabimus antè cicutâ;
Hæc nos : formosum Corydon ardebat Alexin;
Hæc eadem docuit : cujum pecus? an Meliboei?
MO. At tu sume pedum, quod, me cùm sæpè rogaret,
Non tulit Antigenes, et erat tùm dignus amari,
90 Formosum paribus nodis atque ære, Menalca.

La comparaison de Mopsus, imitée par le Tasse (*Aminte,
act I, sc. 2*) se retrouve dans l'Idylle de Thyrsis :

Ἅδιον, ὦ ποιμὰν, τὸ τεὸν μέλος, ἢ τὸ καταχὲς
τῆν' ἀπὸ τᾶς πέτρας καταλείβεται ὑψόθεν ὕδωρ.

Idylle I, v. 7.

Le don de Ménalque, dans lequel le poëte se décèle en nommant deux de ses Eglogues, rappelle ce passage de la 4me. Idylle où Corydon cite les airs qu'il fredonne sur le chalumeau d'Egon :

Δῶρον ἐμίν νιν ἔλειπεν· ἐγὼ δέ τις εἰμὶ μελικτὰς,
κἢν μὲν τὰ Γλαύκας ἀγκρούομαι, εὖ δὲ τὰ Πύρρω,
αἰνέω τάν τε Κρότωνα· καλὰ πόλις ἅ τε Ζάκυνθος.

Idylle IV, v. 30.

Enfin la houlette de Mopsus est celle que Lycidas offre à Théocrite :

Ὣς ἐφάμαν ἐπίταδες· ὁ δ' αἰπόλος, ἁδὺ γελάξας,
τάν τοι, ἔφα, κορύναν δωρύττομαι, οὕνεκεν ἐσσὶ
πᾶν ἐπ' ἀλαθείᾳ πεπλασμένον ἐκ Διὸς ἔρνος.

Idylle VII, v. 42.

Le Daphnis de Virgile a produit un grand nombre d'imitations. L'*Apothéose de Mélibée*, par Némésien, est aussi faible que ses autres ouvrages ; en copiant les idées et même les expressions de Virgile, il n'a su leur conserver ni leur grâce ni leur éclat. Sannazar a été plus heureux dans son Eglogue de *Phyllis* où l'on remarque quelques jolis vers. Milton a traité le même sujet dans le poëme de *Lycidas* ; mais on n'y retrouve pas cette simplicité champêtre qui fait le charme de la composition latine ; elle se perd sous la profusion des détails. Pope a également déploré la perte de Daphné dans son Eglogue de l'*Hiver*. Gessner enfin, adoptant un autre cadre, a chanté dans sa douzième Idylle la touchante *Apothéose du vieillard Palémon*.

ÉGLOGUE SIXIÈME.
SILÈNE.

SUJET.

Silène, compagnon de Bacchus, surpris dans son sommeil par une nymphe et deux jeunes bergers, consent à leur faire entendre ses chants. Il célèbre d'abord la création du monde, et effleure ensuite, par des transitions rapides, les traits les plus brillants de la mythologie. Le plan de cette belle composition appartient tout entier à Virgile. Elle a été imitée dans la troisième Églogue de Némésien, la quatrième de Sannazar, et la neuvième de Gessner.

Prima Syracosio dignata est ludere versu
Nostra, nec erubuit silvas habitare, Thalia.
Cùm canerem reges et prælia, Cynthius aurem
Vellit, et admonuit : pastorem, Tityre, pingues
Pascere oportet oves, deductum dicere carmen.
Nunc ego, namque super tibi erunt qui dicere laudes,
Vare, tuas cupiant, et tristia condere bella,
Agrestem tenui meditabor arundine musam.
Non injussa cano : si quis tamen hæc quoque, si quis
10 Captus amore leget, te nostræ, Vare, myricæ,
Te nemus omne canet; nec Phœbo gratior ulla est,
Quàm sibi quæ Vari præscripsit pagina nomen.

Cette pièce est dédiée à Quintilius Varus, favori d'Auguste, défait ensuite en Germanie par Arminius. Il avoit été, ainsi que Virgile, disciple de l'épicurien Syron dont les principes sont développés dans cette Eglogue. Les premiers vers font allusion à la tentative infructueuse du poëte de composer une épopée sur les guerres civiles de Rome ; c'est ainsi qu'Horace dit dans son ode à Auguste :

> Phœbus volentem prælia me loqui
> Victas et urbes, increpuit lyrâ,
> Ne parva Tyrrhenum per æquor
> Vela darem.
> *Livre IV, ode* 14.

Tous deux ont imité le prologue d'Anacréon :

> Θέλω λέγειν Ἀτρείδας,
> θέλω δὲ Κάδμον ᾄδειν·
> ἁ βάρβιτος δὲ χορδαῖς
> ἔρωτα μοῦνον ἠχεῖ.

★

ÉGLOGUE VI.

    Pergite, Pierides. Chromis et Mnasylus in antro
Silenum pueri somno vidêre jacentem,
Inflatum hesterno venas, ut semper, iaccho;
Serta procul tantùm capiti delapsa jacebant,
Et gravis attritâ pendebat cantharus ansâ.
Aggressi, nam sæpè senex spe carminis ambo
Luserat, injiciunt ipsis ex vincula sertis.
20 Addit se sociam, timidisque supervenit Ægle,
Ægle, Naïadum pulcherrima; jamque videnti
Sanguineis frontem moris et tempora pingit.
Ille dolum ridens : « Quo vincula nectitis ? inquit.
Solvite me, pueri; satis est potuisse videri.
Carmina, quæ vultis, cognoscite; carmina vobis,
Huic aliud mercedis erit. » Simul incipit ipse.

Ce riant tableau rappelle l'hymne d'Homère à *Bacchus :*

Ἀμφὶ Διώνυσον, Σεμέλης ἐρικυδέος υἱὸν,
μνήσομαι, ὡς ἐφάνη παρὰ θῖν' ἁλὸς ἀτρυγέτοιο,
ἀκτῇ ἔπι προβλῆτι, νεηνίῃ ἀνδρὶ ἐοικὼς
πρωθήβῃ· καλαὶ δὲ περισσείοντο ἔθειραι
κυάνεαι, φᾶρος δὲ περὶ στιβαροῖς ἔχεν ὤμοις
πορφύρεον. τάχα δ' ἄνδρες ἐϋσσέλμου ἀπὸ νηὸς
ληϊσταὶ προγένοντο θοῶς ἐπὶ οἴνοπα πόντον,
Τυρσηνοί· τοὺς δ' ἦγε κακὸς μόρος. οἱ δὲ ἰδόντες
νεῦσαν ἐς ἀλλήλους, τάχα δ' ἔκθορον· αἶψα δ' ἑλόντες,
εἷσαν ἐπὶ σφετέρης νηὸς κεχαρημένοι ἦτορ·
υἱὸν γάρ μιν ἔφαντο διοτρεφέων βασιλήων
εἶναι, καὶ δεσμοῖς ἔθελον δεῖν ἀργαλέοισιν.
τὸν δ' οὐκ' ἴσχανε δεσμά, λύγοι δ' ἀπὸ τηλόσε πίπτον
χειρῶν ἠδὲ ποδῶν· ὁ δὲ μειδιάων ἐκάθητο.
                                        H. à Bacchus, v. 1.

★

Etudes grecq. Ire Partie.

Tum verò in numerum faunosque ferasque videres
Ludere, tùm rigidas motare cacumina quercus.
Nec tantùm Phœbo gaudet Parnassia rupes,
30 Nec tantùm Rhodope mirantur et Ismarus Orphea.
Namque canebat, uti magnum per inane coacta
Semina terrarumque animæque marisque fuissent,
Et liquidi simul ignis; ut his exordia primis
Omnia, et ipse tener mundi concreverit orbis;
Tùm durare solum, et discludere Nerea ponto
Cœperit, et rerum paulatim sumere formas;
Jamque novum ut terræ stupeant lucescere solem,
Altiùs atque cadant submotis nubibus imbres,
Incipiant silvæ cùm primùm surgere, cùmque
40 Rara per ignotos errent animalia montes.

Le demi-dieu entonne ses chants sublimes, et renouvelle les merveilles d'Orphée. Il débute par l'hymne de la création qui nous a été conservé dans les deux *Argonautiques*, l'une attribuée faussement à Orphée lui-même, et composée par l'athénien Onomacrite, l'autre par Apollonius de Rhodes. Dans la première, le chantre de Thrace raconte son combat poétique avec Chiron; dans la seconde il préside à un sacrifice :

Αὐτὰρ ἔγωγε μετ' αὐτὸν ἑλὼν φόρμιγγα λίγειαν,
ἐκ στόματος μελίγηρυν ἱεὶς ἀνέπεμπον ἀοιδήν.
πρῶτα μὲν ἀρχαίου Χάεος μελανήφατον ὕμνον·
ὡς ἐπάμειψε φύσεις, ὡς οὐρανὸς ἐς πέρας ἦλθε,
γῆς δ' εὐρυστέρνου γένεσιν, καὶ πυθμένα ποντοῦ·
πρεσβύτατόν τε καὶ αὐτοτελῆ πολύμητιν Ἔρωτα,
ὅσσά τ' ἔφυσεν ἅπαντα, διέκριθε δ' ἄλλον ἀπ' ἄλλου·
καὶ Κρόνον αἰνολέτην, ὥςτ' ἐς Δία τερπικέραυνον
ἤλυθεν ἀθανάτων μακάρων βασιλήϊος ἀρχή.
μέλπον δ' ὁπλοτέρων μακάρων γένεσίν τε κρίσιν τε,

ÉGLOGUE VI.

καὶ Βριμοῦς, Βάκχοιο, Γιγάντων τ' ἔργ' ἀΐδηλα·
ἀνθρώπων δ' ὀλιγοδρανέων πολυεθνέα φύτλην
ἤειδον. στεινὸν δὲ διὰ σπέος ἤλυθεν αὐδὴ
ἡμετέρης χέλυος μελιχρὴν ὄπα γηρυούσης·
ᾔσθετο δ' ἄκρα κάρηνα καὶ ἄγκεα δενδρήεντα
Πηλίου, ὑψηλάς τε μετὰ δρύας ἤλυθε γῆρυς,
καί ῥ' αἱ μὲν πρόῤῥιζοι ἐπ' αὔλιον ἐθρώσκοντο·
πέτραι τ' ἐσμαράγουν, θῆρες δ' ἀΐοντες ἀοιδῆς,
σπήλυγγος προπάροιθεν ἀλυσκάζοντες ἔμιμνον·
οἰωνοί τ' ἐκυκλοῦντο βσαύλια Κενταύροιο,
ταρσοῖς κεκμηῶσιν, ἑῆς δ' ἐλάθοντο καλιῆς.

Orphée, Argonautiques, v. 417.

Ηειδε δ', ὡς γαῖα καὶ οὐρανὸς ἠδὲ θάλασσα,
τὸ πρὶν ἐπ' ἀλλήλοισι μιῇ συναρηρότα μορφῇ,
νείκεος ἐξ ὀλοοῖο διέκριθεν ἀμφὶς ἕκαστα·
ἠδ' ὡς ἔμπεδον αἰὲν ἐν αἰθέρι τέκμαρ ἔχουσιν
ἄστρα, σεληναίη τε, καὶ ἠελίοιο κέλευθοι·
οὔρεα δ' ὡς ἀνέτειλε, καὶ ὡς ποταμοὶ κελάδοντες
αὐτῇσι Νύμφῃσι, καὶ ἑρπετὰ πάντ' ἐγένοντο.

Apollonius, Argonautiques, ch. I, v. 496.

Parmi les autres cosmogonies profanes, les plus remarquables sont sans contredit celles d'Hésiode, de Lucrèce et d'Ovide. Hésiode, profondément imbu des chimères mythologiques, les a toutes consignées dans son poëme de la *Naissance des dieux*, où il divinise la nature entière :

Ητοι μὲν πρώτιστα Χάος γένετ', αὐτὰρ ἔπειτα
Γαῖ' εὐρύστερνος, πάντων ἕδος ἀσφαλὲς αἰεὶ
ἀθανάτων, οἳ ἔχουσι κάρη νιφόεντος Ὀλύμπου·
Τάρταρά δ' ἠερόεντα μυχῷ χθονὸς εὐρυοδείης,

ἠδ᾽ Ἔρος, ὃς κάλλιστος ἐν ἀθανάτοισι θεοῖσι,
λυσιμελής, πάντων τε θεῶν, πάντων τ᾽ ἀνθρώπων
δάμναται ἐν στήθεσσι νόον καὶ ἐπίφρονα βουλήν.
ἐκ Χάεος δ᾽, Ἔρεβός τε μέλαινά τε Νὺξ ἐγένοντο.
Νυκτὸς δ᾽ αὖτ᾽ Αἰθήρ τε καὶ Ἡμέρη ἐξεγένοντο,
οὓς τέκε κυσσαμένη, Ἐρέβει φιλότητι μιγεῖσα.
Γαῖα δέ τοι πρῶτον μὲν ἐγείνατο ἶσον ἑαυτῇ
Οὐρανὸν ἀστερόενθ᾽, ἵνα μιν περὶ πάντα καλύπτοι,
ὄφρ᾽ εἴη μακάρεσσι θεοῖς ἕδος ἀσφαλὲς αἰεί·
γείνατο δ᾽ Οὔρεα μακρά, θεῶν χαρίεντας ἐναύλους
Νυμφέων, αἳ ναίουσιν ἂν᾽ οὔρεα βησσήεντα·
ἡ δὲ καὶ ἀτρύγετον Πέλαγος τέκεν οἴδματι θῦον.

Théogonie, v. 116.

Lucrèce, disciple d'Epicure, substituant à ces rêves bizarres une physique non moins erronée, a attribué la formation de l'univers au concours fortuit des atomes. Mais les brillantes couleurs dont il a orné son système feront toujours lire avec admiration le 5me. chant du *Poëme de la Nature*.

Ovide s'affranchissant de toute recherche scientifique a exposé, au 1er. chant des *Métamorphoses*, la création du monde selon la tradition vulgaire. Son vaste et majestueux tableau, couronné par le portrait de l'homme, ne le cède en perfection qu'à la sublime simplicité de la *Genèse* :

Ἐν ἀρχῇ ἐποίησεν ὁ Θεὸς τὸν οὐρανὸν καὶ τὴν γῆν.
Ἡ δὲ γῆ ἦν ἀόρατος, καὶ ἀκατασκεύαστος. καὶ σκότος ἐπάνω τῆς ἀβύσσου, καὶ πνεῦμα Θεοῦ ἐπεφέρετο ἐπάνω τοῦ ὕδατος.
Καὶ εἶπεν ὁ Θεός· γενηθήτω φῶς. καὶ ἐγένετο φῶς.

C'est en puisant à cette source sacrée, la plus féconde de toutes en grandes inspirations, que Milton a formé le septième chant du *Paradis perdu*.

★

Hinc lapides Pyrrhæ jactos, Saturnia regna,
Caucaseasque refert volucres furtumque Promethei.
His adjungit, Hylan nautæ quo fonte relictum
Clamâssent, ut littus, Hyla, Hyla, omne sonaret.
Et fortunatam, si nunquam armenta fuissent,
Pasiphaën nivei solatur amore juvenci.
Ah, virgo infelix, quæ te dementia cepit !
Prœtides implêrunt falsis mugitibus agros :
At non tàm turpis pecudum tamen ulla secuta est
50 Concubitus, quamvis collo timuisset aratrum,
Et sæpè in levi quæsîsset cornua fronte.
Ah, virgo infelix, tu nunc in montibus erras ;
Ille, latus niveum molli fultus hyacintho,
Ilice sub nigrâ pallentes ruminat herbas,
Aut aliquam in magno sequitur grege! Claudite, nym-
Dictææ nymphæ, nemorum jàm claudite saltus, [phæ,
Si quà fortè ferant oculis sese obvia nostris
Errabunda bovis vestigia : forsitan illum,
Aut herbâ captum viridi, aut armenta secutum,
60 Perducant aliquæ stabula ad Gortynia vaccæ.

Le poëte passe à l'histoire des temps fabuleux, et esquisse en quelques vers le plan des Métamorphoses d'Ovide. On connoît la fable de Deucalion et de Pyrrha, le règne de Saturne, et la ruse de Prométhée (*Métamorphoses*, ch. *1*, v. 82, 89, 313). L'aventure d'Hylas, compagnon d'Hercule, enlevé par les Naïades, a été rapportée par Apollonius (*Argonautiques*, ch. *1*, v. 1207), et par Théocrite dans sa 13ᵐᵉ. Idylle:

Τρὶς μὲν Ὕλαν ἄυσεν, ὅσον βαθὺς ἤρυγε λαιμός·
τρὶς δ' ἄρ' ὁ παῖς ὑπάκουσεν· ἀραιὰ δ' ἵκετο φωνὰ
ἐξ ὕδατος· παρεὼν δὲ μάλα σχεδὸν, εἴδετο πόῤῥω.

Idylle XIII, v. 58.

L'auteur a prouvé dans les amours de Pasiphaé (*Argonautiques*, ch. III, v. 998), (*Métam.* ch. VIII, v. 155), jusqu'où peut aller la magie du style. Moschus nous offre un exemple du même genre dans son Idylle d'*Europe*, enlevée par Jupiter sous la forme d'un taureau. On y remarque entre autres cette charmante peinture de la princesse traversant les flots :

Ὣς φαμένη, νώτοισιν ἐφίζανε μειδιόωσα·
αἱ δ' ἄλλαι μέλλεσκον. ἄφαρ δ' ἀνεπίλνατο ταῦρος,
ἣν ἔθελ' ἁρπάξας· ὠκὺς δ' ἐπὶ πόντον ἴκανεν.
ἡ δὲ μεταστρεφθεῖσα φίλας καλέεσκεν ἑταίρας,
χεῖρας ὀρεγνυμένη· ταὶ δ' οὐκ ἐδύναντο κιχάνειν.
ἀκτάων δ' ἐπιβὰς πρόσσω θέεν, ἠΰτε δελφίς.
Νηρεΐδες δ' ἀνέδυσαν ὑπ' ἐξ ἁλός, αἱ δ' ἄρα πᾶσαι
κητείοις νώτοισιν ἐφήμεναι ἐστιχόωντο·
καὶ δ' αὐτὸς βαρύδουπος ὑπεὶρ ἁλὸς Ἐννοσίγαιος,
κῦμα κατιθύνων, ἁλίης ἡγεῖτο κελεύθου
αὐτοκασιγνήτῳ· τοὶ δ' ἀμφί μιν ἠγερέθοντο
Τρίτωνες, πόντοιο βαθυῤῥόου ἐννατῆρες,
κόχλοισιν ταναοῖς γάμιον μέλος ἠπύοντες.
ἡ δ' ἄρ' ἐφεζομένη Ζηνὸς βοέοις ἐπὶ νώτοις,
τῇ μὲν ἔχεν ταύρου δολιχὸν κέρας, ἐν χερὶ δ' ἄλλῃ
εἴρυε πορφυρέας κόλπου πτύχας, ὄφρα κεν ᾠὴν
δεύοι ἐφελκομένην πολιῆς ἁλὸς ἄσπετον ὕδωρ·
κολπώθη δ' ὤμοισι πέπλος βαθὺς Εὐρωπείης,
ἱστίον οἷά τε νηός, ἐλαφρίζεσκε δὲ κούρην.

Moschus, Idylle II, v. 108.

★

Tùm canit Hesperidum miratam mala puellam.
Tùm Phaëthontiadas musco circumdat amaræ
Corticis, atque solo proceras erigit alnos.

Tum canit, errantem Permessi ad flumina Gallum
Aonas in montes ut duxerit una sororum,
Utque viro Phœbi chorus assurrexerit omnis ;
Ut Linus hæc illi divino carmine pastor,
Floribus atque apio crines ornatus amaro,
Dixerit : « Hos tibi dant calamos, en accipe, Musæ,
70 Ascræo quos ante seni; quibus ille solebat
Cantando rigidas deducere montibus ornos :
His tibi Grynei nemoris dicatur origo,
Ne quis sit lucus quo se plus jactet Apollo. »

La fable d'Atalante, fille de Schénée, vaincue à la course par Hippomène, est indiquée dans la 3me. Idylle de Théocrite :

Ἱππομένης, ὄκα δὴ τὰν παρθένον ἤθελε γᾶμαι,
μᾶλ' ἐνὶ χερσὶν ἑλὼν δρόμον ἄνυεν· ἁ δ' Ἀταλάντα
ὡς ἴδεν, ὡς ἐμάνη, ὡς ἐς βαθὺν ἅλλετ' ἔρωτα.
Idylle III, v. 40.

La métamorphose des trois sœurs de Phaëton en peupliers se retrouve dans Apollonius :

Ἡλιάδες, ταναῇσιν ἐλιγμέναι αἰγείροισι,
μύρονται κινυρὸν μέλεαι γόον· ἐκ δὲ φαεινᾶς
ἠλέκτρου λιβάδας βλεφάρων προχέουσιν ἔραζε.
Argonautiques, ch. IV, v. 604.

Ovide a développé ces deux fables (*Métam.* ch. *II*, *v*. 340; *X*, *v*. 560). Les vers suivants s'adressent à Cornélius Gallus, poëte élégiaque ami de Virgile, qui a consacré la dernière Eglogue à la peinture de son funeste amour. Ici il fait allusion à sa réputation littéraire, et surtout à sa traduction du livre des *Oracles* d'Euphorion de Chalcis. Il lui décerne le rameau poétique qu'Hésiode reçut jadis des neuf sœurs:

Αἵ νύ ποτ' Ἡσίοδον καλὴν ἐδίδαξαν ἀοιδὴν,
ἄρνας ποιμαίνονθ' Ἑλικῶνος ὑπὸ ζαθέοιο.
. . . .
καί μοι σκῆπτρον ἔδον, δάφνης ἐριθηλέος ὄζον
δρέψασαι θηητόν, ἐνέπνευσαν δέ μοι αὐδὴν
θείην, ὡς κλείοιμι τά τ' ἐσσόμενα, πρό τ' ἐόντα·
καί με κέλονθ' ὑμνεῖν μακάρων γένος αἰὲν ἐόντων,
σφᾶς δ' αὐτὰς πρῶτόν τε καὶ ὕστερον αἰὲν ἀείδειν.
Théogonie, v. 22 et 30.

★

Quid loquar? ut Scyllam Nisi, quam fama secuta est
Candida succinctam latrantibus inguina monstris
Dulichias vexâsse rates, et gurgite in alto
Ah! timidos nautas canibus lacerâsse marinis?
Aut, ut mutatos Terei narraverit artus;
Quas illi Philomela dapes, quæ dona parârit,
80 Quo cursu deserta petiverit, et quibus antè
Infelix sua tecta supervolitaverit alis?
Omnia quæ, Phœbo quondam meditante, beatus
Audiit Eurotas jussitque ediscere lauros,
Ille canit: pulsæ referunt ad sidera valles:
Cogere donec oves stabulis, numerumque referre
Jussit, et invito processit Vesper Olympo.

La mythologie distingue deux Scylla (*Métam.* ch. *VIII*, *v.* 142; *XIV*, *v.* 51), que Virgile paroît confondre ici: l'une, fille de Nisus et amante de Minos, changée en alouette; l'autre fille de Phorcus et amante de Glaucus, métamorphosée en monstre marin qui enleva à Ulysse six de ses compagnons:

Τόφρα δέ μοι Σκύλλη γλαφυρῆς ἐκ νηὸς ἑταίρους
ἓξ ἕλεθ', οἳ χερσίν τε βίηφί τε φέρτεροι ἦσαν·

. . . .
αὐτοῦ δ᾽ εἰνὶ θύρῃσι κατήσθιε κεκληγοντας,
χεῖρας ἐμοὶ ὀρέγοντας ἐν αἰνῇ δηϊοτῆτι.

Odyssée, ch. XII, v. 245 et 256.

Térée, roi de Thrace, ayant outragé Progné et Philomèle, les deux sœurs lui servirent à manger les membres de son fils Itys. Saisi d'horreur, il fut métamorphosé en huppe, Progné en hirondelle, Philomèle en rossignol, et Itys en faisan. (*Métam.* ch. *VI*, *v.* 424). Virgile a substitué ici Philomèle à Progné. Homère raconte la même fable sous des noms différents (*Odyssée*, ch. *XIX*, *v.* 518). Le séjour d'Apollon sur les bords de l'Eurotas a été célébré par Euripide (*Alceste*, *v.* 579).

Cette Eglogue a été imitée par Sannazar dans celle de *Protée*, et par Gessner dans celle du *Faune*. Mais ils sont restés inférieurs à Némésien qui mérite ici d'entrer en comparaison avec Virgile: son Eglogue de *Pan*, sur la naissance de Bacchus et les premières vendanges, se lit encore avec plaisir après le bel hymne de Silène.

ÉGLOGUE SEPTIÈME.
MÉLIBÉE.

SUJET.

Mélibée, témoin avec Daphnis de la lutte poétique de Corydon et de Thyrsis, rend compte de leurs chants et de la victoire de Corydon. Les deux Idylles de Théocrite intitulées Daphnis *et* Ménalque *ont servi de modèle à ce drame pastoral, imité dans la troisième Eglogue de Sannazar, et dans la cinquième de Segrais.*

MÉLIBÉE, CORYDON, THYRSIS.

M. Forte sub argutâ consederat ilice Daphnis,
Compulerantque greges Corydon et Thyrsis in unum;
Thyrsis oves, Corydon distentas lacte capellas:
Ambo florentes ætatibus, Arcades ambo,
Et cantare pares, et respondere parati.
Hîc mihi, dùm teneras defendo a frigore myrtos,
Vir gregis ipse caper deerraverat; atque ego Daphnin
Aspicio. Ille ubi me contrà videt: « Ocius, inquit,
Hùc ades, o Melibœe! caper tibi salvus et hædi;
10 Et, si quid cessare potes, requiesce sub umbrâ :
Hùc ipsi potum venient per prata juvenci,
Hîc viridis tenerâ prætexit arundine ripas
Mincius, èque sacrâ resonant examina quercu. »
Quid facerem? neque ego Alcippen, nec Phyllida habe-
Depulsos à lacte domi quæ clauderet agnos; [bam,
Et certamen erat, Corydon cum Thyrside, magnum.
Posthabui tamen illorum mea seria ludo.
Alternis igitur contendere versibus ambo
Cœperê : alternos Musæ meminisse volebant.
20 Hos Corydon, illos referebat in ordine Thyrsis.

La 8me. Idylle de Théocrite commence de la même manière :

Δάφνιδι τῷ χαρίεντι συνήντετο βωκολέοντι
μᾶλα νέμων, ὡς φαντὶ, κατ' ὤρεα μακρὰ Μενάλκας·
ἄμφω τώγ' ἤτην πυρρότριχω, ἄμφω ἀνάβω,
ἄμφω συρίσδεν δεδαημένω, ἄμφω ἀείδεν.

Idylle VIII, v. 1.

On retrouve le même début dans l'Idylle de *Damète et Daphnis* (*Id. VI, v.* 1). La scène champêtre qui suit est ingénieusement imaginée par Virgile pour remplacer le défi des deux bergers, déjà imité dans l'Eglogue III, v. 28. On reconnoît dans l'invitation de Daphnis à Mélibée ces paroles de Lacon à Comatas :

Μὴ σπεῦδ᾽· οὐ γάρ τοι πυρὶ θάλπεαι· ἅδιον ᾀσῇ
τᾷδ᾽ ὑπὸ τὰν κότινον καὶ τἄλσεα ταῦτα καθίξας.
ψυχρὸν ὕδωρ τηνεί καταλείβεται· ὧδε πεφύκη
ποία, χ᾽ ἁ στιβὰς ᾅδε, καὶ ἀκρίδες ὧδε λαλεῦντι.

Idylle V, v. 31.

La conclusion répond à celle de *Daphnis et Ménalque*, qui prennent un chevrier pour juge de leur combat, et commencent leurs chants en vers amébées :

Χ᾽ οἱ μὲν παῖδες ἄυσαν, ὁ δ᾽ αἰπόλος ἦνθ᾽ ἐπακούσας·
χ᾽ οἱ μὲν παῖδες ἄειδον, ὁ δ᾽ αἰπόλος ἤθελε κρῖναι.
πρᾶτος δ᾽ ὦν ἄειδε λαχὼν ἰύκτα Μενάλκας,
εἶτα δ᾽ ἀμοιβαίην ὑπελάμβανε Δάφνις ἀοιδὰν
βωκολικάν· οὕτω δὲ Μενάλκας ἄρξατο πρᾶτος.

Idylle VIII, v. 28.

*

C. Nymphæ, noster amor, Libethrides, aut mihi car-
Quale meo Codro concedite; proxima Phœbi [men,
Versibus ille facit; aut si non possumus omnes,
Hîc arguta sacrâ pendebit fistula pinu.
T. Pastores, hederâ crescentem ornate poëtam
Arcades, invidiâ rumpantur ut ilia Codro;
Aut si ultrà placitum laudârit, baccare frontem
Cingite, ne vati noceat mala lingua futuro.

La lutte pastorale de Virgile renferme sans doute une allégorie dont le sens est perdu pour nous. Elle paroît se rapporter à deux écrivains, dont l'un s'attachoit à reproduire dans ses vers le style harmonieux de Codrus, poëte du siècle d'Auguste, tandis que l'autre, son détracteur, se distinguoit par sa verve satyrique. Théocrite, n'ayant pas le même but à remplir, ouvre le combat de Daphnis et de Ménalque par ces deux couplets pleins de grâce :

MÉNALQUE.

Ἄγκεα καὶ ποταμοὶ, θεῖον γένος, αἴ τι Μενάλκας
  πᾷ ποχ' ὁ συρικτὰ προςφιλὲς ᾆσε μέλος,
βόσκοιτ' ἐκ ψυχᾶς τὰς ἀμνίδας· ἢν δέ ποκ' ἔνθῃ
  Δάφνις ἔχων δαμάλας, μηδὲν ἔλασσον ἔχοι.

DAPHNIS.

Κρᾶναι καὶ βοτάναι, γλυκερὸν φυτὸν, αἴπερ ὁμοῖον
  μουσίσδοι Δάφνις ταῖσιν ἀηδονίσι,
τοῦτο τὸ βωκόλιον πιαίνετε· κἤν τι Μενάλκας
  τῇδ' ἀγάγῃ, χαίρων ἄφθονα πάντα νέμοι.

Idylle VIII, v. 53.

★

C. Setosi caput hoc apri tibi, Delia, parvus
30 Et ramosa Mycon vivacis cornua cervi.
  Si proprium hoc fuerit, levi de marmore tota
  Puniceo stabis suras evincta cothurno.
T. Sinum lactis, et hæc te liba, Priape, quotannis
  Exspectare sat est : custos es pauperis horti.
  Nunc te marmoreum pro tempore fecimus; at tu,
  Si fœtura gregem suppleverit, aureus esto.

Ces deux invocations, l'une à Diane, l'autre à Priape, rappellent celles de Comatas et de Lacon (*Id. V, v.* 53 et 58), et ce vœu naïf du *Moissonneur* qui souhaite deux statues d'or pour lui et son amante :

Αἴθέ μοι ἦσαν ὅσα Κροῖσόν ποκα φαντὶ πεπᾶσθαι,
χρύσεοι ἀμφότεροί κ' ἀνεκείμεθα τᾷ Ἀφροδίτᾳ·
τὼς αὐλὼς μὲν ἔχοισα, καὶ ἢ ῥόδον, ἢ τύγε μᾶλον,
σχῆμα δ' ἐγὼ καὶ καινὰς ἐπ' ἀμφοτέροισιν ἀμύκλας.

Idylle X, v. 32.

★

C. Nerine Galatea, thymo mihi dulcior Hyblæ,
Candidior cycnis, hederâ formosior albâ;
Cùm primùm pasti repetent præsepia tauri,
40 Si qua tui Corydonis habet te cura, venito.
T. Immò ego Sardois videar tibi amarior herbis,
Horridior rusco, projectâ vilior algâ,
Si mihi non hæc lux toto jàm longior anno est :
Ite domum pasti, si quis pudor, ite juvenci.

Le premier couplet est imité de ces vers du *Cyclope* dont il ne rend pas toute l'harmonie :

Ὦ λευκὰ Γαλάτεια, τί τὸν φιλέοντ' ἀποβάλλῃ;
λευκοτέρα πακτᾶς ποτιδεῖν, ἁπαλωτέρα δ' ἀρνὸς,
μόσχω γαυροτέρα, φιαρωτέρα ὄμφακος ὠμᾶς·
φοιτῇς δ' αὖθ' οὕτως, ὅκκα γλυκὺς ὕπνος ἔχῃ με,
οἴχῃ δ' εὐθὺς ἰοῖσα, ὅκα γλυκὺς ὕπνος ἀνῇ με.

Idylle XI, v. 19.

Ovide a ridiculement parodié ce passage (*Métam.* ch. XIII, v. 789). Le couplet de Thyrsis, opposé à celui de Corydon, renferme sous des expressions rustiques une grande délicatesse de sentiment; il rappelle ces vers de Théocrite :

Ἦλυθες, ὦ φίλε κοῦρε, τρίτῃ σὺν νυκτὶ καὶ ἠοῖ;
ἦλυθες; οἱ δὲ ποθεῦντες ἐν ἤματι γηράσκουσιν.

Idylle XII, v. 1.

★

C. Muscosi fontes, et somno mollior herba,
Et quæ vos rarâ viridis tegit arbutus umbrâ,
Solstitium pecori defendite; jàm venit æstas
Torrida, jàm læto turgent in palmite gemmæ.
T. Hîc focus, et tædæ pingues, hic plurimus ignis
50 Semper, et assiduâ postes fuligine nigri ;
Hîc tantùm Boreæ curamus frigora, quantùm
Aut numerum lupus, aut torrentia flumina ripas.

Ces deux tableaux représentent le printemps et l'hiver, la naissance des feuilles et le feu des foyers : le premier est tiré des deux quatrains de Théocrite qui ouvrent le combat de Daphnis et de Ménalque (voyez v. 21) ; l'autre est traduit de la 9me. Idylle, où il est précédé d'un couplet sur l'été :

DAPHNIS.

Ἁδὺ μὲν ἁ μόσχος γαρύεται, ἁδὺ δὲ χ' ἁ βῶς,
ἁδὺ δὲ χ' ἁ σύριγξ, χὠ βωκόλος· ἁδὺ δὲ κἠγών.
ἐντὶ δέ μοι παρ' ὕδωρ ψυχρὸν στιβάς· ἐν δὲ νένασται
λευκᾶν ἐκ δαμαλᾶν καλὰ δέρματα, τάς μοι ἁπάσας
λὶψ κόμαρον τρωγοίσας ἀπὸ σκοπιᾶς ἐτίναξε.
τῶ δὲ θέρευς φρύγοντος ἐγὼ τόσσον μελεδαίνω,
ὅσσον ἐρῶντε πατρὸς μύθων ἢ ματρὸς ἀκούειν.

MÉNALQUE.

Αἴτνα μᾶτερ ἐμά, κἠγὼ καλὸν ἄντρον ἐνοικέω
κοίλαις ἐν πέτραισιν· ἔχω δέ τοι ὅσσ' ἐν ὀνείρῳ
φαίνονται, πολλὰς μὲν ὄϊς, πολλὰς δὲ χιμαίρας·
ὧν μοι πρὸς κεφαλᾷ καὶ πὰρ ποσὶ κώεα κεῖνται.
ἐν πυρὶ δὲ δρυΐνῳ χορία ζέει, ἐν πυρὶ δ' αὖαι
φαγοὶ χειμαίνοντος· ἔχω δέ τοι οὐδ' ὅσον ὥραν
χείματος, ἢ νωδὸς καρύων, ἀμύλοιο παρόντος.

Idylle IX, v. 7.

★

C. Stant et juniperi et castaneæ hirsutæ,
Strata jacent passim sua quâque sub arbore poma;
Omnia nunc rident : at si formosus Alexis
Montibus his abeat, videas et flumina sicca.
T. Aret ager, vitio moriens sitit aëris herba,
Liber pampineas invidit collibus umbras :
Phyllidis adventu nostræ nemus omne virebit,
60 Jupiter et læto descendet plurimus imbri.

Voici maintenant l'automne et l'été, l'abondance des fruits et l'excès des chaleurs. La répétition qui termine ces quatrains, imités par Segrais dans l'Eglogue d'*Olympe*, et par Pope dans celle du *Printemps*, rappelle ces deux jolis couplets de Théocrite :

MÉNALQUE.

Παντᾶ ἔαρ, παντᾶ δὲ νομοί, παντᾶ δὲ γάλακτος
οὔθατα πλήθουσιν, καὶ τὰ νέα τρέφεται,
ἔνθ' ἁ καλὰ παῖς ἐπινίσσεται· αἱ δ' ἂν ἀφέρποι,
χὠ ποιμὰν ξηρὸς τηνόθι, χ' αἱ βοτάναι.

DAPHNIS.

Ἔνθ' ὄϊς, ἔνθ' αἶγες διδυματόκοι, ἔνθα μέλισσαι
σμάνεα πληροῦσιν, καὶ δρύες ὑψίτεραι,
ἔνθ' ὁ καλὸς Μίλων βαίνει ποσίν· αἱ δ' ἂν ἀφέρποι
χὠ τὰς βῶς βόσκων, χ' αἱ βόες αὐότεραι.

Idylle VIII, v. 41.

*

C. Populus Alcidæ gratissima, vitis Iaccho,
Formosæ myrtus Veneri, sua laurea Phœbo;
Phyllis amat corylos : illas dum Phyllis amabit,
Nec myrtus vincet corylos, nec laurea Phœbi.

T. Fraxinus in silvis pulcherrima, pinus in hortis,
Populus in fluviis, abies in montibus altis :
Sæpiùs at si me, Lycida formose, revisas,
Fraxinus in silvis cedat tibi, pinus in hortis.
M. Hæc memini, et victum frustrà contendere Thyrsin.
70 Ex illo Corydon, Corydon est tempore nobis.

Les deux derniers quatrains, remarquables par leur élégante symétrie, n'ont point de modèle dans Théocrite ; ils ont été placés par Sannazar dans l'Eglogue de *Mopsus*, et par Pope dans celle du *Printemps*. Corydon est victorieux comme Daphnis :

Κἠκ τούτω Δάφνις παρὰ ποιμέσι πρᾶτος ἔγεντο,
καὶ νύμφαν, ἄκρηβος ἐὼν ἔτι, Ναΐδα γᾶμεν.

Idylle VIII, v. 92.

Nous n'avons cité de Théocrite que les vers imités dans le texte latin ; mais les Idylles de *Daphnis et Ménalque* contiennent encore beaucoup d'images gracieuses que Virgile n'a pas reproduites. Son imitation en général est loin d'égaler ces deux compositions, les plus suaves, les plus naïves qu'ait produites la muse pastorale.

ÉGLOGUE HUITIÈME.
L'ENCHANTERESSE.

SUJET.

Cette pièce, consacrée toute entière à l'amour, est divisée en deux parties : la première contient les plaintes d'un amant trahi, imitées du Thyrsis, *de l'*Amaryllis *et du* Cyclope *de Théocrite ; la seconde, le tableau d'un sacrifice magique, tracé sur le modèle de son* Enchanteresse. *Pope et Sannazar l'ont reproduite dans leurs Eglogues troisième et cinquième.*

DAMON, ALPHÉSIBÉE.

Pastorum musam Damonis et Alphesibœi,
Immemor herbarum quos est mirata juvenca
Certantes, quorum stupefactæ carmine lynces,
Et mutata suos requiêrunt flumina cursus;
Damonis musam dicemus, et Alphesibœi.
  Tu mihi, seu magni superas jàm saxa Timavi,
Sive oram Illyrici legis æquoris; en erit unquam
Ille dies, mihi cùm liceat tua dicere facta?
En erit, ut liceat totum mihi ferre per orbem
10 Sola Sophocleo tua carmina digna cothurno?
A te principium, tibi desinet: accipe jussis
Carmina cœpta tuis, atque hanc sine tempora circùm
Inter victrices hederam tibi serpere lauros.

   Virgile a partagé entre Damon et Alphésibée les deux sujets traités dans cette Eglogue. Ce plan est celui de la 6.me Idylle, où Daphnis et Damète chantent successivement les amours de Galatée et de Polyphème, tandis que leurs troupeaux bondissent à leurs accents :

Αὔλει Δαμοίτας, σύρισδε δὲ Δάφνις ὁ βώτας,
ὠρχεῦντ' ἐν μαλακᾷ ταὶ πόρτιες αὐτίκα ποίᾳ.
Idylle VI, v. 44.

   La dédicace est adressée à Pollion, également digne des éloges de Virgile comme homme d'état, comme guerrier et comme poëte. Cet illustre Romain, après avoir conclu le traité de Brindes, et arrêté pour quelque temps les démêlés d'Octave et d'Antoine, venoit de partir pour son expédition d'Illyrie, dont Horace a célébré l'heureuse issue :

Paulùm severæ Musa tragœdiæ
Desit theatris : mox, ubi publicas
Res ordinâris, grande munus
Cecropio repetes cothurno,
Insigne mœstis præsidium reis,
Et consulenti, Pollio, curiæ;
Cui laurus æternos honores
Dalmatico peperit triumpho.

Livre II, ode 1.

★

Frigida vix cœlo noctis decesserat umbra,
Cùm ros in tenerâ pecori gratissimus herbâ est,
Incumbens tereti Damon sic cœpit olivæ :
D. Nascere, præque diem veniens age, Lucifer, almum;
Conjugis indigno Nisæ deceptus amore
Dùm queror, et divos, quamquam nil testibus illis
20 Profeci, extremâ moriens tamen alloquor horâ.
Incipe Mænalios mecum, mea tibia, versus.

Après avoir consacré quelques vers à la reconnoissance, l'auteur revient à son sujet. Il met dans la bouche de Damon les plaintes d'un berger abandonné par Nise qui lui a préféré Mopsus. Le début, ainsi que le refrain, correspondent au chant de mort de *Daphnis* :

Κύπρι νεμεσσατὰ, Κύπρι θνατοῖσιν ἀπεχθής,
ἤδη γὰρ φράσδει πάνθ' ἄλιον ἄμμι δεδύκειν·
Δάφνις κ' εἰν ἀΐδᾳ κακὸν ἔσσεται ἄλγος ἔρωτος.
Ἄρχετε βωκολικᾶς, Μῶσαι φίλαι, ἄρχετ' ἀοιδᾶς.

Idylle I, v. 101.

★

ÉGLOGUE VIII.

Mænalus argutumque nemus pinosque loquentes
Semper habet, semper pastorum ille audit amores,
Panaque, qui primus calamos non passus inertes.
Incipe Mænalios mecum, mea tibia, versus.

Le mont Ménale, en Arcadie, étoit réputé le séjour du dieu Pan. C'est aussi du sommet de cette montagne que Daphnis l'appelle vers Aréthuse :

Ω Πὰν, Πὰν, εἴτ' ἐσσὶ κατ' ὤρεα μακρὰ Λυκαίω,
εἴτε τύ γ' ἀμφιπολεῖς μέγα Μαίναλον, ἔνθ' ἐπὶ νᾶσον
τὰν Σικελὰν, Ἑλίκας δὲ λίπε ῥίον, αἰπύ τε σᾶμα
τῆνο Λυκαονίδαο, τὸ καὶ μακάρεσσιν ἀγαστόν.
. . . .
Ἄρχετε βωκολικᾶς, Μῶσαι φίλαι, ἄρχετ' ἀοιδᾶς.
Idylle I, v. 123.

★

Mopso Nisa datur ; quid non speremus amantes ?
Jungentur jam gryphes equis, ævoque sequenti
Cum canibus timidi venient ad pocula damæ.
Mopse, novas incide faces : tibi ducitur uxor.
30 Sparge, marite, nuces : tibi deserit Hesperus OEtam.
Incipe Mænalios mecum, mea tibia, versus.

Les premiers vers, imités de Daphnis (*Id. I, v. 132*), sont bien rendus dans la *Timarette* de Segrais. Les mots suivants formoient le refrain des anciens épithalames ; les torches allumées et la distribution des noix précédoient toujours la cérémonie nuptiale. C'est ainsi que Catulle dit dans *Julie et Manlius* :

Tollite, ô pueri, faces,
Flammeum video venire ;
Ite, concinite in modum :

86 BUCOLIQUES.

Io hymen, hymenæe io,
Io hymen, hymenæe.
. . . .
Da nuces pueris iners
Concubine; satis diù
Lusisti nucibus : lubet
Jàm servire Thalasio.
Concubine, nuces da..

Epithalame de Manlius.

O digno conjuncta viro! dùm despicis omnes,
Dùmque tibi est odio mea fistula, dùmque capellæ,
Hirsutumque supercilium, promissaque barba ;
Nec curare deûm credis mortalia quemquam.
Incipe Mænalios mecum, mea tibia, versus.
Sepibus in nostris parvam te roscida mala,
(Dux ego vester eram) vidi cum matre legentem ;
Alter ab undecimo tùm me jàm ceperat annus,
40 Jàm fragiles poteram à terrâ contingere ramos :
Ut vidi, ut perii, ut me malus abstulit error!
Incipe Mænalios mecum, mea tibia, versus.

Ces deux strophes sont tirées du *Cyclope*, où elles se retrouvent dans un ordre inverse :

Ἡράσθην μὲν ἔγωγα τεοῦς, κόρα, ἁνίκα πρᾶτον
ἦνθες ἐμᾷ σὺν ματρὶ, θέλοισ᾽ ὑακίνθινα φύλλα
ἐξ ὄρεος δρέψασθαι· ἐγὼ δ᾽ ὁδὸν ἁγεμόνευον.
παύσασθαι δ᾽ ἐςιδών τυ καὶ ὕστερον οὐδέτι πω νῦν
ἐκ τήνω δύναμαι· τὶν δ᾽ οὐ μέλει, οὐ μὰ Δί᾽ οὐδέν.
γινώσκω, χαρίεσσα κόρα, τίνος οὕνεκα φεύγεις·
οὕνεκά μοι λασία μὲν ὀφρὺς ἐπὶ παντὶ μετώπῳ

ἐξ ὠτὸς τέταται ποτὶ θὤτερον ὡς μία μακρά·
εἷς δ' ὀφθαλμός ἔπεστι, πλατεῖα δὲ ῥὶς ἐπὶ χείλει.
Idylle XI, v. 25.

Le dernier trait de Virgile, reproduit par le Tasse (*Aminte*, act. *I*, sc. 2), est tiré de l'Iliade (*ch. XIV*, v. 294), et de la 2me. Idylle :

X' ὡς ἴδον, ὡς ἐμάνην, ὥς μευ περὶ θυμὸς ἰάφθη.
Idylle II, v. 82.

★

Nunc scio quid sit Amor : duris in cotibus illum
Ismarus, aut Rhodope, aut extremi Garamantes,
Nec generis nostri puerum, nec sanguinis, edunt.
Incipe Mœnalios mecum, mea tibia, versus.
  Sævus Amor docuit natorum sanguine matrem
Commaculare manus : crudelis tu quoque, mater.
Crudelis mater magis, an puer improbus ille?
50 Improbus ille puer : crudelis tu quoque, mater.
Incipe Mænalios mecum, mea tibia, versus.

L'invective contre l'amour est imitée d'Homère (*Iliade*, ch. *XVI*, v. 33), et de Théocrite ;

Νῦν ἔγνων τὸν Ἔρωτα· βαρὺς θεός· ἦ ῥα λεαίνας
μασδὸν ἐθήλαξε, δρυμῷ τέ μιν ἔτραφε μάτηρ.
Idylle III, v. 15.

La seconde strophe, si remarquable par l'ingénieuse disposition des mots, fait allusion au crime de Médée qui tua les deux enfans qu'elle avoit eus de Jason (*Métamorphoses*, ch. *VII*, v. 394).

★

Nunc et oves ultrò fugiat lupus, aurea duræ
Mala ferant quercus, narcisso floreat alnus,
Pinguia corticibus sudent electra myricæ,
Certent et cycnis ululæ, sit Tityrus Orpheus :
Orpheus in silvis, inter delphinas Arion.
Incipe Mænalios mecum, mea tibia, versus.
 Omnia vel medium fiant mare : vivite, silvæ ;
Præceps aërii speculâ de montis in undas
60 Deferar : extremum hoc munus morientis habeto.
Desine, Mænalios jàm desine, tibia, versus.

L'image du désordre de la nature est tirée des dernières paroles de Daphnis :

Νῦν ἴα μὲν φορέοιτε βάτοι, φορέοιτε δ' ἄκανθαι,
ἁ δὲ καλὰ νάρκισσος ἐπ' ἀρκεύθοισι κομάσαι·
πάντα δ' ἔναλλα γένοιντο, καὶ ἁ πίτυς ὄχνας ἐνείκαι,
Δάφνις ἐπεὶ θνάσκει· καὶ τὰς κύνας ὤλαφος ἕλκοι,
κἠξ ὀρέων τοὶ σκῶπες ἀηδόσι γαρύσαιντο.
Idylle I, v. 132.

Les adieux du berger à la vie, imités par le Tasse (*Aminte*, acte I, sc. 2 ; act. IV, sc: 2) sont ceux de l'amant d'Amaryllis :

Τὰν βαίταν ἀποδὺς ἐς κύματα τῆνα ἁλεῦμαι,
ὧπερ τὼς θύννως σκοπιάζεται Ὄλπις ὁ γριπεύς·
κἤκα μὴ ποθάνω, τό γε μὰν τεὸν ἁδὺ τέτυκται.
Idylle III, v. 25.

Λήγετε βωκολικᾶς, Μῶσαι, ἴτε, λήγετ' ἀοιδᾶς.
Idylle I, v. 142.

Les plaintes de Damon cessent, et les Muses répètent celles d'Alphésibée. Cette seconde partie de l'Eglogue latine est imitée de l'*Enchanteresse* de Théocrite, que Racine regardoit comme la plus belle peinture de l'amour. Une femme, victime de l'inconstance, épuise tout l'art des enchantements pour ramener auprès d'elle son amant infidèle. Assistée d'une esclave, elle célèbre au milieu des ténèbres les rites mystérieux d'un sacrifice magique, et dévoue la tête du coupable aux divinités infernales. Seule ensuite dans le silence de la nuit, elle confie à Hécate la cause de ses douleurs ; elle lui peint sa passion naissante, son délire et son désespoir. On convient généralement que Virgile est resté ici bien au-dessous de son modèle ; il n'a retracé que les superstitions de la magicienne sans la mettre elle-même en scène ; il n'a fait connoître ni son nom, ni la cause de sa vengeance, il n'a rien dit qui pût nous intéresser à son malheur. Nous transcrirons ici à la suite du texte latin la première moitié de l'Idylle grecque qui y correspond ; on verra qu'à l'exception du récit préliminaire, l'auteur en a conservé presque tous les détails, et que les stances 1, 3, 4, 5, 7 et 9 sont exactement traduites des stances 1, 2, 3, 6, 8 et 9.

*

Hæc Damon : vos, quæ responderit Alphesibœus,
Dicite, Pierides; non omnia possumus omnes.
A. Effer aquam, et molli cinge hæc altaria vittâ,
Verbenasque adole pingues et mascula thura :
Conjugis ut magicis sanos avertere sacris
Experiar sensus ; nihil hîc nisi carmina desunt.
Ducite ab urbe domum, mea carmina, ducite Daphnin.
 Carmina vel cœlo possunt deducere lunam ;
70 Carminibus Circe socios mutavit Ulyssei ;
Frigidus in pratis cantando rumpitur anguis.
Ducite ab urbe domum, mea carmina, ducite Daphnin.
 Terna tibi hæc primùm triplici diversa colore
Licia circumdo, terque hæc altaria circùm
Effigiem duco ; numero deus impare gaudet.
Ducite ab urbe domum, mea carmina, ducite Daphnin.

Necte tribus nodis ternos, Amarylli, colores;
Necte, Amarylli, modò; et, Veneris, dic, vincula necto.
Ducite ab urbe domum, mea carmina, ducite Daphnin.
80   Limus ut hic durescit, et hæc ut cera liquescit,
Uno eodemque igni, sic nostro Daphnis amore.
Sparge molam, et fragiles incende bitumine lauros.
Daphnis me malus urit: ego hanc in Daphnide laurum.
Ducite ab urbe domum, mea carmina, ducite Daphnin.
  Talis amor Daphnin, qualis, cùm fessa juvencum
Per nemora atque altos quærendo bucula lucos,
Propter aquæ rivum viridi procumbit in ulvâ
Perdita, nec seræ meminit decedere nocti:
Talis amor teneat, nec sit mihi cura mederi.
90 Ducite ab urbe domum, mea carmina, ducite Daphnin.
  Has olim exuvias mihi perfidus ille reliquit,
Pignora cara suî; quæ nunc ego limine in ipso,
Terra, tibi mando: debent hæc pignora Daphnin.
Ducite ab urbe domum, mea carmina, ducite Daphnin.
  Has herbas, atque hæc Ponto mihi lecta venena
Ipse dedit Mœris: nascuntur plurima Ponto.
His ego sæpè lupum fieri, et se condere silvis
Mœrin, sæpè animas imis excire sepulcris,
Atque satas aliò vidi traducere messes.
100 Ducite ab urbe domum, mea carmina, ducite Daphnin.
  Fer cineres, Amarylli, foras, rivoque fluenti
Transque caput jace: ne respexeris. His ego Daphnin
Aggrediar; nihil ille deos, nil carmina curat.
Ducite ab urbe domum, mea carmina, ducite Daphnin
  Aspice: corripuit tremulis altaria flammis
Sponte suâ, dùm ferre moror, cinis ipse: bonum sit!
Nescio quid certè est, et Hylax in limine latrat.
Credimus? an, qui amant, ipsi sibi somnia fingunt?
Parcite, ab urbe venit, jàm parcite, carmina, Daphnis.

ÉGLOGUE VIII.

Φαρμακεύτρια.

Πᾶ μοι ταὶ δάφναι; φέρε, Θέστυλι· πᾶ δὲ τὰ φίλτρα;
στέψον τὰν κελέβαν φοινικέῳ οἰὸς ἀώτῳ,
ὡς τὸν ἐμοὶ βαρὺν εὖντα φίλον καταθύσομαι ἄνδρα,
ὅς μοι δωδεκαταῖος ἀφ' ὦ τάλας οὐδέποθ' ἥκει,
οὐδ' ἔγνω, πότερον τεθνάκαμες ἢ ζωοὶ εἰμές,
οὐδὲ θύρας ἄρραξεν ἀνάρσιος. ἦ ῥά οἱ ἄλλα
ᾤχετ' ἔχων ὅ τ' Ἔρως ταχινὰς φρένας, ἅ τ' Ἀφροδίτα.
βασεῦμαι ποτὶ τὰν Τιμαγήτοιο παλαίστραν
αὔριον, ὥς νιν ἴδω· καὶ μέμψομαι, οἶά με ποιεῖ.
νῦν δέ νιν ἐκ θυέων καταθύσομαι. ἀλλὰ, Σελάνα,
φαῖνε καλόν· τὶν γὰρ ποταείσομαι ἄσυχα, δαῖμον,
τᾷ χθονίᾳ θ' Ἑκάτα, τὰν καὶ σκύλακες τρομέοντι,
ἐρχομέναν νεκύων ἀνά τ' ἠρία καὶ μέλαν αἷμα.
χαῖρ', Ἑκάτα δασπλῆτι, καὶ ἐς τέλος ἄμμιν ὀπάδει,
φάρμακα ταῦθ' ἔρδοισα χερείονα μήτε τι Κίρκας,
μήτε τι Μηδείας, μήτε ξανθᾶς Περιμήδας.

Ἴυγξ, ἕλκε τὺ τῆνον ἐμὸν ποτὶ δῶμα τὸν ἄνδρα.
ἄλφιτά τοι πρᾶτον πυρὶ τάκεται· ἀλλ' ἐπίπασσε,
Θέστυλι· δειλαία, πᾶ τὰς φρένας ἐκπεπότασαι;
ἦ ῥά γέ τοι μυσαρὰ καὶ τὶν ἐπίχαρμα τέτυγμαι;
πάσσ', ἅμα καὶ λέγε ταῦτα, τὰ Δέλφιδος ὀστέα πάσσω.

Ἴυγξ, ἕλκε τὺ τῆνον ἐμὸν ποτὶ δῶμα τὸν ἄνδρα.
Δέλφις ἔμ' ἀνίασεν· ἐγὼ δ' ἐπὶ Δέλφιδι δάφναν
αἴθω· χ' ὡς αὐτὰ λακεῖ μέγα καππυρίσασα,
κἠξαπίνας ἄφθη, κοὐδὲ σποδὸν εἴδομες αὐτᾶς·
οὕτω τοι καὶ Δέλφις ἐνὶ φλογὶ σάρκ' ἀμαθύνοι.

Ἴυγξ, ἕλκε τὺ τῆνον ἐμὸν ποτὶ δῶμα τὸν ἄνδρα.
ὡς τοῦτον τὸν καρὸν ἐγὼ σὺν δαίμονι τάκω,
ὣς τάκοιθ' ὑπ' ἔρωτος ὁ Μύνδιος αὐτίκα Δέλφις·
χ' ὡς δινεῖθ' ὅδε ῥόμβος ὁ χάλκεος, ἐξ Ἀφροδίτας
ὣς κεῖνος δινοῖτο ποθ' ἁμετέρῃσι θύρῃσιν.

Ἴυγξ, ἕλκε τὺ τῆνον ἐμὸν ποτὶ δῶμα τὸν ἄνδρα.
νῦν θυσῶ τὰ πίτυρα· τὺ δ', Ἄρτεμι, καὶ τὸν ἐν ἄδᾳ
κινήσαις ῥ' ἀδάμαντα, καὶ εἴτι περ ἀσφαλὲς ἄλλο.
Θέστυλι, ταὶ κύνες ἄμμιν ἀνὰ πτόλιν ὠρύονται·
ἁ θεὸς ἐν τριόδοισι· τὸ χαλκίον ὡς τάχος ἄχει.

Ἴυγξ, ἕλκε τὺ τῆνον ἐμὸν ποτὶ δῶμα τὸν ἄνδρα.
ἠνίδε σιγᾷ μὲν πόντος, σιγῶντι δ' ἆῆται·
ἁ δ' ἐμὰ οὐ σιγᾷ στέρνων ἔντοσθεν ἀνία,
ἀλλ' ἐπὶ τήνῳ πᾶσα καταίθομαι, ὅς με τάλαιναν
ἀντὶ γυναικὸς ἔθηκε κακὰν καὶ ἀπάρθενον ἦμεν.

Ἴυγξ, ἕλκε τὺ τῆνον ἐμὸν ποτὶ δῶμα τὸν ἄνδρα.
ἐς τρὶς ἀποσπένδω, καὶ τρὶς τάδε, πότνια, φωνῶ·
εἴτε νιν ἄλλος ἔρως καὶ ἐς ὀστέον ἄχρις ἰάπτει,
τόσσον ἔχοι λάθας, ὅσσον ποκὰ Θασέα φαντὶ
ἐν Δίᾳ λασθῆμεν ἐϋπλοκάμω Ἀριάδνας.

Ἴυγξ, ἕλκε τὺ τῆνον ἐμὸν ποτὶ δῶμα τὸν ἄνδρα.
ἱππομανὲς φυτόν ἐστι παρ' Ἀρκάσι· τῷ δ' ἐπὶ πᾶσαι
καὶ πῶλοι μαίνονται ἀν' ὤρεα καὶ θοαὶ ἵπποι.
ὡς καὶ Δέλφιν ἴδοιμι καὶ ἐς τόδε δῶμα περῆσαι
μαινομένῳ ἴκελον, λιπαρᾶς ἔκτοσθε παλαίστρας.

Ἴυγξ, ἕλκε τὺ τῆνον ἐμὸν ποτὶ δῶμα τὸν ἄνδρα.
τοῦτ' ἀπὸ τᾶς χλαίνας τὸ κράσπεδον ὤλεσε Δέλφις,
ὦ 'γὼ νῦν τίλλοισα κατ' ἀγρίῳ ἐν πυρὶ βάλλω.
αἲ αἲ, ἔρως ἀνιαρέ, τί μευ μέλαν ἐκ χροὸς αἷμα
ἐμφὺς ὡς λιμνᾶτις ἅπαν ἐκ βδέλλα πέπωκας;

Ἴυγξ, ἕλκε τὺ τῆνον ἐμὸν ποτὶ δῶμα τὸν ἄνδρα.
σαύραν τοι τρίψασα, ποτὸν κακὸν αὔριον οἰσῶ.
Θέστυλι, νῦν δὲ λαβοῖσα τὺ τὰ θρόνα ταῦθ' ὑπόμαξον
τᾶς τήνω φλιᾶς καθυπέρτερον, ἇς ἔτι καὶ νῦν
ἐκ θυμῶ δέδεμαι· ὁ δέ μευ λόγον οὐδένα ποιεῖ·
καὶ λέγ' ἐπιφθύσδοισα, τὰ Δέλφιδος ὀστέα πάσσω.

Ἴυγξ, ἕλκε τὺ τῆνον ἐμὸν ποτὶ δῶμα τὸν ἄνδρα.

Idylle II, v. 1.

Virgile a joint à l'imitation de ce morceau ces vers de Varius, son contemporain :

> Ceu canis umbrosam lustrans Gortynia vallem,
> Si veteris potuit cervæ comprendere lustra,
> Sævit in absentem, et circùm vestigia lustrans
> Æthera per nitidum tenues sectatur odores;
> Non omnes illam medii, non ardua tardant,
> Perdita nec seræ meminit decedere nocti.
> *Fragment sur la Mort.*

La seconde partie de l'Idylle grecque (*v.* 64 *à* 166) est bien supérieure encore à la première pour le coloris du style et le feu des sentiments. C'est là que Racine a puisé sa peinture de *Phèdre*, et Virgile plusieurs traits de celle de *Didon* que l'on reconnoît déjà dans son Eglogue, quoique sous une forme imparfaite. Sannazar et Pope ont imité la composition latine dans *Herpyllis* et dans l'*Automne*, mais sans rien ajouter à leur modèle; J. B. Rousseau, au contraire, joignant la mélodie du rhythme à la vivacité des images, a surpassé Théocrite et Virgile dans son admirable cantate de *Circé*.

ÉGLOGUE NEUVIÈME.
MÉRIS.

SUJET.

Cette Églogue a été faite immédiatement après la première. Virgile étant allé à Andès pour reprendre possession de ses champs, le centurion Arius, qui s'en étoit emparé, refusa de les lui rendre, et le poursuivit l'épée à la main jusque sur les bords du Mincio. De retour à Rome, le poëte composa cette pièce à la hâte, pour solliciter de nouveau l'assistance de ses protecteurs. Méris, vieux serviteur de Virgile, raconte à Lycidas le malheur de son maître, qu'il désigne sous le nom de Ménalque, et dont il chante plusieurs couplets propres à lui concilier la bienveillance d'Octave. Le plan est tiré de l'Idylle de Théocrite intitulée la Fête de Cérès.

LYCIDAS, MÉRIS.

L. Quo te, Mœri, pedes? an quo via ducit in urbem?
M. O Lycida, vivi pervenimus, advena nostri,
Quod nunquam veriti sumus, ut possessor agelli
Diceret: « Hæc mea sunt, veteres migrate coloni. »
Nunc victi, tristes, quoniam fors omnia versat,
Hos illi, quod nec benè vertat, mittimus hædos.

Dans l'Idylle grecque, le poëte Lycidas interroge Théocrite désigné sous le nom de Simichide :

Σιμιχίδα, πᾷ δὴ τὺ μεσαμέριον πόδας ἕλκεις;
Idylle VII, v. 21.

Théocrite répond à son ami qu'il se rend à la fête des moissons, et tous deux, suivant la même route, se communiquent mutuellement leurs chansons pastorales On voit que ce cadre est celui de Virgile, qui a seulement substitué à la réponse de Théocrite le récit de sa propre infortune. Méris cherche à fléchir Arius comme Eumée les prétendants de Pénélope (*Odyssée, ch. XIV, v.* 26.)

★

L. Certè equidem audieram, quà se subducere colles
Incipiunt, mollique jugum demittere clivo,
Usque ad aquam, et veteres, jàm fracta cacumina, fagos,
10 Omnia carminibus vestrum servâsse Menalcan.
M. Audieras, et fama fuit : sed carmina tantùm
Nostra valent, Lycida, tela inter martia, quantùm
Chaonias dicunt, aquilâ veniente, columbas.
Quòd nisi me quàcumque novas incidere lites
Antè sinistra cavâ monuisset ab ilice cornix,
Nec tuus hic Mœris, nec viveret ipse Menalcas.

Ces vers présentent l'esquisse du modeste héritage de Virgile, borné d'un côté par le Mincio, de l'autre par une roche stérile. La tradition a conservé le souvenir des lieux où naquit ce grand poëte, et on y voit maintenant un obélisque entouré d'un bosquet de lauriers. La comparaison des colombes est imitée de ces vers d'Homère :

Δακρυόεσσα δ' ὕπαιθα θεὰ φύγεν, ὥστε πέλεια,
ἥ ῥά θ' ὑπ' ἴρηκος κοίλην εἰσέπτατο πέτρην.
Iliade, ch. XXI, v. 493.

*

L. Heu! cadit in quemquam tantum scelus? heu, tua
Penè simul tecum solatia rapta, Menalca !   [nobis
Quis caneret nymphas? quis humum florentibus herbis
20 Spargeret, aut viridi fontes induceret umbrâ ?
Vel quæ sublegi tacitus tibi carmina nuper,
Cùm te ad delicias ferres Amaryllida nostras ?
« Tityre, dùm redeo, brevis est via, pasce capellas ;
Et potum pastas age, Tityre, et inter agendum
Occursare capro, cornu ferit ille, caveto. »

Les premières paroles de Lycidas, déplorant le danger de Ménalque, rappellent les plaintes touchantes de Moschus sur la mort de Bion :

Τίς ποτὶ σᾷ σύριγγι μελίξεται, ὦ τριπόθατε ;
τίς δ' ἐπὶ σοῖς καλάμοις θήσει στόμα; τίς θρασὺς οὕτως;
εἰσέτι γὰρ πνείει τὰ σὰ χείλεα, καὶ τὸ σὸν ἆσθμα·
Ἀχὼ δ' ἐν δονάκεσσι τεὰς ἐπιβόσκετ' ἀοιδάς.
Moschus, Idylle III, v. 52.

Le couplet suivant sur Amaryllis est traduit de Théocrite :

Κωμάσδω ποτὶ τὰν Ἀμαρυλλίδα· ταὶ δέ μοι αἶγες
βόσκονται κατ' ὄρος, καὶ ὁ Τίτυρος αὐτὰς ἐλαύνει.

Τίτυρ', ἐμὶν τὸ καλὸν πεφιλαμένε, βόσκε τὰς αἶγας,
καὶ ποτὶ τὰν κράναν ἄγε, Τίτυρε· καὶ τὸν ἐνόρχαν
τὸν Λιβυκὸν κνάκωνα φυλάσσεο, μή τυ κορύξῃ.
Idylle III, v. 1.

*

M. Immò hæc, quæ Varo necdum perfecta canebat :
« Vare, tuum nomen, superet modò Mantua nobis,
Mantua væ miseræ nimiùm vicina Cremonæ !
Cantantes sublime ferent ad sidera cycni. »
30 *L.* Sic tua Cyrneas fugiant examina taxos,
Sic cytiso pastæ distendant ubera vaccæ,
Incipe, si quid habes. Et me fecêre poëtam
Pierides ; sunt et mihi carmina ; me quoque dicunt
Vatem pastores : sed non ego credulus illis;
Nam neque adhuc Vario videor nec dicere Cinnâ
Digna, sed argutos inter strepere anser olores.

Quintilius Varus s'étoit joint à Pollion pour présenter à Octave la première requête du poëte. Il lui dédia plus tard son Eglogue de Silène ; les vers qu'il lui adresse ici rappellent la fin de l'*Eloge de Ptolémée* :

Χαῖρ', ὦ ἄναξ Πτολεμαῖε· σέθεν δ' ἐγὼ ἶσα καὶ ἄλλων
μνάσομαι ἡμιθέων· δοκέω δ', ἔπος οὐκ ἀπόβλητον
φθέγξομαι ἐσσομένοις· ἀρετάν γε μὲν ἐκ Διὸς ἕξοις.
Idylle XVII, v. 135.

La réponse de Lycidas contient un aveu modeste de Virgile qui se reconnoît inférieur à Lucius Varius et à Helvius Cinna, poëtes célèbres de son temps ; connus, l'un par sa tragédie de *Thyeste*, et son chant de la *Mort*, l'autre par son poëme de *Smyrna*, dont il ne nous reste que peu de vers. C'est ainsi que Théocrite dit dans sa 7me. Idylle :

Καὶ γὰρ ἐγὼ Μοισᾶν καπυρὸν στόμα, κἠμὲ λέγοντι
πάντες ἀοιδὸν ἄριστον· ἐγὼ δέ τις οὐ ταχυπειθής,
οὐ Δᾶν· οὐ γάρ πω, κατ' ἐμὸν νόον, οὔτε τὸν ἐσθλὸν
Σικελίδαν νίκημι τὸν ἐκ Σάμω, οὔτε Φιλητᾶν,
ἀείδων· βάτραχος δὲ ποτ' ἀκρίδας ὥς τις ἐρίσδω.
. . . .
ὥς μοι καὶ τέκτων μέγ' ἀπέχθεται, ὅστις ἐρευνῇ
ἶσον ὄρευς κορυφᾷ τελέσαι δόμον Ὠρομέδοντος,
καὶ Μοισᾶν ὄρνιχες, ὅσοι, ποτὶ Χῖον ἀοιδὸν
ἀντία κοκκύζοντες, ἐτώσια μοχθίζοντι.
Idylle VII, v. 37 et 45.

*

M. Id quidem ago, et tacitus, Lycida, mecum ipse voluto
Si valeam meminisse ; neque est ignobile carmen :
« Hùc ades, o Galatea ! quis est nam ludus in undis ?
40 Hîc ver purpureum, varios hîc flumina circùm
Fundit humus flores, hîc candida populus antro
Imminet, et lentæ texunt umbracula vites.
Hùc ades : insani feriant sine littora fluctus. »

Ce couplet gracieux, qui rappelle la grotte de Calypso (*Odyssée*, *ch. V*, *v.* 63), est littéralement traduit de l'Idylle du *Cyclope* :

Ἀλλ' ἀφίκευ τὺ ποτ' ἄμμε, καὶ ἑξεῖς οὐδὲν ἔλασσον·
τὰν γλαυκὰν δὲ θάλασσαν ἔα ποτὶ χέρσον ὀρεχθῆν.
ἅδιον ἐν τὤντρῳ παρ' ἐμὶν τὰν νύκτα διαξεῖς·
ἐντὶ δάφναι τηνεί, ἐντὶ ῥαδιναὶ κυπάρισσοι,
ἐντὶ μέλας κισσός, ἔντ' ἄμπελος ἁ γλυκύκαρπος·
ἐντὶ ψυχρὸν ὕδωρ, τό μοι ἁ πολυδένδρεος Αἴτνα
λευκᾶς ἐκ χιόνος, ποτὸν ἀμβρόσιον, προΐητι.
τίς κεν τῶνδε θάλασσαν ἔχειν ἢ κύμαθ' ἕλοιτο;
Idylle XI, v. 42.

J. B. Rousseau a composé sur le plan de Virgile une Eglogue intitulée *Palémon* et *Daphnis*, où l'on trouve une heureuse imitation de ce passage. Gessner en a également profité dans *Milon*.

★

L. Quid, quæ te purâ solum sub nocte canentem
Audieram ? numeros memini, si verba tenerem.
M. « Daphni, quid antiquos signorum suspicis ortus ?
Ecce Dionæi processit Cæsaris astrum :
Astrum, quo segetes gauderent frugibus, et quo
Duceret apricis in collibus uva colorem.
50 Insere, Daphni, piros ; carpent tua poma nepotes.... »
Omnia fert ætas, animum quoque ; sæpè ego longos
Cantando puerum memini me condere soles.
Nunc oblita mihi tot carmina ; vox quoque Mœrin
Jàm fugit ipsa : lupi Mœrin vidêre priores.
Sed tamen ista satis referet tibi sæpè Menalcas.

Le chant de triomphe de J. César, hommage flatteur pour Octave, fait allusion à la comète que l'on aperçut dans le ciel pendant les funérailles du dictateur. Le peuple crut y voir son âme reçue dans le séjour des dieux, et Virgile a consacré cet événement, comme les poëtes du siècle de Ptolémée ont célébré l'apothéose de Bérénice. Théocrite lui attribue comme à Vénus la vertu d'inspirer les amours :

Πᾶσιν δ' ἤπιος ἅδε βροτοῖς μαλακῶς μὲν ἔρωτας
προςπνείει, κούφας δὲ διδοῖ ποθέοντι μερίμνας.

Idylle XVII, v. 51.

Méris, s'arrêtant tout à coup, s'imagine qu'un charme lui a enlevé la voix. On retrouve cette opinion populaire dans la 14me. Idylle, où Thyonicus dit à sa femme qui ne lui répond pas :

Οὐ φθεγξῇ; λύκον εἶδες, ἔπαιξέ τις, ὡς σοφὸς εἶπεν.
Idylle XIV, v. 22.

★

L. Causando nostros in longum ducis amores.
Et nunc omne tibi stratum silet æquor, et omnes,
Aspice, ventosi ceciderunt murmuris auræ.
Hinc adeò media est nobis via ; namque sepulcrum
60 Incipit apparere Bianoris : hîc ubi densas
Agricolæ stringunt frondes, hîc, Mœri, canamus ;
Hîc hædos depone, tamen veniemus in urbem.
Aut si, nox pluviam ne colligat antè, veremur,
Cantantes licèt usque, minùs via lædet, eamus.
Cantantes ut eamus, ego hoc te fasce levabo.
M. Desine plura, puer ; et, quod nunc instat, agamus :
Carmina tùm meliùs, cùm venerit ipse, canemus.

Dans la peinture du calme du soir, Virgile a placé ce vers de l'*Enchanteresse* :

Ἠνίδε σιγᾷ μὲν πόντος, σιγῶντι δ' ἀῆται.
Idylle II, v. 38.

Bianor, dont on aperçoit le tombeau, est le même qu'Ocnus fondateur de Mantoue. C'est ainsi que Lycidas et Théocrite se rencontrent près du tombeau de Brasidas :

Κοὔπω τὰν μεσάταν ὁδὸν ἄνυμες, οὐδὲ τὸ σᾶμα
ἁμῖν τῶ Βρασίδα κατεφαίνετο· καί τιν' ὁδίταν
ἐσθλὸν σὺν Μοίσαισι Κυδωνικῶν εὕρομες ἄνδρα,
ὤνομα μὲν Λυκίδαν.
Idylle VII, v. 10.

ÉGLOGUE IX.

Théocrite fait la même proposition à Lycidas que le berger de Virgile à Méris :

Ἀλλ' ἄγε δὴ, ξυνὰ γὰρ ὁδὸς, ξυνὰ δὲ καὶ ἀὼς,
βωκολιασδώμεσθα· τάχ' ὥτερος ἄλλον ὀνασεῖ.

Idylle VII, v. 35.

Méris, troublé par d'autres soins, suspend ses chants jusqu'au retour de Ménalque qui attend la décision d'Octave. Le poëte grec, libre de toute entrave, a prolongé plus long-temps le dialogue, et l'a couronné par le riant tableau de la fête des moissons, dont Virgile a reproduit quelques passages dans les Eglogues de Tityre et de Daphnis, v. 47 et 65.

ÉGLOGUE DIXIÈME.
GALLUS.

SUJET.

Cornelius Gallus, poëte distingué, condisciple de Virgile et favori d'Octave, étoit inconsolable de l'infidélité de la comédienne Cythéris qui l'avoit abandonné pour suivre un autre amant. Virgile le représente au fond de l'Arcadie, entouré de tous les dieux champêtres, et livré au délire de sa passion, comme l'ancien Daphnis chanté par Théocrite. La première moitié du tableau est exactement calquée sur l'Idylle grecque; mais dans la seconde, qui n'appartient qu'à Virgile, il a déployé une si grande richesse de poésie, une grâce si aimable et si touchante que cette composition est regardée à juste titre comme le modèle le plus exquis de la pastorale.

Extremum hunc, Arethusa, mihi concede laborem.
Pauca meo Gallo, sed quæ legat ipsa Lycoris,
Carmina sunt dicenda : neget quis carmina Gallo ?
Sic tibi, cùm fluctus subter labere Sicanos,
Doris amara suam non intermisceat undam.
Incipe, sollicitos Galli dicamus amores,
Dùm tenera attondent simæ virgulta capellæ;
Non canimus surdis : respondent omnia silvæ.

Par cet exorde doux et affectueux, le poëte prépare les amis de Gallus et l'infidèle elle-même, désignée sous le nom de Lycoris, à s'attendrir au récit de ses douleurs. Il invoque la nymphe Aréthuse témoin jadis de la mort de Daphnis, et rappelle son union mystérieuse avec l'Alphée, décrite par Moschus dans sa 7ᵐᵉ. Idylle :

Ἀλφειὸς, μετὰ Πῖσαν ἐπὴν κατὰ πόντον ὁδεύῃ,
ἔρχεται εἰς Ἀρέθοισαν ἄγων κοτινηφόρον ὕδωρ,
ἕδνα φέρων καλὰ φύλλα καὶ ἄνθεα καὶ κόνιν ἱράν·
καὶ βαθὺς ἐμβαίνει τοῖς κύμασι· τὰν δὲ θάλασσαν
νέρθεν ὑποτροχάει, κοὐ μίγνυται ὕδασιν ὕδωρ.

Moschus, Idylle VII, v. 1.

Homère nomme Aréthuse dans l'île d'Ithaque, et cite deux fleuves de Thessalie qui coulent ensemble sans confondre leurs eaux (*Odyssée XIII*, v. 408; *Iliade II*, v. 751). Voltaire a imité ce passage (*Henriade*, ch. IX, v. 270).

★

Quæ nemora, aut qui vos saltus habuére, puellæ
10 Naïdes, indigno cùm Gallus amore periret ?
Nam neque Parnassi vobis juga, nam neque Pindi
Ulla moram fecère, neque Aonie Aganippe.

Illum etiam lauri, illum etiam flevêre myricæ;
Pinifer illum etiam solâ sub rupe jacentem
Mænalus, et gelidi fleverunt saxa Lycæi.
Stant et oves circùm, nostri nec pœnitet illas;
Nec te pœniteat pecoris, divine poëta :
Et formosus oves ad flumina pavit Adonis.

Après avoir rendu la nature entière attentive à ses chants, Virgile ouvre la scène à l'imitation de Théocrite, qu'il suit vers pour vers dans toute cette première partie :

Πᾶ ποκ' ἄρ' ἦθ', ὅκα Δάφνις ἐτάκετο, πᾶ ποκα, Νύμφαι;
ἢ κατὰ Πηνειῶ καλὰ τέμπεα, ἢ κατὰ Πίνδω;
οὐ γὰρ δὴ ποταμῶ γε μέγαν ῥόον εἶχετ' Ἀνάπω,
οὐδ' Αἴτνας σκοπιὰν, οὐδ' Ἄκιδος ἱερὸν ὕδωρ.
Ἄρχετε βωκολικᾶς, Μῶσαι φίλαι, ἄρχετ' ἀοιδᾶς.
τῆνον μὰν θῶες, τῆνον λύκοι ὠρύσαντο,
τῆνον χὠ 'κ δρυμοῖο λέων ἀνέκλαυσε θανόντα.
Ἄρχετε βωκολικᾶς, Μῶσαι φίλαι, ἄρχετ' ἀοιδᾶς.
πολλαί οἱ πὰρ ποσσὶ βόες, πολλοὶ δέ τε ταῦροι,
πολλαὶ δ' αὖ δαμάλαι καὶ πόρτιες ὠδύραντο.

Idylle I, v. 66.

La comparaison d'Adonis se retrouve également dans les paroles de Daphnis à Vénus :

Ὡραῖος χ' Ὤδωνις, ἐπεὶ καὶ μᾶλα νομεύει,
καὶ πτῶκας βάλλει, καὶ θηρία τἄλλα διώκει.

Idylle I, v. 109.

★

Venit et upilio, tardi venêre bubulci,
20 Uvidus hybernâ venit de glande Menalcas;
Omnes: «Undè amor iste, rogant, tibi?» Venit Apollo:

« Galle, quid insanis ? inquit : tua cura Lycoris
Perque nives alium perque horrida castra secuta est. »
Venit et agresti capitis Silvanus honore
Florentes ferulas et grandia lilia quassans.
Pan deus Arcadiæ venit, quem vidimus ipsi
Sanguineis ebuli baccis minioque rubentem.
« Ecquis erit modus ? inquit : Amor non talia curat.
Nec lacrymis crudelis Amor, nec gramina rivis,
30 Nec cytiso saturantur apes, nec fronde capellæ. »

Théocrite fait également descendre des montagnes Mercure, les bergers, et Priape :

Ηνθ' Ἑρμᾶς πράτιστος ἀπ' ὤρεος, εἶπε δὲ, Δάφνι,
τίς τυ κατατρύχει; τίνος, ὦ 'γαθὲ, τόσσον ἔρασσαι;
Ἄρχετε βωκολικᾶς, Μῶσαι φίλαι, ἄρχετ' ἀοιδᾶς.
ἦνθον τοὶ βῶται, τοὶ ποιμένες, ᾡπόλοι ἦνθον,
πάντες ἀνηρώτευν, τί πάθοι κακόν. ἦνθ' ὁ Πρίηπος,
κἤφα, Δάφνι τάλαν, τί τὺ τάκεαι; ἁ δέ τε κώρα
πάσας ἀνὰ κράνας, πάντ' ἄλσεα ποσσὶ φορεῖται.

Idylle I, v. 77.

La peinture de Pan et de Silvain rappelle celle de Priape et de Pan, dans la 3me. épigramme du même auteur :

Ἀγρεύει δέ τυ Πὰν, καὶ ὁ τὸν κροκόεντα Πρίηπος
κισσὸν ἐφ' ἱμερτῷ κρατὶ καθαπτόμενος.

Epigramme III.

Mais leur apparition à Gallus correspond ici à celle de Vénus à Daphnis, qui meurt victime de sa vengeance :

Ἠνθέ γε μὰν ἀδεῖα καὶ ἁ Κύπρις γελάοισα,
λάθρια μὲν γελάοισα, βαρὺν δ' ἀνὰ θυμὸν ἔχοισα,

κῆπε, τὺ θὴν τὸν ἔρωτα κατεύχεο, Δάφνι, λυγιξεῖν·
ἆρ' οὐκ αὐτὸς ἔρωτος ὑπ' ἀργαλέω ἐλυγίχθης;
Ἄρχετε βωκολικᾶς, Μῶσαι φίλαι, ἄρχετ' ἀοιδᾶς.

Idylle I, v. 95.

*

Tristis at ille : Tamen cantabitis, Arcades, inquit,
Montibus hæc vestris ; soli cantare periti
Arcades. O mihi tùm quàm molliter ossa quiescant,
Vestra meos olim si fistula dicat amores!
Atque utinam ex vobis unus, vestrique fuissem
Aut custos gregis, aut maturæ vinitor uvæ!
Certè sive mihi Phyllis, sive esset Amyntas,
Seu quicumque furor, quid tùm, si fuscus Amyntas?
Et nigræ violæ sunt, et vaccinia nigra;
40 Mecum inter salices lentâ sub vite jaceret,
Serta mihi Phyllis legeret, cantaret Amyntas.

Τὰν δ' ἄρα χ' ὦ Δάφνις ποταμείβετο, Κύπρι βαρεῖα,
Κύπρι νεμεσσατά, Κύπρι θνατοῖσιν ἀπεχθής·
ἤδη γὰρ φράσδει πάνθ', ἄλιον ἄμμι δεδύκειν·
Δάφνις κ' εἰν ἀΐδα κακὸν ἔσσεται ἄλγος ἔρωτος.

Idylle I, v. 100.

Daphnis rassemble ses dernières forces pour répondre aux reproches de Vénus, et faire ses adieux à la Sicile. Le poëte latin a suivi une autre marche : Gallus, aveuglé par la douleur, se croit seul au milieu de l'Arcadie ; les dieux champêtres disparoissent à ses yeux, et occupé de la seule Lycoris, il exhale d'une voix défaillante toutes les tendres émotions de son cœur. Il voudroit être pâtre mercenaire ; il n'aspiroit alors qu'à de vulgaires amours : Phyllis ou Amynte assureroient son bonheur. C'est ainsi que Théocrite fait dire à deux bergers :

Βομβύκα χαρίεσσα, Σύραν καλέοντί τυ πάντες,
ἰσχνὰν, ἁλιόκαυστον · ἐγὼ δὲ μόνος μελίχλωρον.
καὶ τὸ ἴον μέλαν ἐντί, καὶ ἁ γραπτὰ ὑάκινθος ·
ἀλλ' ἔμπας ἐν τοῖς στεφάνοις τὰ πρᾶτα λέγονται.

Idylle X, v. 26.

Αἴθ' ἐπ' ἐμεῦ ζωοῖς ἐναρίθμιος ὤφελες ἦμεν,
ὥς τοι ἐγὼν ἐνόμευον ἀν' ὤρεα τὰς καλὰς αἶγας,
φωνᾶς εἰσαΐων · τὺ δ' ὑπὸ δρυσὶν ἢ ὑπὸ πεύκαις
ἁδὺ μελισδόμενος κατακέκλισο, θεῖε Κομάτα.

Idylle VII, v. 86.

*

Hîc gelidi fontes, hîc mollia prata, Lycori ;
Hîc nemus, hîc ipso tecum consumerer ævo.
Nunc insanus amor duri te Martis in armis,
Tela inter media, atque adversos detinet hostes.
Tu procul à patriâ, nec sit mihi credere tantùm!
Alpinas, ah dura, nives, et frigora Rheni
Me sine sola vides. Ah te ne frigora lædant !
Ah tibi ne teneras glacies secet aspera plantas !

Gallus retombe au pouvoir de l'amour : il appelle Lycoris pour partager sa solitude; sans elle la vie n'a plus de charme à ses yeux. On retrouve le même sentiment dans ce couplet de *Daphnis* et *Ménalque* :

Μή μοι γᾶν Πέλοπος, μή μοι χρύσεια τάλαντα
εἴη ἔχεν, μηδὲ πρόσθε θέειν ἀνέμων ·

ἀλλ' ὑπὸ τᾷ πέτρᾳ τᾷδ' ᾄσομαι ἀγκὰς ἔχων τυ,
σύννομα μᾶλ' ἐσορῶν, τὰν Σικελὰν ἐς ἅλα.

Idylle VIII, v. 53.

L'idée cruelle de l'absence l'accable tout à coup : Lycoris a suivi son nouvel amant à travers les glaces du Rhin. Les vers qui expriment ici l'anxiété de Gallus sont d'une perfection inimitable ; Horace et Properce ont tenté en vain de les reproduire. (*Epode Ire.*) (*Liv. 1, élégie 8*).

★

50 Ibo, et, Chalcidico quæ sunt mihi condita versu
Carmina, pastoris Siculi modulabor avenâ.
Certum est in silvis, inter spelæa ferarum,
Malle pati, tenerisque meos incidere amores
Arboribus : crescent illæ ; crescetis, amores.
Intereà mixtis lustrabo Mænala nymphis,
Aut acres venabor apros ; non me ulla vetabunt
Frigora Parthenios canibus circumdare saltus.
Jàm mihi per rupes videor lucosque sonantes
Ire ; libet Partho torquere Cydonia cornu
60 Spicula : tanquam hæc sint nostri medicina furoris
Aut deus ille malis hominum mitescere discat!
Jàm neque Hamadryades rursùm, nec carmina nobis
Ipsa placent ; ipsæ rursùm concedite, silvæ.
Non illum nostri possunt mutare labores :
Nec si frigoribus mediis Hebrumque bibamus,
Sithoniasque nives hyemis subeamus aquosæ ;
Nec si, cùm moriens altâ liber aret in ulmo,
Æthiopum versemus oves sub sidere Cancri.
Omnia vincit Amor ; et nos cedamus Amori.

Ici Virgile s'élève à l'enthousiasme du dithyrambe ; Théocrite n'a rien qu'on puisse comparer à ses douze premiers vers qui rappellent la belle scène d'égarement de *Phèdre* (act. *I*, sc. 3), que Racine a traduite d'Euripide :

Φαίδρα.

Πῶς ἂν δροσερᾶς ἀπὸ κρηνῖδος
καθαρῶν ὑδάτων πόμ' ἀρυσαίμαν;
ὑπό τ' αἰγείροις, ἔν τε κομήτῃ
λειμῶνι κλιθεῖσ' ἀναπαυσαίμαν;
. . . .
πέμπετέ μ' εἰς ὄρος· εἶμι πρὸς ὕλαν,
καὶ παρὰ πεύκας, ἵνα θηροφόνοι
στείβουσι κύνες,
βαλίαις ἐλάφοις ἐγχριπτόμεναι·
πρὸς θεῶν, ἔραμαι κυσὶ θωΰξαι,
καὶ παρὰ χαίταν ξανθὰν ῥῖψαι
Θεσσαλὸν ὅρπακ' ἐπίλογχον ἔχουσ'
ἐν χειρὶ βέλος.

δέσποιν' ἁλίας Ἄρτεμι λίμνας,
καὶ γυμνασίων τῶν ἱπποκρότων,
εἴθε γενοίμαν ἐν σοῖς δαπέδοις,
πώλους Ἐνέτας δαμαλιζομένα.
. . . .
δύστανος ἐγὼ τί ποτ' εἰργασάμαν;
ποῖ παρεπλάγχθην γνώμας ἀγαθᾶς;
ἐμάνην, ἔπεσον δαίμονος ἄτᾳ!

*Tragédie d'*Hippolyte, v. 210.

Les vers suivants, appliqués à l'Amour, sont imités de Théocrite qui souhaite les mêmes tourments au dieu Pan :

Εἴης δ' Ἠδωνῶν μὲν ἐν ὄρεσι χείματι μέσσῳ,
Ἕβρον πὰρ ποταμόν, τετραμμένος ἐγγύθεν ἄρκτου.

ἐν δὲ θέρει πυμάτοισι παρ' Αἰθιόπεσσι νομεύοις,
πέτρᾳ ὑπὸ Βλεμύων, ὅθεν οὐκέτι Νεῖλος ὁρατός.

Idylle VII, v. 111.

Segrais a reproduit quelques traits de ce passage dans sa 1ere. Eglogue, et Gessner dans sa 20me. Le vers final rappelle cette sentence d'Euripide :

Κύπρις γὰρ οὐ φορητὸς ἦν πολλὴ ῥυῇ.

Hippolyte, v. 448.

★

70 Haec sat erit, divae, vestrum cecinisse poëtam,
    Dum sedet, et gracili fiscellam texit hibisco,
    Pierides : vos haec facietis maxima Gallo :
    Gallo, cujus amor tantùm mihi crescit in horas,
    Quantùm vere novo viridis se subjicit alnus.
    Surgamus : solet esse gravis cantantibus umbra,
    Juniperi gravis umbra, nocent et frugibus umbrae.
    Ite domum saturae, venit Hesperus, ite, capellae.

Le poëte, reprenant le langage des bergers, dédie à son ami ces derniers accents de sa muse. La charmante comparaison de l'arbrisseau (reproduite par Horace, *liv. I*, ode 12me.) est appliquée par Pindare à la vertu :

Αὔξεται δ' ἀρετὰ, χλω-
ραῖς ἐέρσαις ὡς ὅτε δένδρον ἀΐσ-
σει, σοφοῖς ἀνδρῶν ἀερθεῖσ' ἐν δικαίοις
τε πρὸς ὑγρὰν αἰθέρα.

Néméennes, ode VIII, v. 68.

GÉORGIQUES.

DE LA POÉSIE DIDACTIQUE

I.

Division du genre didactique.

On comprend sous ce nom tous les poëmes destinés à exposer une théorie. Ce genre renferme plusieurs subdivisions : les poëmes historiques ou mythologiques, tels que la Théogonie d'Hésiode, les Métamorphoses et les Fastes d'Ovide; les poëmes philosophiques ou moraux, tels que les Maximes de Théognis, les Phénomènes d'Aratus, le Système de Lucrèce; et les poëmes didactiques proprement dits. Cette dernière classe est la plus nombreuse; elle contient tous les ouvrages en vers qui traitent de l'étude d'une science ou d'un art, et qui en présentent les principes embellis des charmes de la fiction. Parmi les modèles que nous en a laissé l'antiquité, le plus remarquable est sans contredit celui qui nous occupe, et dans lequel Virgile a eu pour but de rappeler aux habitants de l'Italie les utiles préceptes de l'agriculture.

L'agriculture, le premier des arts, dont l'origine remonte à la naissance du monde, a long-temps inspiré un respect religieux. Les anciens poëtes en ont tous reconnu les inappréciables avantages ; partout ils l'ont célébrée comme l'amie et la consolatrice de l'homme, comme la mère de la justice et de toutes les vertus. Sans parler des écrivains hébreux qui la peignent dans tout l'éclat de sa beauté primitive, les deux chantres des siècles héroïques, Homère et Hésiode, la montrent sans cesse dans leurs allégories entourée de la vénération des mortels. Le premier orne de ses riants attributs l'airain céleste du bouclier d'Achille, et oppose aux prestiges de la gloire, aux sanglants trophées de la valeur, l'image du bonheur champêtre et des biens précieux de la nature ; l'autre lui a consacré un poëme entier, et a frayé la route aux auteurs agronomiques.

II.

HÉSIODE.

Ce poëte, né à Cumes en Eolie environ un siècle après Homère, vint s'établir avec son père à Ascra, bourg de Béotie situé au pied du mont Hélicon. On lui confia la garde du temple des Muses, dont il se montra le digne interprète, en enseignant le premier aux Grecs d'Europe un langage plus pur et plus harmonieux. On prétend même qu'il vainquit Homère dans une lutte poétique, et cette assertion, dénuée de fondement, prouve au moins la haute réputation de ses ouvrages. Ceux qui nous sont parvenus se distinguent par la clarté du style, par la sagesse des pensées, et souvent par le charme de l'imagination ; ils sont au nombre de trois : la *Théogonie*, le *Bouclier d'Hercule*, et les *OEuvres et les Jours*. La *Théogonie* ou la Généalogie des dieux, qui a servi de base aux Métamorphoses d'Ovide, est un résumé complet des croyances religieuses de l'ancienne Grèce. Cette curieuse nomenclature est parsemée d'épisodes qui en écartent la monotonie, et qui attestent un talent supérieur. L'invocation aux Muses, le combat des dieux et des géants, la description du Tartare, la victoire de Jupiter sur Typhée peuvent soutenir le parallèle avec les plus beaux morceaux de l'Iliade. Le *Bouclier d'Hercule* faisait partie d'un long poëme sur les amours des dieux et des héroïnes; le fragment qui nous en reste se divise en deux parties : la description du bouclier, et le combat d'Hercule contre Cycnus, fils de Mars. Cette composition se distingue comme la précédente par l'élégance des vers, et la variété des images.

Mais ce qui doit surtout fixer ici notre attention, c'est le poëme *des OEuvres et des Jours*, ouvrage aussi recommandable par son but que par son exécution. Persès, frère de l'auteur, égaré par de mauvais conseils, l'avoit frustré d'une partie de son héritage ; mais bientôt ruiné par ses excès, il eut recours à la générosité d'Hésiode, qui pardonna à son frère repentant, lui assura des moyens de subsistance, et voulut joindre à cette faveur les préceptes de l'expérience et de l'amitié pour le diriger dans la conduite de la vie. Il lui dédia à cet effet un traité d'économie domestique et morale divisé en trois chants, dont voici le contenu :

Chant I, v. 1. Introduction. — v. 42. Fable de Pandore. — v. 108. Les cinq âges du monde. — v. 200. Eloge de la justice. — v. 272. Préceptes moraux.

Chant II, v. 381. Le Labourage — v. 489. Travaux de l'hiver. — v. 562, du printemps. — v. 580. de l'été. — v. 607. de l'automne. — v. 616. la Navigation. — v. 692. Conseils particuliers.

Chant III, v. 763. Jours heureux ou malheureux.

Le poëme des OEuvres et des Jours n'a, comme on le voit, aucun plan régulier ; mais il est écrit d'un style coulant et facile, quelquefois même très-pittoresque, et les principes qu'il renferme, quoique altérés par la superstition, attestent partout un esprit juste, une âme vertueuse et sensible. Ils tendent à exciter l'homme par les considérations les plus puissantes à la pratique de ses devoirs, et à l'habitude de l'ordre et du travail. L'agrément des épisodes y tempère souvent la sécheresse des préceptes, et des images énergiques impriment au vice une salutaire terreur. Du reste cet ouvrage, plus moral que scientifique, n'a pu être que d'un foible secours à Virgile qui n'en a tiré que l'idée de son poëme et quelques détails du premier livre. Il a dû avoir recours à d'autres sources pour former un manuel général.

III.

Auteurs Agronomiques postérieurs à Hésiode.

L'agriculture, bornée d'abord à de simples notions populaires, s'étendit et s'ennoblit en Grèce lorsque les guerres des Perses et du Péloponèse eurent contraint ses habitants de déployer toutes leurs ressources. Elle devint alors l'objet de la sollicitude des magistrats, des recherches et des observations des philosophes qui en firent une étude particulière. *Démocrite* fut le premier qui régularisa cette nouvelle science, en composant un code rural que le temps a entièrement détruit.

Xénophon, digne disciple du plus sage des Grecs, publia après lui son *Économique*, dans lequel il introduit Socrate lui-même enseignant à ses concitoyens l'art de fertiliser leurs campagnes et d'assurer leur prospérité. On a aussi de lui deux traités sur l'*Équitation*, importants pour le service militaire.

Aristote, dont le vaste génie embrassa toute la sphère des connoissances humaines, a également écrit un traité d'économie qui ne nous est point parvenu. Mais nous retrouvons dans son *Histoire des Animaux* l'esquisse complète des mœurs des abeilles que Virgile a nuancée de si brillantes couleurs.

Théophraste, l'ingénieux auteur des *Caractères*, a écrit dix livres sur l'*Histoire des Plantes*, et six sur la *Production des Plantes*, qui présentent l'entier résumé du système agricole des anciens. C'est surtout cet ouvrage plein de goût et d'érudition qui a servi de modèle aux deux premiers livres des Géorgiques.

Aratus *de Sole*, qui fleurit en Macédoine sous le règne d'Antigone Gonatas, composa à la demande de ce prince son poëme astronomique des *Phénomènes*, d'après les principes du philosophe Eudoxe. Mais pour donner à son ouvrage une utilité plus générale, il y joignit une explication en vers des *Pronostics*, ou présages du temps, qui a été d'un grand secours à Virgile. Les poëmes d'Aratus jouissoient d'une si grande réputation à Rome qu'ils furent successivement traduits par Cicéron, Germanicus et Aviénus. Nous n'avons plus que des fragments de la première de ces versions, mais les deux autres subsistent presqu'en entier.

Nicandre *de Colophon*, son contemporain, qui vécut à la cour d'Attale roi de Pergame, nous a laissé deux poëmes médicinaux sur les *Thériaques* et les *Contre-Poisons*. Mais il avoit écrit deux traités beaucoup plus considérables sur l'agriculture et les abeilles, qui ont été la proie du temps, ainsi que l'excellent manuel économique du Carthaginois *Magon*, traduit en langue latine par ordre du sénat.

Enfin les Romains voulurent avoir eux-mêmes leur code rural, et Caton le Censeur ouvrit la carrière en consignant dans un traité succinct le résultat de ses observations sur la culture propre à l'Italie. Son style austère et sententieux dénote à la fois le praticien et le philosophe. Le docte Varron le suivit, et essaya de réunir en trois livres la substance de toutes les anciennes théories, créant ainsi un système d'agriculture dans lequel l'érudition supplée souvent à l'expérience, mais qui contient d'ailleurs une foule de remarques utiles dont Virgile a fréquemment profité.

On vit paraître à la même époque le *Poëme de la Nature* de Lucrèce, qui malgré la grande différence du sujet a servi de prélude aux Géorgiques. L'éloquent disciple d'Épicure orna le premier la muse didactique du coloris des images et des prestiges de l'harmonie. L'incohérence de sa doctrine disparut sous les grâces de sa diction; ses vers majestueux et sonores, ses descriptions riches et animées ont immortalisé ses erreurs; et il partage avec Ennius et Catulle la gloire d'avoir préparé le beau siècle d'Auguste.

IV.

VIRGILE.

Géorgiques.

Les gens de goût de tous les temps et de toutes les nations se sont accordés à regarder les Géorgiques comme le poëme le plus accompli qui existe. Aucun éloge ne peut ajouter à sa juste célébrité; ses beautés sont de nature à frapper tous les yeux. Simplicité de plan, sagesse d'exécution, richesse de style, vivacité de peintures, tout y est réuni pour en faire un chef-d'œuvre; et l'ouvrage le plus utile aux Romains maîtres du monde, celui qui leur rendit avec l'amour de la campagne la jouissance des biens véritables, est en même temps leur plus glorieux monument littéraire, celui où leur langue, revêtue des formes les plus séduisantes, se présente dans toute son élégance, son éclat et son harmonie. Les Géorgiques furent composées à la demande de Mécène qui voulut donner aux nouveaux sujets d'Auguste un manuel complet d'agriculture. Pour répondre à ses vues bienfaisantes, Virgile y a réuni tous les préceptes utiles à l'homme des champs quel que soit le genre d'industrie auquel il s'adonne particulièrement. Ce plan général comprend quatre grandes divisions qui constituent ses quatre livres, et qu'il annonce dès son début : les moissons, les arbres, les troupeaux et les abeilles. Partout il a semé de brillants épisodes qui délassent agréablement le lecteur, et qui, entremêlés de détails d'un ordre plus sévère, répandent sur l'ensemble une attrayante variété. Il a puisé les principes de son ouvrage dans Xénophon, Aristote, Théophraste et Varron; les développements poétiques lui ont été fournis en partie par Homère, Hésiode, Aratus et Lucrèce; mais que seroient tous ces matériaux épars, toutes ces hypothèses souvent erronées sans la puissante influence du génie qui les a rendues impérissables? Malgré l'immense progrès des connoissances modernes, les Géorgiques n'ont point été égalées; elles sont restées un modèle de perfection absolue proposé à l'imitation des siècles.

V.

Auteurs Agronomiques postérieurs à Virgile.

COLUMELLE, qui fleurit sous l'empereur Claude, suivit le premier les traces du poëte d'Auguste, en composant sur l'*Agriculture* un traité fort étendu, auquel il a joint un petit poëme sur les *Jardins* pour remplir le vœu de Virgile, dont il étoit l'ardent admirateur. Ses vers sont foibles, quoique d'un style assez pur; mais son grand ouvrage est généralement estimé comme le résumé le plus complet d'économie rurale que nous ait transmis l'antiquité.

PLINE *le Naturaliste*, digne successeur d'Aristote et Varron, a aussi parlé de l'agriculture dans son savant traité d'*Histoire Naturelle*. A l'exemple de Columelle, il adopte presque toujours les principes émis dans les Géorgiques, et son assentiment est à la fois le plus bel éloge et le plus sûr garant de l'utilité de ce système, approprié à la situation et aux ressources territoriales de l'Italie.

PALLADIUS, qui vint long-temps après, dans la dernière période de l'empire d'Occident, a composé un long traité sur toutes les parties de la *Culture*, auquel il a joint quelques vers sur la *Greffe*. Son ouvrage contient beaucoup de découvertes curieuses qui marquent les progrès graduels de la science, mais le style en est dur et incorrect; il ne faut y chercher que le fonds des choses, la forme ne s'y trouve nulle part. Du reste il s'appuie souvent, comme ses prédécesseurs, sur l'exemple et les observations de Virgile.

Au commencement du dixième siècle, le grammairien grec Cassianus Bassus fit, par ordre de l'empereur Constantin Porphyrogenète, une compilation sous le nom de *Géoponiques*, offrant l'abrégé de tous les principes agricoles émis par les auteurs précédents.

A la renaissance des lettres en Europe, deux poëtes italiens, Alamanni et Rucellaï, publièrent deux traités en vers sur l'*Agriculture* et sur les *Abeilles*. Ces ouvrages sont encore rangés aujourd'hui, malgré leur ancienneté, parmi les modèles de la littérature italienne. On y rencontre une foule d'heureuses imitations des Géorgiques, et des images d'une fraîcheur et d'une grâce remarquables. Leurs auteurs se sont aussi exercés dans l'épopée, et ont frayé la route à l'Arioste.

Lorsque tous les genres de talents se développèrent en France sous le règne de Louis XIV, Rapin et Vanière publièrent en latin leurs poëmes des *Jardins* et de la *Maison Rustique*. Le premier de ces ouvrages se distingue par une versification facile et par une grande vivacité d'images; l'autre d'une étendue beaucoup plus considérable, est écrit d'un style peut-être un peu diffus, mais toujours coulant et agréable. Ces deux poëmes, lus avec plaisir par tous les amis des bonnes études, ont depuis long-temps pris leur rang sur le Parnasse latin moderne, à côté des élégantes productions de Sannazar, de Fracastor et de Vida.

Enfin le siècle suivant vit naître en Angleterre le chef-d'œuvre le plus digne d'être opposé aux Géorgiques, les célèbres *Saisons* de Thompson. Ce poëte, nourri des beautés de Virgile, doué par la nature d'une imagination riante, d'une âme sensible et généreuse, a su donner à son ouvrage l'empreinte de son noble caractère. Il a représenté le système du monde tel qu'il se peignoit à ses yeux, toujours grand, toujours admirable, dans la fleur du printemps comme dans la profusion de l'automne, dans les feux de l'été comme dans l'horreur des frimas. Partout il découvre à l'homme les ressources que lui prépare la Providence, partout il lui fait aimer la vie par les considérations les plus vraies et les plus consolantes. Ses tableaux sont riches et animés, sa diction pleine et sonore, ses teintes aussi fraîches que la nature elle-même. Il ne se contente pas de décrire le pays qu'il habite : toute la surface de la terre se reproduit sous ses pinceaux; et cette abondance inépuisable, qui lui a fourni tant de beaux développements, est en même temps le seul défaut de son ouvrage, qui pêche quelquefois par la multiplicité des couleurs, et qui ne présente pas assez souvent, comme les Géorgiques, des endroits purement didactiques dont la sage simplicité fasse mieux ressortir le luxe des ornements.

La première partie de cette composition a inspiré à Kleist le plan de son poëme du *Printemps*, ouvrage estimé dans la littérature allemande. Il est à regretter que cet auteur n'ait pas eu l'ambition d'achever son esquisse, et de donner à ses compatriotes un ouvrage digne d'être opposé aux Saisons de Thompson.

Cette idée a été réalisée en France à la fin du dix-huitième siècle. Les *Saisons* de Saint-Lambert méritent à plusieurs égards d'être mises en parallèle avec celles de Thompson ; mais en renonçant à toute préférence nationale, les critiques également versés dans les deux langues sont forcés d'avouer qu'elles leur cèdent sous beaucoup de rapports. Le grand mérite du poëte français est d'avoir montré partout l'homme au milieu de la création, d'avoir tout fait tendre vers un but moral. Mais cette extrême précision produit quelquefois de la sécheresse; elle n'ouvre pas au génie une assez vaste carrière; elle ne le jette pas dans ce vague poëtique, dans cette immense profusion de merveilles qui se déroulent avec tant de magnificence dans les tableaux du chantre de Richmond. Les Saisons de Saint-Lambert contiennent de touchants épisodes, des descriptions neuves et pittoresques, mais elles sont toujours empreintes d'une teinte de mélancolie, qui plaît au premier abord, mais qui finit par attrister l'âme et par ôter à la campagne une partie de sa fraîcheur. Du reste cet ouvrage est parfaitement écrit, et on y reconnoît même dans les endroits les plus abstraits, le langage d'un favori des muses.

On ne peut pas donner le même éloge à l'*Agriculture* de Rosset, et aux *Mois* de Roucher, poëmes purement didactiques, dont le premier défaut est d'être beaucoup trop longs, et que leur marche lente et prosaïque a presque fait tomber dans l'oubli, malgré quelques passages remarquables qui s'y rencontrent de temps en temps. Leurs auteurs, oubliant le précepte de Virgile, ont embrassé un plan beaucoup trop vaste ; ils ont entrepris de mettre en vers les opérations les plus minutieuses de la campagne, les changements les plus imperceptibles des différentes époques de l'année, et ils ont échoué dans cette tentative, incompatible avec la véritable poésie.

Delille a su éviter ce reproche dans les *Jardins*, l'*Homme des Champs* et les *Trois Règnes*. Animé de l'esprit de Virgile, il a reproduit une partie de ses richesses dans ces intéressants ouvrages, où les préceptes sont parés d'une versification toujours élégante. Mais il n'est jamais plus parfait que lorsqu'il s'identifie avec Virgile lui-même. Son excellente traduction des *Géorgiques* est un véritable monument national; c'est le triomphe de la langue française, luttant contre un idiome beaucoup plus flexible et plus abondant, et remplaçant sans cesse ses beautés par des beautés équivalentes. C'est de toutes les imitations qui existent celle qui approche le plus de son modèle.

GÉORGIQUES.

LIVRE PREMIER.

SOMMAIRE.

Les Moissons.

Ce livre traite de la culture des terres en général; on peut le diviser en sept tableaux :

I. INVOCATION.
II. LABOURAGE.
III. ORIGINE DE L'AGRICULTURE.
IV. INSTRUMENTS ARATOIRES.
V. TRAVAUX DES QUATRE SAISONS.
VI. SIGNES DU TEMPS.
VII. PRÉSAGES DE LA MORT DE CÉSAR.

Nous aurons soin d'indiquer chacune de ces divisions, en transcrivant le texte de Virgile. Les auteurs qu'il a surtout suivis dans la composition de cette première partie sont, parmi les prosateurs, Xénophon, Théophraste, Caton et Varron; parmi les poëtes, Hésiode et Aratus.

GÉORGIQUES.
LIVRE PREMIER.

I.

Quid faciat lætas segetes, quo sidere terram
Vertere, Mæcenas, ulmisque adjungere vites
Conveniat; qua cura boum, qui cultus habendo
Sit pecori, atque apibus quanta experientia parcis,
Hinc canere incipiam. Vos, o clarissima mundi
Lumina, labentem cœlo quæ ducitis annum;
Liber et alma Ceres, vestro si munere tellus
Chaoniam pingui glandem mutavit aristâ,
Poculaque inventis Acheloïa miscuit uvis;
10 Et vos, agrestûm præsentia numina, Fauni,
Ferte simul Faunique pedem, Dryadesque puellæ:
Munera vestra cano. Tuque ô, cui prima frementem
Fudit equum magno tellus percussa tridenti,
Neptune; et cultor nemorum, cui pinguia Ceæ
Ter centum nivei tondent dumeta juvenci;
Ipse, nemus linquens patrium saltusque Lycæi,
Pan, ovium custos, tua si tibi Mænala curæ,
Adsis, ô Tegeæe, favens; oleæque Minerva
Inventrix; uncique puer monstrator aratri;
20 Et teneram ab radice ferens, Silvane, cupressum;

Dique deæque omnes, studium quibus arva tueri,
Quique novas alitis non ullo semine fruges,
Quique satis largum cœlo demittitis imbrem.

Virgile, en dédiant à Mécène le magnifique ouvrage entrepris sous ses auspices, commence par en indiquer les quatre grandes divisions : les moissons, les arbres, les troupeaux et les abeilles. Il invoque ensuite, à l'exemple de Varron, toutes les divinités qui président aux campagnes : le Soleil et la Lune, Bacchus et Cérès, les Faunes et les Dryades, Neptune et Aristée, Pan et Minerve, Triptolème et Silvain. Le Poëme d'Hésiode sur les OEuvres et les Jours étant consacré à la morale encore plus qu'à l'agriculture est dédié au seul Jupiter, et son exorde, quoique beaucoup moins riche que celui du chantre des Géorgiques, a quelque chose de plus grave et de plus solennel :

Μοῦσαι Πιερίηθεν ἀοιδῇσι κλείουσαι,
δεῦτε δὴ ἐννέπετε, σφέτερον πατέρ᾽ ὑμνείουσαι,
ὅν τε διὰ βροτοὶ ἄνδρες ὁμῶς ἄφατοί τε φατοί τε,
ῥητοί τ᾽ ἄῤῥητοί τε, Διὸς μεγάλοιο ἕκητι.
ῥέα μὲν γὰρ βριάει, ῥέα δὲ βριάοντα χαλέπτει·
ῥεῖα δ᾽ ἀρίζηλον μινύθει, καὶ ἄδηλον ἀέξει·
ῥεῖα δέ τ᾽ ἰθύνει σκολιὸν, καὶ ἀγήνορα κάρφει
Ζεὺς ὑψιβρεμέτης, ὃς ὑπέρτατα δώματα ναίει.
κλῦθι ἰδὼν ἀΐων τε· δίκῃ δ᾽ ἴθυνε θέμιστας
τύνη· ἐγὼ δέ κε Πέρσῃ ἐτήτυμα μυθησαίμην.

OEuvres et Jours, v. 1.

★

Tuque adeó, quem mox quæ sint habitura deorum
Concilia, incertum est : urbesne invisere, Cæsar,
Terrarumque velis curam, et te maximus orbis

Auctorem frugum tempestatumque potentem
Accipiat, cingens maternâ tempora myrto;
An deus immensi venias maris, ac tua nautæ
30 Numina sola colant, tibi serviat ultima Thule,
Teque sibi generum Tethys emat omnibus undis;
Anne novum tardis sidus te mensibus addas,
Quà locus Erigonen inter Chelasque sequentes
Panditur : ipse tibi jàm brachia contrahit ardens
Scorpius, et cœli justâ plus parte relinquit :
Quidquid eris, (nam te nec sperent Tartara regem,
Nec tibi regnandi veniat tàm dira cupido,
Quamvis Elysios miretur Græcia campos,
Nec repetita sequi curet Proserpina matrem)
40 Da facilem cursum, atque audacibus annue cœptis;
Ignarosque viæ mecum miseratus agrestes;
Ingredere, et votis jàm nunc assuesce vocari.

On est fâché de voir cet éloge déparer le début de Virgile. Aucun poëte avant lui n'avoit porté jusqu'à ce point l'exagération de la flatterie. Théocrite, lui-même, admirateur intéressé d'Hiéron et de Ptolémée (*Id. XVI et XVII*), n'a pas osé placer ces princes au rang des immortels; encore moins a-t-il conçu l'idée d'abandonner à leur choix les trois sceptres du monde. Nous nous dispenserons ici de tout rapprochement; nous nous garderons surtout de citer les serviles copies de Lucain et de Stace qui n'ont pas rougi d'appliquer le même éloge à Néron et à Domitien. Suivons au plus tôt l'auteur dans son exposition, contenant les principes du labourage et les diverses méthodes de fertiliser les terres.

Etudes grecq. Ire Partie.

II.

Vere novo, gelidus canis cùm montibus humor
Liquitur, et Zephyro putris se gleba resolvit,
Depresso incipiat jàm tùm mihi taurus aratro
Ingemere, et sulco attritus splendescere vomer.
Illa seges demùm votis respondet avari
Agricolæ, bis quæ solem, bis frigora sensit;
Illius immensæ ruperunt horrea messes.
50 At priùs ignotum ferro quàm scindimus æquor,
Ventos et varium cœli prædiscere morem
Cura sit, ac patrios cultusque habitusque locorum;
Et quid quæque ferat regio, et quid quæque recuset.
Hîc segetes, illic veniunt feliciùs uvæ:
Arborei fœtus alibi, atque injussa virescunt
Gramina. Nonne vides, croceos ut Tmolus odores,
India mittit ebur, molles sua thura Sabæi?
At Chalybes nudi ferrum, virosaque Pontus
Castorea, Eliadum palmas Epirus equarum?
60 Continuò has leges æternaque fœdera certis
Imposuit natura locis, quo tempore primùm
Deucalion vacuum lapides jactavit in orbem,
Undè homines nati, durum genus. Ergò age, terræ
Pingue solum primis extemplò à mensibus anni
Fortes invertant tauri, glebasque jacentes
Pulverulenta coquat maturis solibus æstas.
At, si non fuerit tellus fœcunda, sub ipsum
Arcturum tenui sat erit suspendere sulco.
Illic, officiant lætis ne frugibus herbæ;
70 Hîc, sterilem exiguus ne deserat humor arenam.

LIVRE I.

Le poëte fixe les premiers travaux au moment de la fonte des neiges ; il conseille de donner aux terres quatre labours successifs pour qu'elles ressentent alternativement l'influence du froid et de la chaleur. Hésiode en prescrit trois, le premier au coucher des Pléiades et à l'apparition des grues, c'est-à-dire, au mois de novembre, le second au printemps, et le troisième en été :

Πληϊάδων Ἀτλαγενέων ἐπιτελλομενάων
ἄρχεσθ' ἀμητοῦ· ἀρότοιο δὲ, δυσομενάων.
. . . .
φράζεσθαι δ', εὖτ' ἂν γεράνου φωνὴν ἐπακούσῃς
ὑψόθεν ἐκ νεφέων ἐνιαύσια κεκληγυίης·
. . . .
δὴ τότ' ἐφορμηθῆναι, ὁμῶς δμωές τε καὶ αὐτὸς
αὔην καὶ διερὴν ἀρόων, ἀρότοιο κατ' ὥρην,
πρωῒ μάλα σπεύδων, ἵνα τοι πλήθωσιν ἄρουραι.
ἔαρι πολεῖν· θέρεος δὲ νεωμένη οὔ σ' ἀπατήσει.

OEuvres et Jours, v. 381, 446 et 457.

Ce précepte est confirmé par Théophraste, dont les deux traités sur l'*Histoire des Plantes* et sur la *Production des Plantes* ont servi de règle à Virgile pour toute sa théorie de la culture :

Η δὲ κατεργασία ἐν τῷ νεᾶν κατ' ἀμφοτέρας τὰς ὥρας καὶ θέρους καὶ χειμῶνος, ὅπως χειμασθῇ καὶ ἡλιωθῇ ἡ γῆ.

Production des Plantes, liv. III.

Il fait aussi la même distinction que Virgile sur le labour qui convient aux différentes terres. Si le sol est gras et fertile, on doit commencer les travaux dès les premiers mois de l'année ; s'il est maigre et léger, on peut attendre jusqu'au lever du Bouvier qui a lieu au mois de septembre ; Xénophon et Varron partagent la même opinion :

Εστι δὲ καὶ κατὰ ἐργασίας τὸ οἰκεῖον οἱονεί, τοῦ μὲν θέρους μᾶλλον τοῦ δὲ χειμῶνος ἐὰν ᾖ σκάπτῃ ἤ τι τοιοῦτον ἕτερον· ἅπερ

ἐπιχειροῦσί τινες διαιρεῖν. δεῖ γὰρ ὥς φασι τὴν μὲν ἔπομβρον καὶ
στερεὰν καὶ βαρεῖαν, καὶ τὴν πίειραν, θέρους ἐργάζεσθαι, καὶ
τοῖς ἀρότροις καὶ τῇ σκαπάνῃ· τὴν δὲ ξηρὰν καὶ μανὴν καὶ τὴν
λεπτὴν καὶ κούφην, τοῦ χειμῶνος. δύναται γὰρ ἡ μὲν ξηραίνειν
καὶ λεπτύνειν· ἡ δὲ χειμερινὴ παχύνειν καὶ ὑγραίνειν.

Prod. des Pl. liv. III.

★

Alternis idem tonsas cessare novales,
Et segnem patiêre situ durescere campum.
Aut ibi flava seres mutato sidere farra,
Undè priùs lætum siliquâ quassante legumen,
Aut tenues fœtus viciæ, tristisque lupini
Sustuleris fragiles calamos silvamque sonantem.
Urit enim lini campum seges, urit avenæ;
Urunt lethæo perfusa papavera somno.
Sed tamen alternis facilis labor : arida tantùm
80 Ne saturare fimo pingui pudeat sola; neve
Effœtos cinerem immundum jactare per agros.
Sic quoque mutatis requiescunt fœtibus arva,
Nec nulla intereà est inaratæ gratia terræ.
Sæpè etiam steriles incendere profuit agros,
Atque levem stipulam crepitantibus urere flammis.
Sive indè occultas vires et pabula terræ
Pinguia concipiunt; sive illis omne per ignem
Excoquitur vitium, atque exsudat inutilis humor;
Seu plures calor ille vias et cæca relaxat
90 Spiramenta, novas veniat quà succus in herbas;
Seu durat magis, et venas astringit hiantes,
Ne tenues pluviæ, rapidive potentia solis
Acrior, aut Boreæ penetrabile frigus adurat.

Multùm adeò, rastris glebas qui frangit inertes,
Vimineasque trahit crates, juvat arva : neque illum
Flava Ceres alto néquicquam spectat Olympo ;
Et qui, proscisso quæ suscitat æquore terga,
Rursùs in obliquum verso perrùmpit aratro,
Exercetque, frequens tellurem, atque imperat arvis.
100   Humida solstitia atque hyemes orate serenas,
Agricolæ : hiberno lætissima pulvere farra,
Lætus ager; nullo tantùm se Mysia cultu
Jactat, et ipsa snas mirantur Gargara messes.

Après avoir parlé du labourage, Virgile s'occupe de l'amendement des terres, et le premier moyen qu'il indique est celui des jachères, inconnu du temps d'Hésiode. Le mot νειός dans ses écrits signifie un champ nouvellement labouré ; c'est dans ce sens qu'il dit en parlant des semailles :

Νειὸν δὲ σπείρειν ἔτι κουφίζουσαν ἄρουραν·
νειὸς ἀλεξιάρη, παίδων εὐκηλήτειρα.

OEuvres et Jours, v. 461.

Mais Théophraste et Varron parlent des jachères, ainsi que des autres méthodes d'amélioration recommandées ici par Virgile. La première de ces méthodes est de semer tous les deux ans des légumes légers à la place du froment; l'autre est de fumer les terres si l'on veut y recueillir des productions plus fortes, d'après cette observation de Théophraste :

Ἐπικαρπίζεται σφόδρα ὁ αἰγίλωψ τὴν γῆν, καὶ ἐστι πολύρριζον καὶ πολυκάλαμον.

Production des Pl. liv. IV.

Ἡ κόπρος δὲ μεγάλα βοηθεῖ, τῷ διαθερμαίνειν καὶ συμπέπτειν.

Histoire des Pl. liv. VIII.

L'auteur recommande ensuite l'incendie des chaumes, dont l'usage s'est conservé jusqu'à nos jours en Italie. Il conseille aussi de herser les terres, et de croiser les sillons : perfectionnements qui paroissent dater du siècle d'Auguste, car les auteurs grecs et Varron lui-même n'en font pas mention. L'image gracieuse du sourire de Cérès est tirée d'un hymne de Callimaque :

Οὓς δέ κεν εὐμειδής τε καὶ ἴλαος αὐγάσσηαι,
κείνοις εὖ μὲν ἄρουρα φέρει στάχυν.

H. à Diane, v. 129.

A l'appui de son opinion, Virgile rapporte l'ancien adage romain : *Hiberno pulvere, verno luto, grandia farra, Camille, metes.*

★

Quid dicam, jacto qui semine cominùs arva
Insequitur, cumulosque ruit malè pinguis arenæ;
Deindè satis fluvium inducit rivosque sequentes?
Et cùm exustus ager morientibus æstuat herbis,
Ecce supercilio clivosi tramitis undam
Elicit : illa cadens raucum per levia murmur
110 Saxa ciet, scatebrisque arentia temperat arva.
Quid, qui, ne gravidis procumbat culmus aristis,
Luxuriem segetum tenerâ depascit in herbâ,
Cùm primùm sulcos æquant sata? quique paludis
Collectum humorem bibulâ deducit arenâ?
Præsertim incertis si mensibus amnis abundans
Exit, et obducto latè tenet omnia limo,
Undè cavæ tepido sudant humore lacunæ.

Après les semailles, il est quelquefois utile de briser les mottes et d'arroser les champs. Le poëte a exprimé ce précepte d'une manière extrêmement pittoresque, d'après la jolie comparaison d'Homère appliquée à Achille poursuivi par le Xanthe :

Ὡς δ' ὅτ' ἀνὴρ ὀχετηγὸς ἀπὸ κρήνης μελανύδρου
ἂμ φυτὰ καὶ κήπους ὕδατι ῥόον ἡγεμονεύῃ,
χερσὶ μάκελλαν ἔχων, ἀμάρης ἐξ ἔχματα βάλλων·
τοῦ μέν τε προρέοντος, ὑπὸ ψηφῖδες ἅπασαι
ὀχλεῦνται· τὸ δέ τ' ὦκα κατειβόμενον κελαρύζει
χώρῳ ἔνι προαλεῖ, φθάνει δέ τε καὶ τὸν ἄγοντα·
ὣς αἰεὶ Ἀχιλῆα κιχήσατο κῦμα ῥόοιο.

Il. XXI, v. 257.

Quand le blé commence à croître, on peut aussi le faire brouter par les troupeaux, et détourner les eaux stagnantes, selon les préceptes de Théophraste et de Xénophon :

Ἐν δὲ ταῖς ἀγαθαῖς χώραις, πρὸς τὸ μὴ φυλλομανεῖν, ἐπινέμουσι καὶ ἐπικείρουσι τὸν σῖτον.

Hist. des Pl. liv. VIII.

Ἐν τῷ χειμῶνι πολλὰ ὕδατα γίνεται.... καὶ ὕλη δὲ πολλάκις ὑπὸ τῶν ὑδάτων δήπου συνεξορμᾷ τῷ σίτῳ, καὶ παρέχει πνιγμὸν αὐτῷ.

Economique.

III.

Nec tamen, hæc cùm sint hominumque boümque labores,
Versando terram experti, nihil improbus anser,
120 Strymoniæque grues, et amaris intyba fibris
Officiunt, aut umbra nocet. Pater ipse colendi
Haud facilem esse viam voluit; primusque per artem
Movit agros, curis acuens mortalia corda,
Nec torpere gravi passus sua regna veterno.

Malgré tous les efforts de l'industrie, des accidents imprévus peuvent anéantir notre espoir; car les dieux ont condamné les mortels à la peine. Cette transition amène naturellement le tableau de siècles primitifs et de l'origine de l'agriculture, tracé à l'imitation d'Hésiode et de Lucrèce qui nous ont laissé deux riches descriptions de ce genre, l'un dans l'*Allégorie de Pandore et des Cinq âges du monde*, qui ouvre son poëme des OEuvres et des Jours, l'autre dans l'*Invention des Arts*, au 5me. livre de son Système du monde. Le sommaire de ces divers morceaux est contenu dans cet oracle de la Genèse : Εν ιδρῶτι τοῦ προσώπου σοῦ φαγῇ τὸν ἄρτον σου. Les auteurs profanes, présentant cette vérité immuable sous le prisme mythologique, ont attribué les misères du genre humain à la vengeance de Jupiter trompé par Prométhée qui lui déroba le feu céleste. Voici le début de la fable d'Hésiode :

Κρύψαντες γὰρ ἔχουσι θεοὶ βίον ἀνθρώποισι.
ῥηϊδίως γάρ κεν καὶ ἐπ' ἤματι ἐργάσαιο,
ὥςτε σὲ κ' εἰς ἐνιαυτὸν ἔχειν, καὶ ἀεργὸν ἐόντα·
αἶψά κε πηδάλιον μὲν ὑπὲρ καπνοῦ καταθεῖο,
ἔργα βοῶν δ' ἀπόλοιτο καὶ ἡμιόνων ταλαεργῶν.
ἀλλὰ Ζεὺς ἔκρυψε χολωσάμενος φρεσὶν ᾗσιν,
ὅττι μιν ἐξαπάτησε Προμηθεὺς ἀγκυλομήτης·
τοὔνεκ' ἄρ' ἀνθρώποισιν ἐμήσατο κήδεα λυγρά.

OEuvres et Jours, v. 42.

★

Antè Jovem nulli subigebant arva coloni ;
Ne signare quidem aut partiri limite campum
Fas erat : in medium quærebant, ipsaque tellus
Omnia liberiùs, nullo poscente, ferebat.
Ille malum virus serpentibus addidit atris,
130 Prædarique lupos jussit, pontumque moveri ;

Mellaque decussit foliis, ignemque removit,
Et passim rivis currentia vina repressit:
Ut varias usus meditando extunderet artes
Paulatim, et sulcis frumenti quæreret herbam,
Et silicis venis abstrusum excuderet ignem.
Tunc alnos primùm fluvii sensêre cavatas;
Navita tùm stellis numeros et nomina fecit,
Pleïadas, Hyadas, claramque Lycaonis Arcton.
Tùm laqueis captare feras, et fallere visco,
140 Inventum, et magnos canibus circumdare saltus;
Atque alius latum fundâ jàm verberat amnem
Alta petens, pelagoque alius trahit humida lina.
Tùm ferri rigor, atque argutæ lamina serræ;
Nam primi cuneis scindebant fissile lignum:
Tùm variæ venêre artes : labor omnia vincit
Improbus, et duris urgens in rebus egestas.

Dans le texte d'Hésiode, Jupiter fait naître Pandore que tous les dieux ornent à l'envi de leurs plus brillants attributs (*OEuvres et Jours, v.* 59 à 82). Il lui fait don de la boîte fatale qu'elle présente à Epiméthée, et d'où s'échappe un déluge de maux, ne laissant au fond que la seule espérance:

Πρὶν μὲν γὰρ ζώεσκον ἐπὶ χθονὶ φῦλ' ἀνθρώπων
νόσφιν ἄτερθε κακῶν, καὶ ἄτερ χαλεποῖο πόνοιο,
νούσων τ' ἀργαλέων, αἵτ' ἀνδράσι γῆρας ἔδωκαν·
αἶψα γὰρ ἐν κακότητι βροτοὶ καταγηράσκουσι.
ἀλλὰ γυνὴ χείρεσσι πίθου μέγα πῶμ' ἀφελοῦσα
ἐσκέδασ'· ἀνθρώποισι δ' ἐμήσατο κήδεα λυγρά.
μούνη δ' αὐτόθι ἐλπὶς ἐν ἀῤῥήκτοισι δόμοισιν
ἔνδον ἔμεινε πίθου ὑπὸ χείλεσιν, οὐδὲ θύραζε
ἐξέπτη· πρόσθεν γὰρ ἐπέμβαλε πῶμα πίθοιο,
αἰγιόχου βουλῇσι Διὸς νεφεληγερέταο.

ἄλλα δὲ μυρία λυγρὰ κατ' ἀνθρώπους ἀλάληται·
πλείη μὲν γὰρ γαῖα κακῶν, πλείη δὲ θάλασσα.
νοῦσοι δ' ἀνθρώποισιν ἐφ' ἡμέρῃ ἠδ' ἐπὶ νυκτὶ
αὐτόματοι φοιτῶσι, κακὰ θνητοῖσι φέρουσαι
σιγῇ, ἐπεὶ φωνὴν ἐξείλετο μητιέτα Ζεύς.

OEuvres et Jours, v. 90.

Le même sujet est traité dans la *Théogonie* (v. 565 à 589). Virgile, en adoptant la marche générale des vers grecs, a substitué à la peinture des maux celle des arts et des découvertes humaines, ennoblissant ainsi l'allégorie d'Hésiode à l'exemple d'Eschyle (tragédie de *Prométhée*, v. 436 à 506). Mais il a surtout eu en vue le 5ᵐᵉ. livre de Lucrèce qu'il s'est presque contenté de résumer. Nous ne citerons ici que quelques traits de cette vaste composition, une de celles où le poëte philosophe a déployé le plus de génie. Il décrit d'abord, comme Virgile, la vie frugale et indépendante des premiers hommes:

> Volgivago vitam tractabant more ferarum.
> Nec robustus erat curvi moderator aratri
> Quisquam, nec scibat ferro molirier arva,
> Nec nova defodere in terram virgulta, neque altis
> Arboribus veteres decidere falcibu' ramos.
> Quod sol atque imbres dederant, quod terra creârat
> Sponte suâ, satis id placabat pectora donum.
> Glandiferas inter curabant corpora quercus
> Plerumque; et, quæ nunc hiberno tempore cernis
> Arbuta puniceo fieri matura colore,
> Plurima tùm tellus, etiam majora ferebat;
> Multaque præterea novitas tùm florida mundi
> Pabula dia tulit, miseris mortalibus ampla.

Poëme de la Nature, liv. *V*, v. 930.

Après avoir tracé l'histoire complète des mœurs primitives, Lucrèce peint dans le plus grand détail et avec une inépuisable variété de couleurs les progrès successifs de la civilisation : là découverte du feu, la stabilité des habitations, l'institution du mariage, l'origine des langues. Il raconte comment des chefs obtinrent l'autorité suprême, fondèrent des villes, distribuèrent les terres; bientôt l'abus du pouvoir fit établir des lois, on fixa les cérémonies du culte religieux, les gouvernements prirent une forme régulière ; enfin la fabrication des métaux fit naître tous les arts de la paix et de la guerre. Les hommes apprirent à se couvrir de tissus ; ils perfectionnèrent l'agriculture ; le calme de la vie champêtre donna la première idée de la musique, et le spectacle des cieux celle de l'astronomie ; la navigation réunit tous les peuples, et leur émulation mutuelle produisit mille chefs-d'œuvre. Nous transcrirons ce dernier résumé qui correspond en partie à celui de Virgile :

Jàm validis septi degebant turribus ævum,
Et divisa colebatur discretaque tellus ;
Tùm mare velivolum florebat navibu' pandis ;
Auxilia et socios jàm pacto fœdere habebant :
Carminibus cum res gestas cœpêre poetæ
Tradere ; nec multò priu' sunt elementa reperta.
Proptereà, quid sit priùs actum, respicere ætas
Nostra nequit, nisi quà ratio vestigia monstret.
Navigia, atque agri culturas, mœnia, leges,
Arma, vias, vestes, et cætera de genere horum
Præmia, delicias quoque vitæ funditus omnes,
Carmina, picturas, et dædala signa, politus
Usus et impigræ simul experientia mentis
Paulatim docuit pedetentim progredientes.
Sic unum quidquid paulatim protrahit ætas
In medium, ratioque in luminis erigit oras.
Namque alid ex alio clarescere corde videmus
Artibus, ad summum donec venére cacumen.

Livre V, v. 1439.

Prima Ceres ferro mortales vertere terram
Instituit, cùm jàm glandes atque arbuta sacræ
Deficerent silvæ, et victum Dodona negaret.
150 Mox et frumentis labor additus : ut mala culmos
Esset rubigo, segnisque horreret in arvis
Carduus ; intereunt segetes ; subit aspera silva,
Lappæque, tribulique ; interque nitentia culta
Infelix lolium et steriles dominantur avenæ.
Quòd nisi et assiduis terram insectabere rastris,
Et sonitu terrebis aves, et ruris opaci
Falce premes umbras, votisque vocaveris imbrem :
Heu ! magnum alterius frustrà spectabis acervum,
Concussâque famem in silvis solabere quercu.

Au lieu de suivre Hésiode dans l'épisode des cinq âges du monde : les âges d'or, d'argent, d'airain, le siècle héroïque et le siècle de fer (*OEuvres et Jours*, *v*. 108 à 200), sujet traité par Aratus et Ovide (*Phénomènes*, *v*. 96) (*Métam. ch. I, v.* 89), Virgile revient aux dons de Cérès, protectrice de l'agriculture. Les soins continuels qu'il recommande au cultivateur rappellent ce passage d'Hésiode, également propre à inspirer aux hommes la crainte des dieux et l'amour du travail :

Εὔχεσθαι δὲ Διὶ χθονίῳ, Δημήτερί δ' ἁγνῇ,
ἐκτελέα βρίθειν Δημήτερος ἱερὸν ἀκτήν·
ἀρχόμενος τὰ πρῶτ' ἀρότου, ὅταν ἄκρον ἐχέτλης
χειρὶ λαβὼν, ὅρπηκα βοῶν ἐπὶ νῶτον ἵκηαι,
ἔνδρυον ἑλκόντων μεσάβων. ὁ δὲ τυτθὸς ὄπισθεν
δμωὸς ἔχων μακέλην πόνον ὀρνίθεσσι τιθείη,
σπέρματα κακκρύπτων. εὐθημοσύνη γὰρ ἀρίστη
θνητοῖς ἀνθρώποις, κακοθημοσύνη δὲ κακίστη.
ὧδέ κεν ἀδροσύνῃ στάχυες νεύοιεν ἔραζε,
εἰ τέλος αὐτὸς ὄπισθεν Ὀλύμπιος ἐσθλὸν ὀπάζοι.

OEuvres et Jours, v. 463.

Lucrèce parle également des travaux champêtres et des difficultés contre lesquelles il faut lutter sans cesse pour forcer la terre à devenir fertile ; mais il abandonne l'homme à ses propres ressources ; l'idée consolante de la religion n'adoucit jamais, dans ses vers l'effrayant tableau des misères humaines :

> Quod superest arvi, tamen id natura suâ vi
> Sentibus obducat, ni vis humana resistat,
> Vitaï causâ valido consueta bidenti
> Ingemere, et terram pressis proscindere aratris.
> Si non fecundas vertentes vomere glebas,
> Terraïque solum subigentes cimus ad ortus,
> Sponte suâ nequeant liquidas existere in auras.
> Et tamen, interdùm magno quæsita labore,
> Cùm jàm per terras frondent atque omnia florent;
> Aut nimiis torret fervoribus ætherius sol,
> Aut subiti perimunt imbres, gelidæque pruinæ,
> Flabraque ventorum violento turbine vexant.
>
> *Livre V, v. 207.*

Ces vers ont servi de modèle à Virgile, mais il a su en tempérer la tristesse. Sa composition entière a été imitée par Ovide dans sa célèbre description des quatre âges (*Métam.*, ch. *I*, v. 89), par Milton dans l'exil d'Adam (*Paradis*, ch. *X*, v. 648), et par Thompson dans le chant du *Printemps* (v. 242).

IV.

160 Dicendum et quæ sint duris agrestibus arma,
Queis sine nec potuêre seri, nec surgere messes.
Vomis et inflexi primùm grave robur aratri,
Tardaque Eleusinæ matris volventia plaustra,
Tribulaque, traheæque, et iniquo pondere rastri;

Virgea præterea Celei, vilisque supellex,
Arbuteæ crates, et mystica vannus Iacchi :
Omnia quæ multò antè memor provisa reponas,
Si te digna manet divini gloria ruris.
Continuò in silvis magnâ vi flexa domatur
170 In burim, et curvi formam accipit ulmus aratri.
Huic à stirpe pedes temo protentus in octo ;
Binæ aures, duplici aptantur dentalia dorso.
Cæditur et tilia antè jugo levis, altaque fagus,
Stivaque, quæ currus à tergo torqueat imos ;
Et suspensa focis explorat robora fumus.

Le poëte nomme maintenant les instruments aratoires qui constituent l'arsenal de Cérès : le soc, la charrue, les chariots, les madriers, les herses, les rateaux, les claies, les vans et les corbeilles. La construction de la charrue romaine a donné lieu à beaucoup de recherches scientifiques dans lesquelles nous n'entrerons point ; nous nous contenterons de rapprocher des vers de Virgile le passage d'Hésiode dont ils sont imités, avec les modifications qu'ont dû nécessairement apporter à la culture six ou sept siècles d'intervalle. L'auteur grec conseille à l'agriculteur de commencer la coupe des bois en automne, et de se pourvoir d'un mortier avec un pilon pour moudre le grain, d'un madrier pour écraser les mottes, et des différentes pièces qui composent un chariot. Quant aux charrues, il recommande comme Virgile de les construire de plusieurs espèces de bois pour qu'elles joignent la légèreté à la solidité :

Ημος ἀδηκτοτάτη πέλεται τμηθεῖσα σιδήρῳ
ὕλη, φύλλα δ' ἔραζε χέει, πτόρθοιό τε λήγει·
τῆμος ἄρ' ὑλοτομεῖν μεμνημένος ὥριον ἔργον.
ὄλμον μὲν τριπόδην τάμνειν, ὕπερον δὲ τρίπηχυν,
ἄξονά τ' ἑπταπόδην· μάλα γάρ νύ τοι ἄρμενον οὕτως·
εἰ δέ κεν ὀκταπόδην, ἀπὸ καὶ σφύραν κε τάμοιο.

τρισπίθαμον δ' ἄψιν τάμνειν δεκαδώρῳ ἁμάξῃ·
πόλλ' ἐπὶ καμπύλα κᾶλα. φέρειν δὲ γύην, ὅταν εὕρῃς,
εἰς οἶκον, κατ' ὄρος διζήμενος ἢ κατ' ἄρουραν,
πρίνινον· ὃς γὰρ βουσὶν ἀροῦν ὀχυρώτατός ἐστιν,
εὖτ' ἂν Ἀθηναίης δμωὸς ἐν ἐλύματι πήξας
γόμφοισιν πελάσας προσαρήρεται ἱστοβοῆϊ.
δοιὰ δὲ θέσθαι ἄροτρα πονησάμενος κατὰ οἶκον,
αὐτόγυον καὶ πηκτόν· ἐπεὶ πολὺ λώϊον οὕτως·
εἴ χ' ἕτερόν γ' ἄξαις, ἕτερόν γ' ἐπὶ βουσὶ βάλοιο.
δάφνης δ' ἢ πτελέης ἀκιώτατοι ἱστοβοῆες.
δρυὸς ἔλυμα, γύην πρίνου, βόε δ' ἐννιαετήρω
ἄρσενε κεκτῆσθαι· τῶν γὰρ σθένος οὐκ ἀλαπαδνόν.

OEuvres et Jours, v. 418.

Virgile, joignant à ces vers plusieurs autres détails du même auteur (*OEuvres et Jours*, *v.* 455 *et* 627), fait suivre sa description de quelques remarques sur la culture.

★

Possum multa tibi veterum præcepta referre;
Ni refugis, tenuesque piget cognoscere curas.
  Area cum primis ingenti æquanda cylindro,
Et vertenda manu, et cretâ solidanda tenaci:
180 Ne subeant herbæ, neu pulvere victa fatiscat;
Tùm variæ illudant pestes: sæpe exiguus mus
Sub terris posuitque domos atque horrea fecit;
Aut oculis capti fodêre cubilia talpæ;
Inventusque cavis bufo, et quæ plurima terræ
Monstra ferunt; populatque ingentem farris acervum
Curculio, atque inopi metuens formica senectæ.
Contemplator item, cùm se nux plurima silvis
Induet in florem, et ramos curvabit olentes.

Si superant fœtus, pariter frumenta sequentur,
190 Magnaque cum magno veniet tritura calore;
At si luxuriâ foliorum exuberat umbra,
Nequicquam pingues paleâ teret area culmos.
Semina vidi equidem multos medicare serentes,
Et nitro priùs et nigrâ perfundere amurcâ,
Grandior ut fœtus siliquis fallacibus esset,
Et quamvis igni exiguo properata maderent.
Vidi lecta diù et multo spectata labore,
Degenerare tamen, ni vis humana quotannis
Maxima quæque manu legeret. Sic omnia fatis
200 In pejus ruere, ac retrò sublapsa referri :
Non aliter, quàm qui adverso vix flumine lembum
Remigiis subigit, si brachia forte remisit,
Atque illum in præceps prono rapit alveus amni.

La première de ces remarques sur la construction de l'aire se trouve dans Caton et dans Varron : *Aream esse oportet solidâ terrâ pavitam, maximè si est argilla, ne æstu pœnimosa in rimis ejus grana oblitescant, et recipiant aquam, et ostia aperiantur muribus atque formicis.* (Manuel rural, liv. I.)

Ce que Virgile dit ensuite de l'amandier, Aratus, dans son poëme des *Pronostics*, le dit en sens contraire de l'yeuse dont l'abondante floraison annonce un hiver rigoureux :

Πρῖνοι μὲν θαμινῆς ἀκύλου κατὰ μέτρον ἔχουσαι
χειμῶνός κε λέγοιεν ἐπὶ πλέον ἰσχύσοντος·
μηδὲ ἄδην ἔκπαγλα περιβρίθοιεν ἁπάντη,
τηλοτέρω δ' αὐχμοῖο συνασταχύοιεν ἄρουραι.

Pronostics, v. 315.

Le poëte parle ensuite de la préparation de semences, déjà recommandée par Théophraste (Βρέξαντα κελεύουσιν καὶ νίτρῳ νυκτὶ τῇ ὑστεραίᾳ σπείρειν ἐν ξηρᾷ. *Hist. des Pl. liv. I.*), et portée dans la suite au plus haut degré de perfection. Pline le Naturaliste rapporte avoir vu un seul grain ainsi préparé produire jusqu'à 500 tiges. Du temps de Virgile cette méthode étoit peu connue et il se contente de l'indiquer légèrement.

*

Prætereà tàm sunt Arcturi sidera nobis,
Hædorumque dies servandi, et lucidus Anguis,
Quàm quibus in patriam ventosa per æquora vectis
Pontus et ostriferi fauces tentantur Abydi.
 Libra die somnique pares ubi fecerit horas,
Et medium luci atque umbris jàm dividit orbem,
210 Exercete, viri, tauros: serite hordea campis,
Usque sub extremum brumæ intractabilis imbrem;
Nec non et lini segetem, et cereale papaver,
Tempus humo tegere, et jàm dudùm incumbere aratris,
Dùm siccâ tellure licet, dùm nubila pendent.
Vere fabis satio; tùm te quoque, medica, putres
Accipiunt sulci, et milio venit annua cura,
Candidus auratis aperit cùm cornibus annum
Taurus, et adverso cedens Canis occidit astro.
 At si triticeam in messem robustaque farra
220 Exercebis humum, solisque instabis aristis:
Antè tibi Eoæ Atlantides abscondantur,
Gnossiaque ardentis decedat stella Coronæ,
Debita quàm sulcis committas semina, quàmque
Invitæ properes anni spem credere terræ.
Multi antè occasum Maïæ cepêre; sed illos
Exspectata seges vanis elusit aristis.
 Si verò viciamque seres vilemque faselum,

Etudes grecq. Ire Partie.

Nec Pelusiacæ curam aspernabere lentis,
  Haud obscura cadens mittet tibi signa Bootes;
230 Incipe, et ad medias sementem extende pruinas.

Ces vers sont consacrés aux diverses époques des semailles, indiquées en détail par Varron dans le 1er. livre de son *Manuel rural*. Le poëte n'ést pas toujours d'accord avec l'agronome, et le réfute souvent par sa propre expérience. Pour ensemencer les champs de blé, il fixe le coucher de la couronne d'Ariane et celui des Pléïades, d'après Démocrite et Hésiode. Avant et après cette époque, la moisson trompe l'attente du laboureur :

Πληϊάδων Ἀτλαγενέων ἐπιτελλομενάων
ἄρχεσθ' ἀμητοῦ· ἀρότοιο δὲ, δυσομενάων.
. . . .
εἰ δέ κεν ἠελίοιο τροπαῖς ἀρόῃς χθόνα δῖαν,
ἥμενος ἀμήσεις, ὀλίγον περὶ χειρὸς ἐέργων,
ἀντία δεσμεύων κεκονιμένος, οὐ μάλα χαίρων·
οἴσεις δ' ἐν φορμῷ· παῦροι δέ σε θηήσονται.

OEuvres et Jours, v. 381 et 477.

Virgile s'empresse de relever la sécheresse de ces détails techniques en marquant les rapports de l'agriculture avec l'astronomie, et les travaux des quatre saisons.

V.

Idcirco certis dimensum partibus orbem
  Per duodena regit mundi sol aureus astra.
  Quinque tenent cœlum zonæ, quarum una corusco
Semper sole rubens, et torrida semper ab igni ;

Quam circùm extremæ dextrâ lævâque trahuntur,
Cœruleâ glacie concretæ atque imbribus atris.
Has inter mediamque, duæ mortalibus ægris
Munere concessæ divûm, et via secta per ambas
Obliquus quà se signorum verteret ordo.
240 Mundus, ut ad Scythiam Riphæasque arduus arces
Consurgit, premitur Libyæ devexus in austros.
Hic vertex nobis semper sublimis; at illum
Sub pedibus Styx atra videt manesque profundi.
Maximus hîc flexu sinuoso elabitur Anguis
Circùm, perque duas in morem fluminis Arctos,
Arctos Oceani metuentes æquore tingi.
Illic, ut perbibent, aut intempesta silet nox
Semper, et obtentâ densantur nocte tenebræ;
Aut redit à nobis Aurora, diemque reducit;
250 Nosque ubi primus equis Oriens afflavit anhelis,
Illic sera rubens accendit lumina Vesper.

La description des douze signes du zodiaque et de la marche du soleil à travers l'écliptique est donnée par Aratus dans son poëme des *Phénomènes;* mais il ne fait nulle part la distinction des cinq zones. Cependant le philosophe Parménide avoit déjà écrit sur ce sujet dans le siècle de Périclès, et sa définition a été mise en vers par Eratosthènes, bibliothécaire d'Alexandrie, dont il nous est resté un curieux fragment qui a sans doute servi de modèle à Virgile :

Πέντε δὲ αἱ ζῶναι περιειλάδες ἐσπείρηνται·
αἱ δύο μὲν γλαυκοῖο κελαινότεραι κυάνοιο,
ἡ δὲ μία ψαφαρή τε, καὶ ἐκ πυρὸς οἷον ἐρυθρή.
ἡ μὲν ἔην μεσάτη, ἐκέκαυτο δὲ πᾶσα πυρινοῖς
τυπτομένη φλογμοῖσιν, ἐπεὶ γῆς μοῖραν ὑπ' αὐτὴν
κεκλιμένοι ἀκτῖνες ἀειθερέες πυρόωσιν.

αἱ δὲ δύο ἑκάτερθε πόλοις περιπεπτηῦιαι,
αἰεὶ φρικαλέαι, εἴθ' ὕδατι μὴν νοσέουσαι·
οὐχ ὕδωρ, ἀλλ' αὐτὸς ἀπ' οὐρανόθεν κρύσταλλος
κεῖται συμπήχθεις γε, περίψυκτος δὲ τέτυκται.
ἀλλὰ τὰ μὲν χερσαῖα, καὶ ἄβατα ἀνθρώποισι.
δοιαὶ δ' ἄλλαι ἔασιν ἐναντίαι ἀλλήλαισι,
μεσσηγὺς θερεός τε καὶ ὑετίου κρυστάλλου,
ἄμφω εὔκρατοί τε καὶ ὄμπνιον ἀλδήσκουσαι
καρπὸν Ἐλευσίνης Δήμητερος· ἐν δέ μιν ἄνδρες
ἀντίποδες ναίουσί.

La peinture de l'axe de la terre, du pôle arctique et de ses constellations est tirée du poëme d'Aratus :

Ἄξων αἰὲν ἄρηρεν· ἔχει δ' ἀτάλαντον ἀπάντη
μεσσηγὺς γαῖαν· περὶ δ' οὐρανὸς αὐτὸν ἀγινεῖ.
καί μιν πειραίνουσι δύω πόλοι ἀμφοτέρωθεν.
ἀλλ' ὁ μὲν οὐκ ἐνίοπτος, ὁ δ' ἀντίος ἐκ Βορέαο
ὑψόθεν ὠκεανοῖο. δύω δέ μιν ἀμφὶς ἔχουσαι
Ἄρκτοι, ἅμα τροχόωσι, τὸ δὴ καλέονται ἅμαξαι.
. . . .
τὰς δὲ δι' ἀμφοτέρας οἵη ποταμοῖο ἀπορρὼξ
εἰλεῖται, μέγα θαῦμα, Δράκων περί τ' ἀμφί τ' ἐαγὼς
μυρίος· αἱ δ' ἄρα οἱ σπείρης ἑκάτερθε φύονται
Ἄρκτοι, κυανέου πεφυλαγμέναι ὠκεανοῖο.

Phénomènes, v. 21 et 45.

On sait que cette dernière allusion à l'immobilité de l'ourse avoit déjà été exprimée par Homère d'une manière aussi juste que poétique :

Ἄρκτον θ', ἥν καὶ ἅμαξαν ἐπίκλησιν καλέουσιν,
ἥτ' αὐτοῦ στρέφεται, καί τ' Ὠρίωνα δοκεύει,
οἵη δ' ἄμμορός ἐστι λοετρῶν ὠκεανοῖο.

Il. XVIII, v. 487.

Quant à la peinture du pôle antarctique, et aux deux opinions émises par Virgile sur la disparition totale ou momentanée du soleil, elles lui ont été suggérées par Lucrèce qui semble avoir entrevu le premier la véritable cause de la révolution diurne :

> At nox obruit ingenti caligine terras,
> Aut, ubi de longo cursu sol extima cœli
> Impulit, atque suos efflavit languidus ignes,
> Concussos itere, et labefactos aëre multo :
> Aut, quia sub terras cursum convertere cogit
> Vis eadem, superà terras quæ pertulit, orbem.
> *Poëme de la Nature*, liv. *V*, *v*. 649.

*

> Hinc tempestates dubio præcliscere cœlo
> Possumus, hinc messisque diem tempusque serendi;
> Et quandò infidum remis impellere marmor
> Conveniat; quandò armatas deducere classes,
> Aut tempestivam silvis evertere pinum.
> Nec frustrà signorum obitus speculamur et ortus,
> Temporibusque parem diversis quatuor annum.

Virgile, résumant cet exposé cosmographique, représente le cours des astres comme le guide infaillible de l'homme dans la distribution de ses travaux. Tout le système d'Hésiode repose sur le même principe, et Aratus regarde les astres comme des messagers célestes envoyés par Jupiter pour régler l'emploi de l'année :

> . . . . ὁ δ' ἤπιος ἀνθρώποισι
> δεξιὰ σημαίνει, λαοὺς δ' ἐπὶ ἔργον ἐγείρει,
> μιμνήσκων βιότοιο. λέγει δ' ὅτε βῶλος ἀρίστη
> βουσί τε καὶ μακέλῃσι, λέγει δ' ὅτε δεξίαι ὧραι
> καὶ φυτὰ γυρῶσαι, καὶ σπέρματα πάντα βαλέσθαι.

αὐτὸς γὰρ τάγε σήματ' ἐν οὐρανῷ ἐστήριξεν,
ἄστρα διακρίνας· ἐσκέψατο δ᾽ εἰς ἐνιαυτὸν
ἀστέρας, οἵκε μάλιστα τετυγμένα σημαίνοιεν
ἀνδράσιν ὡράων, ὄφρ᾽ ἔμπεδα πάντα φύωνται.

Phénomènes, v. 5.

*

Frigidus agricolam si quando continet imber,
Multa, forent quæ mox cœlo properanda sereno,
Maturare datur : durum procudit arator
Vomeris obtusi dentem ; cavat arbore lintres ;
Aut pecori signum, aut numeros impressit acervis.
Exacuunt alii vallos furcasque bicornes,
Atque Amerina parant lentæ retinacula viti.
Nunc facilis rubeâ texatur fiscina virgâ ;
Nunc torrete igni fruges, nunc frangite saxo.
Quippe etiam festis quædam exercere diebus
Fas et jura sinunt : rivos deducere nulla
Relligio vetuit, segeti prætendere sepem,
Insidias avibus moliri, incendere vepres,
Balantûmque gregem fluvio mersare salubri.
Sæpè oleo tardi costas agitator aselli
Vilibus aut onerat pomis, lapidemque revertens
Incusum, aut atræ massam picis urbe reportat.

Hésiode conseille aussi au cultivateur de préparer ses instruments aratoires pendant la saison des frimas et dans les intervalles de ses occupations champêtres :

Ἐν θυμῷ δ᾽ εὖ πάντα φυλάσσεο· μηδέ σε λήθοι
μήτ᾽ ἔαρ γιγνόμενον πολιὸν, μήθ᾽ ὥριος ὄμβρος.
πὰρ δ᾽ ἴθι χαλκεῖον θῶκον καὶ ἐπαλέα λέσχην

ὥρῃ χειμερίῃ, ὁπότε κρύος ἀνέρας εἴργον
ἰσχάνει· ἔνθα κ' ἄοκνος ἀνὴρ μέγα οἶκον ὀφέλλοι.
μή σε κακοῦ χειμῶνος ἀμηχανίη καταμάρψῃ
σὺν πενίῃ, λεπτῇ δὲ παχὺν πόδα χειρὶ πιέζῃς.

OEuvres et Jours, v. 489.

*

Ipsa dies alios alio dedit ordine luna
Felices operum. Quintam fuge : pallidus Orcus,
Eumenidesque satæ ; tùm partu Terra nefando
Cœumque Iapetumque creat sævumque Typhœa,
280 Et conjuratos cœlum rescindere fratres.
Ter sunt conati imponere Pelio Ossam
Scilicet, atque Ossæ frondosum involvere Olympum :
Ter Pater exstructos disjecit fulmine montes.
Septima post decimam felix, et ponere vitem,
Et prensos domitare boves, et licia telæ
Addere. Nona fugæ melior, contraria furtis.

Virgile a cru devoir se conformer aux traditions superstitieuses de l'antiquité en fixant les jours heureux et malheureux à l'exemple d'Hésiode et de Démocrite. Hésiode a consacré à ces fables plus de soixante vers qui forment le 3me. chant de son poëme. Nous allons transcrire le passage auquel l'auteur des Géorgiques a judicieusement borné son imitation :

Ἡμέρας ἐκ Διόθεν πεφυλαγμένος εὖ κατὰ μοῖραν·
. . . .
πέμπτας δ' ἐξαλέασθαι, ἐπεὶ χαλεπαί τε καὶ αἰναί.
ἐν πέμπτῃ γάρ φασιν Ἐριννύας ἀμφιπολεύειν,
ὅρκον τινυμένας, τὰς Ἔρις τέκε πῆμ' ἐπιόρκοις.
μέσσῃ δ' ἑβδομάτῃ Δημήτερος ἱερὸν ἀκτὴν

εὖ μάλ' ὀπιπτεύοντα ἐϋτροχάλῳ ἐν ἀλωῇ
βάλλειν· ὑλοτόμον τε ταμεῖν θαλαμήϊα δοῦρα,
νήϊά τε ξύλα πολλὰ, τά τ' ἄρμενα νηυσὶ πέλονται.
τετράδι δ' ἄρχεσθαι νῆας πήγνυσθαι ἀραιάς.
εἰνὰς δ' ἡ μέσση ἐπιδείελα λώϊον ἦμαρ.
πρωτίστη δ' εἰνὰς πανapήμων ἀνθρώποισιν.

ŒEuvres et Jours, v. 763 et 800.

Le poëte a relevé ces détails arides par une brillante imitation de l'Odyssée, où Homère peint les géants Otus et Ephialte s'efforçant d'escalader les cieux :

Οἵ ῥα καὶ ἀθανάτοισιν ἀπειλήτην, ἐν Ὀλύμπῳ
φυλόπιδα στήσειν πολυάϊκος πολέμοιο·
Ὄσσαν ἐπ' Οὐλύμπῳ μέμασαν θέμεν, αὐτὰρ ἐπ' Ὄσσῃ
Πήλιον εἰνοσίφυλλον, ἵν' οὐρανὸς ἀμβατὸς εἴη.
καί νύ κεν ἐξετέλεσσαν, εἰ ἥβης μέτρον ἵκοντο·
ἀλλ' ὄλεσεν Διὸς υἱὸς ὃν ἠΰκομος τέκε Λητώ.

Od. XI, v. 312.

★

Multa adeò gelidâ meliùs se nocte dedêre,
Aut cùm sole novo terras irrorat Eoüs.
  Nocte leves meliùs stipulæ, nocte arida prata
290 Tondentur; noctes lentus non deficit humor.
  Et quidam seros hiberni ad luminis ignes
Pervigilat, ferroque faces inspicat acuto.
Intereà, longum cantu solata laborem,
Arguto conjux percurrit pectine telas;
Aut dulcis musti vulcano decoquit humorem,
Et foliis undam tepidi despumat aheni.
  At rubicunda ceres medio succiditur æstu,

Et medio tostas æstu terit area fruges.
Nudus ara, sere nudus : hyems ignava colono.
300 Frigoribus parto agricolæ plerumque fruuntur,
Mutuaque inter se læti convivia curant.
Invitat genialis hyems, curasque resolvit :
Ceu pressæ cùm jàm pòrtum tetigêre carinæ,
Puppibus et læti nautæ imposuêre coronas.
Sed tamen et quernas glandes tùm stringere tempus,
Et lauri baccas, oleamque, cruentaque myrta ;
Tùm gruibus pedicas et retia ponere cervis,
Auritosque sequi lepores ; tùm figere damas,
Stupea torquentem Balearis verbera fundæ :
310 Cùm nix alta jacet, glaciem cùm flumina trudunt.

Ces vers déterminent l'utile emploi des nuits et des journées, en été et en hiver. Hésiode recommande comme Virgile de couper les blés dès l'aurore, et n'insiste pas moins que lui sur les avantages d'un travail matinal :

Φεύγειν δὲ σκιεροὺς θώκους, καὶ ἐπ' ἠῶ κοῖτον,
ὥρῃ ἐν ἀμητοῦ, ὅτε τ' ἠέλιος χρόα κάρφει·
τημοῦτος σπεύδειν, καὶ οἴκαδε καρπὸν ἀγείρειν,
ὄρθρου ἀνιστάμενος, ἵνα τοι βίος ἄρκιος εἴη.
ἠὼς γάρ τ' ἔργοιο τρίτην ἀπομείρεται αἶσαν·
ἠώς τοι προφέρει μὲν ὁδοῦ, προφέρει δὲ καὶ ἔργου·
ἠώς, ἥτε φανεῖσαι πολέας ἐπέβησε κελεύθου
ἀνθρώπους, πολλοῖσι δ' ἐπὶ ζυγὰ βουσὶ τίθησιν.

OEuvres et Jours, v. 572.

Théocrite répète le même précepte dans son Idylle des *Moissonneurs* :

Ἄρχεσθαι δ' ἀμῶντας ἐγειρομένῳ κορυδαλλῷ·
καὶ λήγειν, εὕδοντος· ἐλιννῦσαι δὲ τὸ καῦμα.

Idylle X, v. 50.

Hésiode conseille également d'utiliser les longues nuits d'hiver (*OEuvres et Jours*, v. 491). Il est aussi d'accord avec Virgile sur l'emploi des journées d'été :

. . . γυμνὸν σπείρειν, γυμνὸν δὲ βοωτεῖν,
γυμνὸν δ' ἀμάειν, εἴ χ' ὥρια πάντ' ἐθέλησθα
ἔργα κομίζεσθαι Δημήτερος. . . . .
. . . .
δμωσὶ δ' ἐποτρύνειν Δημήτερος ἱερὸν ἀκτὴν
δινέμεν, εὖτ' ἂν πρῶτα φανῇ σθένος Ὠρίωνος,
χώρῳ ἐν εὐαέϊ, καὶ εὐτροχάλῳ ἐν ἀλωῇ.

OEuvres et Jours, v. 389 et 595.

Mais les vers suivants, où l'auteur énumère d'une manière si pittoresque les plaisirs de la saison des neiges, forment un contraste frappant avec ce qu'Hésiode dit de la même époque, dont il peint avec une rare énergie toute la tristesse et toute l'horreur (*OEuvres et Jours*, v. 502 à 561). Il est étonnant que le beau climat de la Grèce ait pu se présenter sous un aspect si lugubre aux yeux du prêtre de l'Hélicon. Il paroît que les idées des paysans grecs étoient sous ce rapport toutes opposées à celles des Romains ; car Hésiode représente l'été comme la saison du repos et des réunions champêtres que Virgile a placées en hiver (*OEuvres et Jours*, v. 580). Les vers latins ont été développés par un grand nombre de poëtes modernes, et surtout par Thompson et Delille dans leurs brillantes descriptions de la chasse (*Automne*, v. 360) (*Homme des Champs*).

★

Quid tempestates autumni et sidera dicam?
Atque, ubi jàm breviorque dies et mollior æstas,
Quæ vigilanda viris? vel cùm ruit imbriferum ver,
Spicea jàm campis cùm messis inhorruit, et cùm
Frumenta in viridi stipulâ lactentia turgent?
Sæpè ego, cùm flavis messorem induceret arvis
Agricola, et fragili jàm stringeret hordea culmo,
Omnia ventorum concurrere prælia vidi,
Quæ gravidam latè segetem ab radicibus imis
320 Sublime expulsam eruerent; ita turbine nigro
Ferret hiems culmumque levem stipulasque volantes.
Sæpè etiam immensum cœlo venit agmen aquarum,
Et fœdam glomerant tempestatem imbribus atris
Collectæ ex alto nubes; ruit arduus æther,
Et pluviâ ingenti sata læta boumque labores
Diluit; implentur fossæ, et cava flumina crescunt
Cum sonitu, fervetque fretis spirantibus æquor.
Ipse Pater, mediâ nimborum in nocte, coruscâ
Fulmina molitur dextrâ : quo maxima motu
330 Terra tremit; fugêre feræ, et mortalia corda
Per gentes humilis stravit pavor. Ille flagranti
Aut Atho, aut Rhodopen, aut alta Ceraunia telo
Dejicit; ingeminant austri et densissimus imber;
Nunc nemora ingenti vento, nunc littora plangunt.

Pour compléter le cercle de l'année, le poëte peint maintenant un de ces terribles orages qui viennent quelquefois dévaster les campagnes au commencement de l'automne ou à la fin du printemps. Il est impossible de porter plus loin l'éclat de l'harmonie et la vivacité des couleurs. — Il est vrai que l'on trouve dans Homère et Hésiode plusieurs traits épars de ce tableau; mais ils sont loin de produire isolément l'imposant effet que nous admirons ici. Voici trois comparaisons de l'Iliade représentant le blé naissant, la pluie et le tonnerre :

Ἰάνθη, ὡσεί τε περὶ σταχύεσσιν ἐέρση
ληΐου ἀλδήσκοντος, ὅτε φρίσσουσιν ἄρουραι.

Il. XXIII, v. 598.

Ὡς δ' ὑπὸ λαίλαπι πᾶσα κελαινὴ βέβριθε χθών
ἤματ' ὀπωρινῷ, ὅτε λαβρότατον χέει ὕδωρ
Ζεύς, ὅτε δή ῥ' ἄνδρεσσι κοτεσσάμενος χαλεπήνῃ,
οἳ βίῃ εἰν ἀγορῇ σκολιὰς κρίνωσι θέμιστας,
ἐκ δὲ δίκην ἐλάσωσι, θεῶν ὄπιν οὐκ ἀλέγοντες·
τῶν δέ τε πάντες μὲν ποταμοὶ πλήθουσι ῥέοντες,
πολλὰς δὲ κλιτῦς τότ' ἀποτμήγουσι χαράδραι,
ἐς δ' ἅλα πορφυρέην μεγάλα στενάχουσι ῥέουσαι
ἐξ ὀρέων ἐπὶ κάρ· μινύθει δέ τε ἔργ' ἀνθρώπων·

Il. XVI, v. 384.

Καὶ τότ' ἄρα Κρονίδης ἕλετ' αἰγίδα θυσσανόεσσαν,
μαρμαρέην· Ἴδην δὲ κατὰ νεφέεσσι κάλυψεν,
ἀστράψας δέ, μάλα μεγάλ' ἔκτυπε, τὴν δ' ἐτίναξεν.

Il. XVII, v. 593.

Cette dernière peinture a été agrandie par Hésiode dans le combat des dieux et des géants (*Théogonie*, v· 687), et dans celui de Jupiter contre Typhée :

. . . . . . πατὴρ ἀνδρῶν τε θεῶν τε
σκληρὸν δ' ἐβρόντησε καὶ ὄβριμον· ἀμφὶ δὲ γαῖα
σμερδαλέον κονάβησε, καὶ οὐρανὸς εὐρὺς ὕπερθεν,
πόντος τ', ὠκεανοῦ τε ῥοαί, καὶ τάρταρα γαίης·
ποσσὶ δ' ὑπ' ἀθανάτοισι μέγας πελεμίζετ' Ὄλυμπος.

Théog. v. 838.

LIVRE I.

On retrouve aussi dans le même poëte l'image de la frayeur des animaux (*OEuvres et Jours*, v. 510), et dans Théocrite les noms des trois montagnes : Η Ἄθω, ἢ Ῥοδόπαν, ἢ Καύκασον ἐσχατόεντα (*Idylle VII*, v. 77); mais il falloit le génie de Virgile pour coordonner tous ces matériaux. Un modèle bien plus sublime qu'il n'a pu connoître, et qui seul lui est resté supérieur, est le chant du roi prophète peignant l'indignation divine :

Εσαλεύθη καὶ ἔντρομος ἐγενήθη ἡ γῆ, καὶ τὰ θεμέλια τῶν ὀρέων ἐταράχθησαν, καὶ ἐσαλεύθησαν, ὅτι ὠργίσθη αὐτοῖς ὁ Θεός.

Ἀνέβη καπνὸς ἐν ὀργῇ αὐτοῦ, καὶ πῦρ ἀπὸ προσώπου αὐτοῦ κατεφλόγισεν, ἄνθρακες ἀνήφθησαν ἀπ' αὐτοῦ.

Καὶ ἔκλινεν οὐρανὸν καὶ κατέβη, καὶ γνόφος ὑπὸ τοὺς πόδας αὐτοῦ.

Καὶ ἐπέβη ἐπὶ Χερουβὶμ καὶ ἐπετάσθη, ἐπετάσθη ἐπὶ πτερύγων ἀνέμων.

Καὶ ἔθετο σκότος ἀποκρυφὴν αὐτοῦ, κύκλῳ αὐτοῦ ἡ σκηνὴ αὐτοῦ, σκοτεινὸν ὕδωρ ἐν νεφέλαις ἀέρων.

Ἀπὸ τῆς τηλαυγήσεως ἐνώπιον αὐτοῦ αἱ νεφέλαι διῆλθον, χάλαζα καὶ ἄνθρακες πυρός.

Καὶ ἐβρόντησεν ἐξ οὐρανοῦ κύριος, καὶ ὁ ὕψιστος ἔδωκε φωνὴν αὐτοῦ.

Καὶ ἐξαπέστειλε βέλη καὶ ἐσκόρπισεν αὐτούς, καὶ ἀστραπὰς ἐπλήθυνε καὶ συνετάραξεν αὐτούς.

Καὶ ὤφθησαν αἱ πηγαὶ τῶν ὑδάτων, καὶ ἀνεκαλύφθη τὰ θεμέλια τῆς οἰκουμένης· ἀπὸ ἐπιτιμήσεώς σου, κύριε, ἀπὸ ἐμπνεύσεως πνεύματος ὀργῆς σου.

Psaume XVII, verset 8.

Les deux plus belles imitations de l'orage de Virgile sont celles de Thompson et de St.-Lambert (*Eté.* v. 1092) (*Eté*).

★

Hoc metuens, cœli menses et sidera serva;
Frigida Saturni sese quò stella receptet,
Quos ignis cœli Cyllenius erret in orbes.
In primis venerare deos, atque annua magnæ
Sacra refer Cereri lætis operatus in herbis,
340 Extremæ sub casum hyemis, jàm vere sereno.
Tunc agni pingues, et tunc mollissima vina;
Tunc somni dulces, densæque in montibus umbræ.
Cuncta tibi Cererem pubes agrestis adoret.
Cui tu lacte favos, et miti dilue baccho;
Terque novas circùm felix eat hostia fruges:
Omnis quam chorus et socii comitentur ovantes,
Et Cererem clamore vocent in tecta, neque antè
Falcem maturis quisquam supponat aristis,
Quàm Cereri, tortâ redimitus tempora quercu,
350 Det motus incompositos, et carmina dicat.

L'auteur, par un heureux contraste, décrit maintenant la fête des Ambarvales, célébrée en l'honneur de Cérès dans tous les états de la Grèce et de l'Italie. Tibulle et Théocrite nous en ont laissé d'agréables peintures (*Liv. II, élégie I*) (*Idylle VII*), et Hésiode la représente déjà de son temps comme un des devoirs du cultivateur :

Εὔχεσθαι δὲ Διΐ χθονίῳ, Δημήτερί θ' ἁγνῇ,
ἐκτελέα βρίθειν Δημήτερος ἱερὸν ἀκτήν.

Œuvres et Jours, v. 463.

Mais les vers latins sont surtout imités d'un autre passage du même poëte, où il décrit les plaisirs de l'été et le festin champêtre du laboureur se reposant des fatigues de l'année :

Ἦμος δὲ σκόλυμός τ' ἀνθεῖ, καὶ ἠχέτα τέττιξ
δενδρέῳ ἐφεζόμενος λιγυρὴν καταχεύετ' ἀοιδὴν
πυκνὸν ὑπὸ πτερύγων, θέρεος καματώδεος ὥρῃ,
τῆμος πιόταταί τ' αἶγες, καὶ οἶνος ἄριστος·
. . . .
αὐαλέος δέ τε χρὼς ὑπὸ καύματος· ἀλλὰ τότ' ἤδη
εἴη πετραίη τε σκιὴ καὶ Βίβλινος οἶνος,
μᾶζά τ' ἀμολγαίη, γάλα τ' αἰγῶν σβεννυμενάων,
καὶ βοὸς ὑλοφάγοιο κρέας μήπω τετοκυίης,
πρωτογόνων τ' ἐρίφων· ἐπὶ δ' αἴθοπα πινέμεν οἶνον,
ἐν σκιῇ ἑζόμενον, κεκορημένον ἦτορ ἐδωδῆς·
ἀντίον ἀκραέος δ' ἀνέμου τρέψαντα πρόσωπον,
κρήνης τ' ἀενάου καὶ ἀπορρύτου, ἥ τ' ἀθόλωτος·
τρὶς δ' ὕδατος προχέειν, τὸ δὲ τέτρατον ἱέμεν οἴνου.

Œuvres et Jours, v. 580 et 586.

Après avoir caractérisé les quatre saisons par leurs plaisirs et leurs travaux, leurs avantages et leurs dangers, Virgile essaie de déterminer d'une manière positive les signes précurseurs du beau et du mauvais temps, d'après les observations d'Aristote et de Théophraste, et surtout d'après le poëme des *Pronostics* d'Aratus qu'il a traduit presque littéralement.

VI.

Atque hæc ut certis possimus discere signis,
Æstusque, pluviasque, et agentes frigora ventos,
Ipse Pater statuit quid menstrua luna moneret,
Quo signo caderent austri, quid sæpè videntes
Agricolæ propiùs stabulis armenta tenerent.

Aratus ouvre de la même manière son énumération des présages :

Ὥρη μέν τ' ἀρόσαι νειοὺς, ὥρη δὲ φυτεῦσαι·
ἐκ Διὸς ἤδη πάντα πεφασμένα πάντοθι κεῖται.
καὶ μέν τις καὶ νηΐ πολυκλύστου χειμῶνος
ἐφράσατ', ἢ δεινοῦ μεμνημένος Ἀρκτούροιο,
ἠὲ τέων ἄλλων, οἵτ' ὠκεανοῦ ἀρύονται
ἀστέρες ἀμφιλύκης, οἵτε πρώτης ἔτι νυκτός.

Pronostics, v. 10.

Il indique ensuite successivement les pronostics de la lune, ceux du soleil et ceux des objets terrestres. Virgile commence par ces derniers, et divise son sujet en quatre parties : les signes du mauvais et du beau temps, les présages de la lune et ceux du soleil. Les deux premières divisions se retrouvant en entier dans Aratus, nous citerons le texte grec dans toute son étendue.

★

Continuò, ventis surgentibus, aut freta ponti
Incipiunt agitata tumescere, et aridus altis
Montibus audiri fragor, aut resonantia longè
Littora misceri, et nemorum increbrescere murmur.
360 Jàm sibi tùm curvis malè temperat unda carinis,
Cùm medio celeres revolant ex æquore mergi,
Clamoremque ferunt ad littora ; cùmque marinæ
In sicco ludunt fulicæ ; notasque paludes
Deserit, atque altam suprà volat ardea nubem.
Sæpè etiam stellas, vento impendente, videbis
Præcipites cœlo labi, noctisque per umbram
Flammarum longos à tergo albescere tractus ;
Sæpè levem paleam et frondes volitare caducas,

Aut summâ nantes in aquâ colludere plumas.
370 At Boreæ de parte trucis cùm fulminat, et cùm
Eurique Zephyrique tonat domus; omnia plenis
Rura natant fossis, atque omnis navita ponto
Humida vela legit. Nunquàm imprudentibus imber
Obfuit: aut illum surgentem vallibus imis
Aëriæ fugêre grues; aut bucula cœlum
Suspiciens, patulis captavit naribus auras;
Aut arguta lacus circumvolitavit hirundo,
Et veterem in limo ranæ cecinêre querelam.
Sæpiùs et tectis penetralibus extulit ova
380 Angustum formica terens iter; et bibit ingens
Arcus; et é pastu decedens agmine magno
Corvorum increpuit densis exercitus alis.
Jàm varias pelagi volucres, et quæ Asia circùm
Dulcibus in stagnis rimantur prata Caystri,
Certatim largos humeris infundere rores,
Nunc caput objectare fretis, nunc currere in undas,
Et studio incassum videas gestire lavandi.
Tùm cornix plenâ pluviam vocat improba voce,
Et sola in siccâ secum spatiatur arenâ.
390 Nec nocturna quidem carpentes pensa puellæ
Nescivêre hiemem, testâ cùm ardente viderent
Scintillare oleum, et putres concrescere fungos.

Σῆμα δέ τοι ἀνέμοιο καὶ οἰδαίνουσα θάλασσα,
γιγνέσθω, καὶ μακρὸν ἐπ' αἰγιαλοὶ βοόωντες,
ἀκταί τ' εἰνάλιοι, ὁπότ' εὔδιοι ἠχήεσσαι
γίγνονται, κορυφαί τε βοώμεναι οὔρεος ἄκραι.
καὶ δ' ἂν ἐπὶ ξηρὴν ὅτ' ἐρωδιὸς οὐ κατὰ κόσμον
ἐξ ἁλὸς ἔρχηται, φωνῇ περὶ πολλὰ λεληκώς,
κινυμένου κε θάλασσαν ὑπερφορέοιτ' ἀνέμοιο.

Etudes grecq. Ire Partie. 11

καί ποτε καὶ κέπφοι, ὁπότ' εὔδιοι ποτέωνται,
ἀντία μελλόντων ἀνέμων εἰληδὰ φέρονται.
πολλάκι δ' ἀγριάδες νῆσσαι, ἢ εἰν ἁλὶ δῖναι
αἴθυιαι χερσαῖα τινάσσονται πτερύγεσσιν·
ἢ νεφέλη ὄρεος μηκύνεται ἐν κορυφῇσιν.
ἤδη καὶ πάπποι, λευκῆς γήρειον ἀκάνθης,
σῆμ' ἐγένοντ' ἀνέμου, κωφῆς ἁλὸς ὁππότε πολλοὶ
ἄκρον ἐπιπλείωσι, τὰ μὲν πάρος, ἄλλα δ' ὀπίσσω.
καὶ θέρεος βρονταί τε καὶ ἀστραπαὶ ἔνθεν ἴωσιν,
ἔνθεν ἐπερχομένοιο περισκοπέειν ἀνέμοιο.
καὶ διὰ νύκτα μέλαιναν ὅτ' ἀστέρες ἀΐσσωσι
ταρφέα, τοὶ δ' ὄπιθεν ῥυμοὶ ὑπολευκαίνωνται,
δειδέχθαι κείνοις αὐτὴν ὁδὸν ἐρχομένοιο
πνεύματος· εἰ δέ κεν ἄλλοι ἐναντίον ἀΐσσωσιν
ἄλλεις ἐξ ἄλλων μερέων, τότε δὴ πεφύλαξο
παντοίων ἀνέμων, οἵ τ' ἄκριτοί εἰσι μάλιστα,
ἄκριτα δὲ πνείουσιν ἐπ' ἀνδράσι τεκμήρασθαι.
αὐτὰρ ὅτ' ἐξ Εὔροιο καὶ ἐκ Νότου ἀστράπτῃσιν,
ἄλλοτε δ' ἐκ Ζεφύροιο, καὶ ἄλλοτε πὰρ Βορέαο,
δὴ τότε τις πελάγει ἔνι δείδιε ναυτίλος ἀνὴρ,
μή μιν, τῇ μὲν ἔχῃ πέλαγος, τῇ δ' ἐκ Διὸς ὕδωρ·
ὕδατι γὰρ τοσσαίδε περὶ στεροπαὶ φορέονται.
πολλάκι δ' ἐρχομένων ὑετῶν νέφεα προπάροιθεν,
οἷα μάλιστα πόκοισιν ἐοικότα ἰνδάλλονται·
ἢ διδύμη ἔζωσε διὰ μέγαν οὐρανὸν Ἶρις·
ἢ καί πού τις ἄλωα μελαινομένην ἔχει ἀστήρ.
πολλάκι λιμναῖαι ἢ εἰνάλιαι ὄρνιθες
ἄπληστον κλύζονται ἐνιέμεναι ὑδάτεσσιν·
ἢ λίμνην πέρι δηθὰ χελιδόνες ἀΐσσονται
γαστέρι τύπτουσαι αὔτως εἰλυμένον ὕδωρ·
ἢ μᾶλλον δειλαὶ γενεαί, ὕδροισιν ὄνειαρ,
αὐτόθεν ἐξ ὕδατος πατέρες βοόωσι γυρίνων·
ἢ τρύζει ὀρθρινὸν ἐρημαίη ὀλολυγών.

ἤπου καὶ λακέρυζα παρ' ἠϊόνι προὐχούσῃ
χείματος ἀρχομένου χέρσῳ ὑπέκυψε κορώνη·
ἤπου καὶ ποταμοῖο ἐβάψατο μέχρι παρ' ἄκρους
ὤμους ἐκ κεφαλῆς, ἢ καὶ μάλα πᾶσα κολυμβᾷ·
ἢ πολλὴ στρέφεται παρ' ὕδωρ παχέα κρώζουσα.
καὶ βόες ἤδη τοι πάρος ὕδατος ἐνδίοιο,
οὐρανὸν εἰσανιδόντες, ἀπ' αἰθέρος ὠσφρήσαντο.
καὶ κοίλης μύρμηκες ὀχῆς ἐξ ὤεα πάντα
θᾶσσον ἀνηνέγκαντο· καὶ ἀθρόον ὤφθεν ἴουλοι
τείχη ἀνέρποντες· καὶ πλαζόμενοι σκώληκες
κεῖνοι, τοὺς καλέουσι μελαίνης ἔντερα γαίης.
καὶ τιθαὶ ὄρνιθες, ταὶ ἀλέκτορος ἐξεγένοντο,
εὖ ἐφθειρίσσαντο καὶ ἔκρωξαν μάλα φωνῇ,
οἷόν τε σταλάον ψοφέει ἐπὶ ὕδατι ὕδωρ.
δή ποτε καὶ γενεαὶ κοράκων, καὶ φῦλα κολοιῶν,
ὕδατος ἐρχομένοιο Διὸς πάρα σῆμ' ἐγένοντο,
φαινόμενοι ἀγεληδὰ, καὶ ἰρήκεσσιν ὁμοῖον
φθεγξάμενοι· καί που κόρακες δίους σταλαγμοὺς
φωνῇ ἐμιμήσαντο σὺν ὕδατος ἐρχομένοιο·
ἤ ποτε καὶ κρώξαντε βαρείῃ δισσάκι φωνῇ
μακρὸν ἐπιῤῥοιζεῦσι, τιναξάμενοι πτερὰ πυκνά·
καὶ νῆσσαι οἰκουροί, ὑπωρόφιοί τε κολοιοὶ
ἐρχόμενοι κατὰ γεῖσσα, τινάσσονται πτερύγεσσιν·
ἢ ἐπὶ κῦμα διώκει ἐρωδιὸς ὀξὺ λεληκώς.
τῶν τοι μηδὲν ἀπόβλητον πεφυλαγμένῳ ὕδωρ
γινέσθω· μηδ' εἴ κεν ἐπὶ πλέον ἠὲ πάροιθεν
δάκνωσιν μυῖαι, καὶ ἐφ' αἵματος ἱμείρωνται·
ἢ λύχνοιο μύκητες ἀγείρωνται περὶ μύξαν,
νύκτα κατὰ σκοτίην· μηδ' ἢν ὑπὸ χείματος ὥρῃ
λύχνων ἄλλοτε μέν τε φάος κατὰ κόσμον ὀρώρῃ,
ἄλλοτε δ' ἀΐσσωσιν ἀπὸ φλόγες ἠΰτε κοῦφαι
πομφόλυγες· μηδ' εἴ κεν ἐπαυτόφι μαρμαίρωσιν
ἀκτῖνες· μηδ' ἢν θέρεος μέγα πεπταμένοιο

νησσαῖοι ὄρνιθες ἐπασσύτεροι φορέωνται.
μηδὲ σύγ' ἢ χύτρης, ἠὲ τρίποδος πυριβήτεω
σπινθῆρες ὅτ' ἔωσι περιπλέονες, λελαθέσθαι·
μηδὲ κατὰ σποδιὴν ὁπότ' ἄνθρακος αἰθομένοιο
λάμπηται περὶ σήματ' ἐοικότα κεγχρείοισιν·
ἀλλ' ἐπὶ καὶ τὰ δόκευε περισκοπέων ὑετοῖο.

Pronostics, v. 177.

En confrontant ces deux morceaux, on voit que Virgile a retranché quelques détails, qu'il en a embelli d'autres ; mais que presque partout il s'est contenté d'une traduction fidèle, sans s'astreindre toutefois à l'ordre établi par le poëte grec. Voici un fragment de la traduction de Cicéron qui a pu lui être de quelque secours :

Atque etiam ventos præmontrat sæpè futuros
Inflatum mare, cùm subitò penitùsque tumescit,
Saxaque cana salis niveo spumata liquore,
Tristificas certant Neptuno reddere voces ;
Aut densus stridor cùm celso è vertice montis
Ortus adaugescit scopulorum sæpè repulsu.
Cana fulix itidem fugiens è gurgite ponti
Nuntiat horribiles clamans instare procellas,
Haud modicos tremulo fundens è gutture cantus.
Vos quoque signa videtis aquaï dulcis alumnæ,
Cùm clamore paratis inanes fundere voces ;
Absurdoque sono fontes et stagna cietis.
Sæpè etiam pertriste canit de pectore carmen
Et matutinis acredula vocibus instat,
Vocibus instat, et assiduas jacit ore querelas,
Cùm primùm gelidos rores aurora remittit.
Fuscaque nonnunquam cursans per littora cornix,
Demersit caput, et fluctum cervice recepit;
Mollipedesque boves spectantes lumina cœli
Naribus humiferum duxêre ex aëre succum.

Traité de la Divination, liv. I.

On cite aussi ce passage de Varron Atacinus, conservé presque mot pour mot par Virgile :

> Tùm liceat pelagi volucres tardæque paludis
> Cernere inexpleto studio certare lavandi,
> Et velut insolitum pennis infundere rorem ;
> Aut arguta lacus circumvolitavit hirundo ;
> Et bos suspiciens cœlum, mirabile visu,
> Naribus aërium patulis decerpit odorem ;
> Nec tenuis formica cavis non evehit ova.
>
> *Fragment de Varron.*

> Nec minùs ex imbri soles et aperta serena
> Prospicere, et certis poteris cognoscere signis.
> Nam neque tùm stellis acies obtusa videtur ;
> Nec fratris radiis obnoxia surgere luna ;
> Tenuia nec lanæ per cœlum vellera ferri ;
> Non tepidum ad solem pennas in littore pandunt
> Dilectæ Thetidi alcyones ; non ore solutos
> 400 Immundi meminêre sues jactare maniplos.
> At nebulæ magis ima petunt, campoque recumbunt ;
> Solis et occasum servans de culmine summo
> Nequidquam seros exercet noctua cantus.
> Apparet liquido sublimis in aëre Nisus,
> Et pro purpureo pœnas dat Scylla capillo ;
> Quàcumque illa levem fugiens secat æthera pennis,
> Ecce inimicus atrox magno stridore per auras
> Insequitur Nisus : quà se fert Nisus ad auras,
> Illa levem fugiens raptim secat æthera pennis.
> 410 Tùm liquidas corvi presso ter gutture voces
> Aut quater ingeminant, et sæpe cubilibus altis,
> Nescio quâ præter solitum dulcedine læti,

Inter se foliis strepitant; juvat, imbribus actis,
Progeniem parvam dulcesque revisere nidos.
Haud equidem credo quia sit divinitùs illis
Ingenium, aut rerum fato prudentia major:
Verùm, ubi tempestas et cœli mobilis humor
Mutavêre vias, et jupiter uvidus austris.
Densat, erant quæ rara modò, et, quæ densa, relaxat;
420 Vertuntur species animorum, et pectora motus
Nunc alios, alios dùm nubila ventus agebat,
Concipiunt: hinc ille avium concentus in agris,
Et lætæ pecudes, et ovantes gutture corvi.

Εἰ γέ μεν ἠερόεσσα πάρεξ ὄρεος μεγάλοιο
πυθμένα τείνηται νεφέλη, ἄκραι δὲ κολῶναι
φαίνωνται καθαραί, μάλα κεν τόθ᾽ ὑπεύδιος εἴης.
εὔδιός κ᾽ εἴης, καὶ ὅτε πλατέος περὶ πόντου
φαίνηται χθαμαλὴ νεφέλη, μηδ᾽ ὑψόθι κύρῃ·
ἀλλ᾽ αὐτοῦ πλαταμῶνι παραθλίβηται ὁμοίη.
σκέπτεο δ᾽, εὔδιος μὲν ἐὼν ἐπὶ χείματι μᾶλλον,
εἰς δὲ γαληναίην χειμωνόθεν. εὖ δὲ μάλα χρὴ
ἐς Φάτνην ὁράαν, τὴν Καρκίνος ἀμφιελίσσει,
πρῶτα καθαιρομένην πάσης ὑπένερθεν ὀμίχλης·
κείνη γὰρ φθίνοντι καταίρεται ἐν χειμῶνι.
καὶ φλόγες ἡσύχιαι λύχνων, καὶ νυκτερίη γλαὺξ
ἥσυχον ἀείδουσα, μαραινομένου χειμῶνος
γινέσθω τοι σῆμα, καὶ ἥσυχα ποικίλλουσα
ὥρῃ ἑσπερίῃ κρώζῃ πολύφωνα κορώνη·
καὶ κόρακες μοῦνοι μὲν, ἐρημαῖοι βοόωντες
δισσάκις, αὐτὰρ ἔπειτα μεταθρόα κεκλήγοντες,
πλειότεροι δ᾽ ἀγεληδὸν ἐπὴν κοίτοιο μέδωνται,
φωνῆς ἔμπλειοι· χαίρειν κέ τις ὠΐσσοιτο,
οἷα τὰ μὲν βοόωσι λιγαινομένοισιν ὁμοῖα·
πολλὰ δὲ δενδρείοιο περὶ φλόον, ἄλλοτ᾽ ἐπ᾽ αὐτὸν

ἧχί τε κείουσιν, καὶ ὑπότροποι ἀπτερύονται.
καί δ᾽ ἄν που γέρανοι μαλακῆς προπάροιθε γαλήνης
ἀσφαλέως τανύσαιεν ἕνα δρόμον ἤλιθα πᾶσαι·
οὐδὲ παλιρρόθιοί κεν ὑπεύδιοι φορέοιντο.

Pronostics, v. 256.

Virgile a fait ici deux additions importantes : l'explication des diverses sensations des animaux, tirée d'Homère et de Lucrèce (*Odyssée XVIII*, *v.* 135) (*Poëme de la Nature*, *liv. V*, *v.* 1055), et l'élégante peinture de l'épervier et de l'alouette, sous les noms allégoriques de Nisus et de Scylla, devenue le sujet du poëme de *Ciris*, et inspirée sans doute par ces vers sur Achille :

Ἠύτε κίρκος ὄρεσφιν, ἐλαφρότατος πετεηνῶν,
ῥηϊδίως οἴμησε μετὰ τρήρωνα πέλειαν·
ἡ δέ θ᾽ ὕπαιθα φοβεῖται· ὁ δ᾽ ἐγγύθεν ὀξὺ λεληκὼς
ταρφέ᾽ ἐπαΐσσει, ἑλέειν τέ ἑ θυμὸς ἀνώγει·
ὣς ἄρ᾽ ὅγ᾽ ἐμμεμαὼς ἰθὺς πέτετο, τρέσε δ᾽ Ἕκτωρ.

Il. XXII, v. 139.

Passant ensuite aux pronostics tirés de la lune et du soleil, Virgile abrège considérablement les détails scientifiques d'Aratus, ne conservant que ce qui peut intéresser tous les lecteurs et être vérifié par une expérience journalière. Nous nous contenterons donc ici de transcrire les endroits imités, qui sont en même temps les plus poëtiques.

★

Si vero solem ad rapidum lunasque sequentes
Ordine respicies, nunquam te crastina fallet
Hora, neque insidiis noctis capiêre serenæ.
Luna, revertentes cùm primùm colligit ignes,
Si nigrum obscuro comprenderit aëra cornu,

Maximus agricolis pelagoque parabitur imber.
430 At si virgineum suffuderit ore ruborem,
Ventus erit; vento semper rubet aurea Phœbe.
Sin ortu quarto, namque is certissimus auctor,
Pura, neque obtusis per cœlum cornibus ibit :
Totus et ille dies, et qui nascentur ab illo
Exactum ad mensem, pluviâ ventisque carebunt;
Votaque servati solvent in littore nautæ
Glauco, et Panopeæ, et Inoo Melicertæ.

Ἀλλα δέ που ἐρέει, ἤπου διχόωσα σελήνη
πλήθουσ᾽ ἀμφοτέρωθεν, ἢ αὐτίκα πεπληθυῖα·
ἄλλα δ᾽ ἀνερχόμενος, τότε δ᾽ ἄκρῃ νυκτὶ κελεύων
ἠέλιος. τὰ δέ τοι καὶ ἀπ᾽ ἄλλων ἔσσεται ἄλλα
σήματα καὶ περὶ νυκτὶ καὶ ἤματι ποιήσασθαι.
σκέπτεο δὲ πρῶτον κεράων ἑκάτερθε σελήνην·
ἄλλοτε γάρ τ᾽ ἄλλη μιν ἐπιγράφει ἕσπερος αἴγλῃ,
ἄλλοτε δ᾽ ἀλλοῖαι μορφαὶ κερόωσι σελήνην
εὐθὺς ἀεξομένην, αἱ μέν, τρίτῃ· αἱ δέ, τετάρτῃ·
τάων καὶ περὶ μηνὸς ἐφεσταότος κε πύθοιο.
λεπτὴ μὲν καθαρή τε περὶ τρίτον ἦμαρ ἐοῦσα,
εὔδιός κ᾽ εἴη· λεπτὴ δὲ καὶ εὖ μάλ᾽ ἐρευθής,
πνευματίη· παχίων δὲ καὶ ἀμβλείῃσι κεραίαις,
τέτρατον ἐκ τριτάτοιο φόως ἀμενηνὸν ἔχουσα,
ἢ Νότῳ ἀμβλύνεται, ἢ ὕδατος ἐγγὺς ἐόντος.
εἰ δέ κ᾽ ἐπ᾽ ἀμφοτέρων κεράων τρίτον ἦμαρ ἄγουσα
μήτε τι νευστάζοι, μήθ᾽ ὑπτιόωσα φαείνοι,
ἀλλ᾽ ὀρθαὶ ἑκάτερθε περιγνάμπτωσι κεραῖαι,
ἑσπέριοί κ᾽ ἄνεμοι κείνην μετὰ νύκτα φέροιντο.

Pronostics, v. 41.

Sol quoque et exoriens, et cùm se condit in undas,
Signa dabit; solem certissima signa sequuntur,
440 Et quæ manè refert, et quæ surgentibus astris.
Ille ubi nascentem maculis variaverit ortum
Conditus in nubem, medioque refugerit orbe,
Suspecti tibi sint imbres : namque urget ab alto
Arboribusque satisque Notus pecorique sinister.
Aut ubi sub lucem densa inter nubila sese
Diversi rumpent radii, aut ubi pallida surget
Tithoni croceum linquens Aurora cubile :
Heu ! malè tùm mites defendet pampinus uvas,
Tàm multa in tectis crepitans salit horrida grando.
450 Hoc etiam, emenso cùm jàm decedet Olympo,
Profuerit meminisse magis ; nam sæpè videmus
Ipsius in vultu varios errare colores.
Cœruleus pluviam denuntiat, igneus euros ;
Sin maculæ incipient rutilo immiscerier igni,
Omnia tunc pariter vento nimbisque videbis
Fervere : non illâ quisquam me nocte per altum
Ire, neque à terrâ moneat convellere funem.
At si, cùm referetque diem condetque relatum,
Lucidus orbis erit, frustrà terrebere nimbis,
460 Et claro silvas cernes aquilone moveri.

Ἡελίοιο δέ τοι μελέτω ἑκάτερθεν ἰόντος·
ἠελίῳ καὶ μᾶλλον ἐοικότα σήματα κεῖται,
ἀμφότερον, δύνοντι, καὶ ἐκ περάτης ἀνιόντι.
Μή οἱ ποικίλλοιτο νέον βάλλοντος ἀρούρας
κύκλος, ὅτ' εὐδίου κεχρημένος ἤματος εἴης,
μηδέ τι σῆμα φέροι, φαίνοιτο δὲ λιτὸς ἁπάντῃ.
εἰ δ' αὔτως καθαρόν μιν ἔχοι βουλύσιος ὥρη,

δύνοι δ' ἀνέφελος μαλακὴν ὑποδείελος αἴγλην,
καὶ μὲν ἐπερχομένης ἠοῦς ἔθ' ὑπεύδιος εἴη·
ἀλλ' οὐχ' ὁπότε κοῖλος ἐειδόμενος περιτέλλῃ,
οὐδ' ὁπότ' ἀκτίνων, αἱ μὲν Νότον, αἱ δὲ Βορῆα
σχιζόμεναι βάλλωσι, τὰ δ' αὖ περὶ μέσσα φαείνῃ,
ἀλλά που ἢ ὑετοῖο διέρχεται, ἢ ἀνέμοιο.
σκέπτεο δ', εἴ κέ τοι αὐγαὶ ὑπεῖεν ἂν ἠελίοιο
αὐτὸν ἐς ἠέλιον· τοῦ γὰρ σκοπιαὶ καὶ ἄρισται.
εἴ τί που ἢ καὶ ἔρευθος ἐπιτρέχει, οἷά τε πολλὰ
ἑλκομένων νεφέων ἐρυθραίνεται ἄλλοθεν ἄλλα·
ἢ εἴ που μελανεῖ· καί σοι τὰ μὲν, ὕδατος ἔστω
σήματα μέλλοντος· τὰ δ' ἐρυθέα πάντ', ἀνέμοιο.
εἴ γε μὲν ἀμφοτέροις ἄμυδις κεχρωσμένος εἴη,
καί κευ ὕδωρ φορέοι, καὶ ὑπηνέμιος τανύοιτο.
εἰ δέ οἱ ἢ ἀνιόντος, ἢ αὐτίκα δυομένοιο
ἀκτῖνες συνίωσι, καὶ ἀμφ' ἑνὶ πεπλήθωσιν,
ἢ ποτε καὶ νεφέων πεπιεσμένος, ἢ ὅτ' ἐς ἠῶ
ἔρχηταί παρὰ νυκτός, ἢ ἐξ ἠοῦς ἐπὶ νύκτα,
ὕδατί κεν κατιόντι παρατρέχοι ἤματα κεῖνα.

Pronostics, v. 87.

Après avoir reproduit avec autant de fidélité que d'élégance ces détails imités depuis par Alamanni (*Poëme de la Culture*, ch. *VI*), Virgile passe aux signes extraordinaires qui semblèrent présager le meurtre de Jules César. Cette belle amplification poétique, fondée sur une opinion générale, et confirmée par de graves historiens, tels que Pline, Appien, Dion Cassius et Plutarque, termine dignement le livre des moissons.

VII.

Denique, quid Vesper serus vehat, undè serenas
Ventus agat nubes, quid cogitet humidus Auster,
Sol tibi signa dabit. Solem quis dicere falsum
Audeat ? Ille etiam cæcos instare tumultus
Sæpè monet, fraudemque et operta tumescere bella.
Ille etiam exstincto miseratus Cæsare Romam,
Cùm caput obscurâ nitidum ferrugine texit,
Impiaque æternam timuerunt sæcula noctem.
Tempore quamquam illo tellus quoque et æquora ponti,
470 Obscœnique canes, importunæque volucres,
Signa dabant. Quoties Cyclopum effervere in agros
Vidimus undantem ruptis fornacibus Ætnam,
Flammarumque globos, liquefactaque volvere saxa!
Armorum sonitum toto Germania cœlo
Audiit; insolitis tremuerunt motibus Alpes.
Vox quoque per lucos vulgò exaudita silentes
Ingens; et simulacra modis pallentia miris
Visa sub obscurum noctis; pecudesque locutæ,
Infandum ! sistunt amnes, terræque dehiscunt;
480 Et mœstum illacrymat templis ebur, æraque sudant.
Proluit insano contorquens vortice silvas
Fluviorum rex Eridanus, camposque per omnes
Cum stabulis armenta tulit. Nec tempore eodem
Tristibus aut extis fibræ apparere minaces,
Aut puteis manare cruor cessavit, et altæ
Per noctem resonare lupis ululantibus urbes.
Non aliàs cœlo ceciderunt plura sereno
Fulgura, nec diri toties arsêre cometæ.

Ergò inter sese paribus concurrere telis
490 Romanas acies iterùm vidêre Philippi ;
Nec fuit indignum superis, bis sanguine nostro
Emathiam et latos Hæmi pinguescere campos.
Scilicet et tempus veniet cùm finibus illis
Agricola incurvo terram molitus aratro,
Exesa inveniet scabrâ rubigine pila,
Aut gravibus rastris galeas pulsabit inanes,
Grandiaque effossis mirabitur ossa sepulcris.
Dî patrii indigetes, et Romule, Vestaque mater
Quæ Tuscum Tiberim et Romana palatia servas,
500 Hunc saltem everso juvenem succurrere sæclo
Ne prohibete ! satis jàm pridem sanguine nostro
Laomedonteæ luimus perjuria Trojæ.
Jàm pridem nobis cœli te regia, Cæsar,
Invidet, atque hominum queritur curare triumphos.
Quippè ubi fas versum atque nefas ; tot bella per orbem
Tàm multæ scelerum facies ; non ullus aratro
Dignus honos : squalent abductis arva colonis,
Et curvæ rigidum falces conflantur in ensem.
Hinc movet Euphrates, illinc Germania bellum ;
510 Vicinæ, ruptis inter se legibus, urbes
Arma ferunt ; sævit toto Mars impius orbe.
Ut, cùm carceribus sese effudêre, quadrigæ
Addunt se in spatia, et frustrà retinacula tendens
Fertur equis auriga, neque audit currus hàbenas.

Cet épisode se divise en deux tableaux : les présages de la mort de César, et l'invocation aux dieux de la patrie. Le premier réunit tout ce que l'imagination peut offrir de plus triste et de plus sinistre. Quelques-uns de ces phénomènes, tels que l'apparition d'une comète après la mort du dictateur, le débordement du Pô, l'éruption de l'Etna, sont fondés sur la vérité historique ; les autres sont illusoires. La plupart de ces derniers avoient déjà été énumérés par Apollonius, au 4.me chant de ses *Argonautiques*, où il compare les compagnons de Jason, errants sans espoir dans les syrtes d'Afrique, à des hommes que d'affreux prodiges ont glacés de terreur :

Οἷον δ' ἀψύχοισιν ἐοικότες εἰδώλοισιν
ἀνέρες εἱλίσσονται ἀνὰ πτόλιν, ἢ πολέμοιο
ἢ λοιμοῖο τέλος ποτιδέγμενοι, ἠέ τιν' ὄμβρον
ἄσπετον, ὅστε βοῶν κατὰ μυρία ἔκλυσεν ἔργα·
ἢ ὅταν αὐτόματα ξόανα ῥέῃ ἱδρώοντα
αἵματι, καὶ μυκαὶ σηκοῖς ἔνι φαντάζωνται·
ἠὲ καὶ ἠέλιος μέσῳ ἤματι νύκτ' ἐπάγῃσιν
οὐρανόθεν, τὰ δὲ λαμπρὰ δι' ἠέρος ἄστρα φαείνῃ.

Argon. IV, v. 1280.

Quant aux événements réels, dont Virgile a sans doute rapproché les époques pour les faire tous concourir à un même but, ils sont réunis en grande partie dans le poëme de Cicéron sur son *Consulat* :

Nam primùm astrorum volucres te consule motus
Concursusque graves stellarum ardore micantes.
Tu quoque, cùm tumulos Albano in monte nivales
Lustrâsti, et læto mactâsti lacte Latinas,
Vidisti et claro tremulos ardore cometas,
Multaque misceri nocturnâ strage putâsti.
Quod fermè dirum in tempus cecinêre Latinæ,
Cùm claram speciem concreto lumine luna
Abdidit, et subitò stellanti nocte perempta est.
Quid verò Phœbi fax tristis nuntia belli,
Quæ magnum ad culmen flammato ardore volabat,

Præcipites cœli partes obitusque petisset ;
Aut cùm terribili perculsus fulmine civis
Luce serenanti vitaï lumina liquit ;
Aut cùm se gravido tumefecit corpore tellus.
Jàm verò variæ nocturno tempore visæ
Terribiles formæ bellum motusque monebant ;
Multaque per terras vates oracla ferentes
Pectore fundebant tristes minitantia casus.

Traité de la Divination, liv. *I.*

Après une une touchante allusion aux batailles de Pharsale et de Philippes, Virgile peint les désastres de la guerre, le débordement des passions humaines d'après les tableaux d'Hésiode et de Catulle (*OEuvres et Jours*, v. 172) (*Thétis et Pélée*, v. 380), et finit par invoquer les divinités de Rome en faveur d'Auguste le soutien de l'empire et le garant de sa félicité. Sa composition entière a été imitée par Ovide dans la mort de César, et dans l'épilogue des Métamorphoses (*Métam.* ch. *XV*, v. 782 et 861), et par Lucain dans l'énumération des prodiges qui précédèrent la guerre civile (*Pharsale*, ch. *1*, v. 521); mais aucun morceau ne mérite mieux d'être cité ici que la belle ode dans laquelle Horace, s'emparant de l'idée de son ami, a su allier à la majesté de Pindare la grâce naïve d'Anacréon :

Jam satis terris nivis atque diræ
Grandinis misit Pater, et rubente
Dexterâ sacras jaculatus arces
    Terruit urbem ;
Terruit gentes, grave ne rediret
Sæculum Pyrrhæ nova monstra questæ,
Omne cùm Proteus pecus egit altos
    Viscre montes,

LIVRE I.

Piscium et summâ genus hæsit ulmo,
Nota quæ sedes fuerat columbis,
Et superjecto pavidæ natârunt
  Æquore damæ.
Vidimus flavum Tiberim, retortis
Littore Etrusco violenter undis,
Ire dejectum monumenta Regis,
  Templaque Vestæ;
Iliæ dùm se nimiùm querenti
Jactat ultorem, vagus et sinistrâ
Labitur ripâ, Jove non probante, u-
  xorius amnis.
Audiet cives acuisse ferrum
Quo graves Persæ meliùs perirent;
Audiet pugnas, vitio parentum
  Rara juventus.
Quem vocet divûm populus ruentis
Imperî rebus? prece quâ fatigent
Virgines sanctæ minùs audientem
  Carmina Vestam?
Cui dabit partes scelus expiandi
Jupiter? Tandem venias, precamur,
Nube candentes humeros amictus
  Augur Apollo.
Sive tu mavis, Erycina ridens
Quam Jocus circùmvolat et Cupido.
Sive neglectum genus et nepotes
  Respicis, auctor,
Heu! nimis longo satiate ludo,
Quem juvat clamor galeæque leves,
Acer et Marsi peditis cruentum
  Vultus in hostem.
Sive mutatâ juvenem figurâ
Ales in terris imitaris, almæ
Filius Maiæ, patiens vocari
  Cæsaris ultor :

Serus in cœlum redeas, diùque
Lætus intersis populo Quirini;
Neve te nostris vitiis iniquum
    Ocior aura
Tollat. Hic magnos potiùs triumphos,
Hic ames dici pater atque princeps;
Neu sinas Medos equitare inultos
    Te duce, Cæsar.

Livre I, ode 2.

GÉORGIQUES.

LIVRE DEUXIÈME.

SOMMAIRE.

Les Arbres.

I. PRODUCTION DES ARBRES.
II. DIVERSITÉ DES ESPÈCES.
III. ELOGE DE L'ITALIE.
IV. PROPRIÉTÉS DES SOLS.
V. PLANTATION DE LA VIGNE.
VI. CULTURE DE LA VIGNE.
VII. ARBRES FORESTIERS.
VIII. ELOGE DE LA VIE CHAMPÊTRE.

Les principes d'économie rurale développés dans ce second livre sont presque tous tirés des deux traités de Théophraste sur l'Histoire et la Production des Plantes.

GÉORGIQUES.
LIVRE DEUXIÈME.

I.

Hactenus arvorum cultus et sidera cœli ;
Nunc te, Bacche, canam, nec non silvestria tecum
Virgulta, et prolem tardè crescentis olivæ.
Hùc, pater o Lenæe : tuis hîc omnia plena
Muneribus, tibi pampineo gravidus autumno
Floret ager, spumat plenis vindemia labris ;
Hùc, pater o Lenæe, veni ; nudataque musto
Tinge novo mecum direptis crura cothurnis.

Le poëte sur le point de chanter les forêts, les vergers, et surtout les vignobles, implore d'abord la protection de Bacchus qui préside à ce riant domaine. Il le peint sous les traits les plus aimables, couronné des présents de l'automne, et foulant de ses pieds divins le jus vermeil qui s'échappe du pressoir. Voici comment cette scène champêtre est décrite dans Anacréon :

Τὸν μελανόχρωτα βότρυν
ταλάροις φέρουσιν ἄνδρες,
μετὰ παρθένων ἐπ' ὤμων·
μετὰ ληνὸν δὲ βαλόντες
μόνον ἄρσενες πατοῦσι

σταφυλήν, λύοντες οἶνον,
μέγα τὸν θεὸν κροτοῦντες
ἐπιληνίοισιν ὕμνοις,
ἐρατὸν πίθοις ὁρῶντες
νέον ἐς ζέοντα Βάκχον.

Ode 5o.

Après cette courte invocation, Virgile entre en matière, et commence par énumérer tous les moyens tant naturels qu'artificiels qui concourent à la production des arbres.

*

Principio arboribus varia est natura creandis.
10 Namque aliæ, nullis hominum cogentibus, ipsæ
Sponte suâ veniunt, camposque et flumina latè
Curva tenent; ut molle siler, lentæque genistæ,
Populus, et glaucâ canentia fronde salicta.
Pars autem posito surgunt de semine; ut altæ
Castaneæ, nemorumque Jovi quæ maxima frondet
Æsculus, atque habitæ Graiis oracula quercus.
Pullulat ab radice aliis densissima silva ;
Ut cerasis, ulmisque : etiam Parnassia laurus
Parva sub ingenti matris se subjicit umbrâ.
20 Hos natura modos primùm dedit; his genus omne
Silvarum fruticumque viret nemorumque sacrorum.
Sunt alii quos ipse viâ sibi repperit usus.
Hic plantas tenero abscindens de corpore matrum
Deposuit sulcis; hic stirpes obruit arvo,
Quadrifidasque sudes et acuto robore vallos;
Silvarumque aliæ pressos propaginis arcus
Exspectant, et viva suâ plantaria terrâ;
Nil radicis egent aliæ, summumque putator

Haud dubitat terræ referens mandare cacumen.
30 Quin et caudicibus sectis, mirabile dictu !
Truditur è sicco radix oleagina ligno.
Et sæpè alterius ramos impunè videmus
Vertere in alterius, mutatamque insita mala
Ferre pirum, et prunis lapidosa rubescere corna.

Virgile, par une distinction illusoire, mais conforme aux idées de son temps, prétend que les arbres peuvent naître de trois manières : spontanément, de semences ou de rejetons. Il entre ensuite dans le détail des méthodes artificielles. On peut planter des jets détachés, les souches mêmes, ou des branches fendues en croix ; on peut faire provigner des arbres en courbant leurs scions vers la terre ; d'autres se multiplient par boutures, d'autres sortent d'un tronçon desséché, d'autres enfin résultent de la greffe. Toute cette énumération, dépouillée du rythme poëtique et rendue à sa simplicité primitive, se retrouve dans cette phrase de Théophraste que Virgile n'a fait que développer :

Αἱ γενέσεις τῶν δένδρων καὶ ὅλως τῶν φυτῶν, ἢ αὐτόματοι, ἢ ἀπὸ σπέρματος, ἢ ἀπὸ ῥίζης, ἢ ἀπὸ παρασπάδος, ἢ ἀπὸ ἀκρέμονος, ἢ ἀπὸ κλωνός, ἢ ἀπ'αὐτοῦ στελέχους ἐστίν· ἢ ἔτι τοῦ ξύλου κατακοπέντος εἰς μικρά, καὶ γὰρ οὕτως ἀναφύεται. τούτων δὲ ἡ μὲν αὐτόματος, πρώτη τίς· αἱ δὲ ἀπὸ σπέρματος καὶ ῥίζης φυσικώταται δόξαιεν ἄν. ὥσπερ γὰρ αὐτόματοι καὶ αὐταί· διὸ καὶ τοῖς ἀγρίοις ὑπάρχουσιν. αἱ δὲ ἄλλαι τέχνης, ἢ ἀπὸ προαιρέσεως.

Hist. des Pl. liv. II.

★

Quarè agite o, proprios generatim discite cultus,
Agricolæ, fructusque feros mollite colendo.
Neu segnes jaceant terræ : juvat Ismara baccho
Conserere, atque oleâ magnum vestire Taburnum.

Tuque ades, inceptumque una decurre laborem,
40 O decus, o famæ merito pars maxima nostræ,
Mæcenas, pelagoque volans da vela patenti.
Non ego cuncta meis amplecti versibus opto ;
Non, mihi si linguæ centum sint, oraque centum,
Ferrea vox. Ades, et primi lege littoris oram ;
In manibus terræ : non hîc te carmine ficto,
Atque per ambages et longa exorsa tenebo.

L'application de ces divers principes constitue la culture des arbres, à laquelle l'auteur exhorte ses concitoyens dans le langage harmonieux de Lucrèce (liv. V, v. 1366). Il vante le vin du mont Ismare, célébré dans les chants d'Homère, qui en fait offrir à Ulysse par un de ses hôtes pontife d'Apollon. Par une curieuse coïncidence, on voit ici le nom de Virgile déjà consigné dans un vers de l'Odyssée :

Βῆν· ἀτὰρ αἴγεον ἀσκὸν ἔχον μέλανος οἴνοιο,
ἡδέος, ὅν μοι ἔδωκε Μάρων, Εὐάνθεος υἱὸς,
ἱρεὺς Ἀπόλλωνος, ὃς Ἴσμαρον ἀμφιβεβήκει.

OD. IX., v. 196.

L'hyperbole poétique contenue dans l'invocation à Mécène (Énéide VI, v. 625) est celle qui précède dans l'Iliade le dénombrement des troupes grecques :

Πληθὺν δ' οὐκ ἂν ἐγὼ μυθήσομαι, οὐδ' ὀνομήνω·
οὐδ' εἴ μοι δέκα μὲν γλῶσσαι, δέκα δὲ στόματ' εἶεν,
φωνὴ δ' ἄρρηκτος, χάλκεον δέ μοι ἦτορ ἐνείη.

IL. II, v. 488.

★

Sponte suâ quæ se tollunt in luminis auras,
Infecunda quidem, sed læta et fortia surgunt :
Quippè solo natura subest. Tamen hæc quoque si quis
50 Inserat aut scrobibus mandet mutata subactis,
Exuerint silvestrem animum, cultuque frequenti
In quascumque voces artes, haud tarda sequentur:
Nec non et sterilis quæ stirpibus exit ab imis
Hoc faciet, vacuos si sit digesta per agros ;
Nunc altæ frondes et rami matris opacant,
Crescentique adimunt fœtus, uruntque ferentem.
Jam, quæ seminibus jactis se sustulit arbos,
Tarda venit, seris factura nepotibus umbram ;
Pomaque degenerant succos oblita priores,
60 Et turpes avibus prædam fert uva racemos.

Scilicet omnibus est labor impendendus, et omnes
Cogendæ in sulcum, ac multâ mercede domandæ.
Sed truncis oleæ meliùs, propagine vites
Respondent, solido Paphiæ de robore myrtus :
Plantis et duræ coryli nascuntur, et ingens
Fraxinus, Herculeæque arbos umbrosâ coronæ,
Chaoniique patris glandes ; etiam ardua palma
Nascitur, et casus abies visura marinos.
Inseritur verò ex fœtu nucis arbutus horrida ;
70 Et steriles platani malos gessêre valentes ;
Castaneæ fagus, ornusque incanuit albo
Flore piri ; glandemque sues fregêre sub ulmis.

Nec modus inserere atque oculos imponere simplex.
Nam quâ se medio trudunt de cortice gemmæ,
Et tenues rumpunt tunicas, angustus in ipso
Fit nodo sinus : huc alienâ ex arbore germen
Includunt, udoque docent inolescere libro.

Aut rursùm enodes trunci resecantur, et altè
Finditur in solidum cuneis via; deindè feraces
80 Plantæ immittuntur : nec longum tempus, et ingens
Exiit ad cœlum ramis felicibus arbos
Miraturque novas frondes et non sua poma.

Virgile détaille maintenant les résultats de chaque mode de production. Il parle d'abord des trois causes naturelles, la production spontanée, les rejetons et les semences, qui doivent être toutes trois perfectionnées par la culture. La dernière surtout, privée des secours de l'art, n'enfante que des arbres tardifs et dégénérés, ce qui est conforme à cette remarque de Théophraste :

Κἀκεῖνο τοῖς αὐτομάτοις ἄτοπον συμβαίνει, καὶ ὥσπερ παρὰ φύσιν, τὸ ἐκ τῶν σπερμάτων χείρω γενέσθαι, καὶ ὅλως ἐξίστασθαι τοῦ γένους.

Prod. des Pl. liv. I.

Il ajoute dans un autre endroit :

Παντοῖαι αἱ ἐξαλλαγαί· ὡσαύτως δὲ δηλονότι, καὶ ὅσα ἐξημεροῦται τῶν ἀγρίων ἢ ἐπαγριοῦται τῶν ἡμέρων, τὰ μὲν γὰρ θεραπείᾳ, τὰ δὲ ἀθεραπευσίᾳ μεταβάλλει.

Hist. des Pl. liv. II.

Ceci conduit naturellement le poëte à appliquer à plusieurs espèces particulières les divers moyens artificiels : les tronçons, les provins, les souches, les jets et la greffe, sur laquelle il s'étend particulièrement. Il indique les deux procédés usités de son temps, la greffe en écusson et la greffe en fente ; ces deux manières d'enter, diversifiées depuis par l'expérience, étoient les seules connues des Grecs et des Romains.

On appeloit la dernière *insertion* et l'autre *inoculation*, ce qui correspond à ces mots de Théophraste :

Λοιπὸν δ᾽ εἰπεῖν ὑπὲρ τῶν ἐν ἄλλοις γενέσεων, οἷον τῶν κατὰ τὰς ἐμφυτείας καὶ τοὺς ἐνοφθαλμισμούς.

Prod. des Pl. liv. I.

Mais comme chaque variété dans le système végétal exige une culture particulière, ces préceptes généraux sont suivis d'un coup d'œil rapide sur les subdivisions de chaque genre d'arbres, et sur les productions des différents climats.

II.

Præterea genus haud unum, nec fortibus ulmis,
Nec salici, lotoque, nec Idæis cyparissis.
Nec pingues unam in faciem nascuntur olivæ,
Orchades, et radii, et amarâ pausia baccâ;
Pomaque, et Alcinoï silvæ; nec surculus idem
Crustumiis Syriisque piris, gravibusque volemis.
Non eadem arboribus pendet vindemia nostris,
90 Quam Methymnæo carpit de palmite Lesbos.
Sunt Thasiæ vites, sunt et Mareotides albæ;
Pinguibus hæ terris habiles, levioribus illæ :
Et passo Psithia utilior, tenuisque Lageos
Tentatura pedes olim, vincturaque linguam;
Purpureæ, preciæque; et quo te carmine dicam,
Rhætica? nec cellis ideò contende Falernis.
Sunt et Aminææ vites, firmissima vina,
Tmolus et assurgit quibus, et rex ipse Phanæus,
Argitisque minor, cui non certaverit ulla
100 Aut tantùm fluere, aut totidem durare per annos.

Non ego te, dis et mensis accepta secundis,
Transierim, Rhodia, et tumidis, Bumaste, racemis.
Sed neque, quàm multæ species, nec nomina quæ sint,
Est numerus : neque enim numero comprendere refert.
Quem qui scire velit, Lib yci velit æquoris idem
Discere quam multæ Zephyro turbentur arenæ;
Aut, ubi navigiis violentior incidit Eurus,
Nosse quot Ionii veniant ad littora fluctus.

Ces diverses espèces de fruits et surtout de raisins sont toutes connues par les éloges des anciens poëtes. Il seroit difficile d'en déterminer les caractères particuliers; d'ailleurs ce rapprochement offriroit peu d'intérêt, et leurs nuances sont aussi variées que les terrains qui les produisent, comme l'observe judicieusement Théophraste :

Ἐπὶ τῶν ἀμπέλων λέγουσιν, ὡς ὅσα χώρας εἴδη, τασαῦτα καὶ ἀμπέλων.

Prod. des Pl. liv. IV.

La comparaison finale de Virgile se retrouve dans Théocrite et dans Apollonius :

Ἀλλ' ἴσος γὰρ ὁ μόχθος, ἐπ' ἠόνι κύματα μετρεῖν,
ὅσσ' ἄνεμος χέρσονδε μετὰ γλαυκᾶς ἁλὸς ὠθεῖ.

Idylle XVI, v. 60.

Ἢ ὅσα φύλλα χαμᾶζε περικλαδέος πέσεν ὕλης
φυλλοχόῳ ἐνὶ μηνί· τίς ἂν τάδε τεκμήραιτο;

Argon. IV, v. 216.

*

Nec verò terræ ferre omnes omnia possunt.
110 Fluminibus salices, crassisque paludibus alni,
Nascuntur, steriles saxosis montibus orni;

Littora myrtetis lætissima; denique apertos
Bacchus amat colles, aquilonem et frigora taxi.
Aspice et extremis domitum cultoribus orbem,
Eoasque domos Arabum, pictosque Gelonos:
Divisæ arboribus patriæ. Sola India nigrum
Fert ebenum; solis est thurea virga Sabæis.
Quid tibi odorato referam sudantia ligno
Balsamaque, et baccas semper frondentis acanthi?
120 Quid nemora Æthiopum molli canentia lanâ?
Velleraque ut foliis depectant tenuia Seres?
Aut quos oceano propior gerit India lucos,
Extremi sinus orbis? ubi aëra vincere summum
Arboris haud ullæ jactu potuêre sagittæ:
Et gens illa quidem sumptis non tarda pharetris.
   Media fert tristes succos, tardumque saporem
Felicis mali, quo non præsentius ullum,
Pocula si quando sævæ infecêre novercæ,
Miscueruntque herbas, et non innoxia verba,
130 Auxilium venit, ac membris agit atra venena.
Ipsa ingens arbos, faciemque simillima lauro,
Et, si non alium latè jactaret odorem,
Laurus erat; folia haud ullis labentia ventis,
Flos apprima tenax: animas et olentia Medi
Ora fovent illo, et senibus medicantur anhelis.

Ces vers sont un résumé des 4me. et 9me. livres de l'Histoire des Plantes, où Théophraste donne la description des arbres exotiques, et particulièrement de ceux qui produisent l'ébène, la soie, l'encens et le baume:

Ἴδιον δὲ καὶ ἡ ἐβένη τῆς Ἰνδικῆς χώρας.... φέρει δὲ Τύλος ἡ νῆσος τὰ δένδρα καὶ τὰ ἐριοφόρα πολλά.

Hist. des Pl. liv. IV.

Γίνεται μὲν οὖν ὁ λίβανος καὶ ἡ σμύρνα, καὶ ἡ κασία, καὶ ἔτι τὸ κινάμωμον, ἐν τῇ τῶν Ἀράβων χώρᾳ, νήσῳ περί τε Σαβὰ.... τὸ δὲ βάλσαμον γίνεται μὲν ἐν τῷ αὐλῶνι τῷ περὶ Συρίαν.

Hist. des Pl. liv. IX.

Quant à l'élégante peinture du citronnier, elle est littéralement traduite du texte grec :

Ἥτε Μηδία χώρα καὶ ἡ Περσὶς ἄλλα τε ἔχει πλείω, καὶ τὸ μῆλον τὸ μηδικὸν καὶ τὸ περσικὸν καλούμενον. ἔχει δὲ τὸ δένδρον τοῦτο φύλλον μὲν ὅμοιον καὶ σχεδὸν ἴσον τῷ τῆς δάφνης· ἀκάνθας δὲ, οἵας ἄπιος, ἢ ὀξυάκανθος, λείας δὲ καὶ ὀξείας σφόδρα καὶ ἰσχυράς. τὸ δὲ μῆλον οὐκ ἐσθίεται μέν, εὔοσμον δὲ πάνυ, καὶ τὸ φύλλον τοῦ δένδρου· κἂν εἰς ἱμάτια τεθῇ τὸ μῆλον, ἄκοπον διατηρεῖ. χρήσιμον δὲ, ἐπειδὰν τύχῃ πεπωκώς τις φάρμακον, ἢ πρὸς στόματος εὐωδίαν.

Hist. des Pl. liv. IV.

On peut rapprocher de l'aperçu rapide de Virgile, proportionné aux notions imparfaites de son temps, le magnifique tableau des productions lointaines dont Thompson a orné son poëme des Saisons (*Eté*, v. 626 à 1090). C'est là que l'imagination éclairée du flambeau des sciences a pu déployer dans toute son étendue la majesté de l'univers. Mais si Virgile a été forcé de se restreindre ici, il a bientôt su reprendre son essor pour chanter la gloire de l'Italie.

III.

Sed neque Medorum silvæ, ditissima terra,
Nec pulcher Ganges, atque auro turbidus Hermus,
Laudibus Italiæ certent ; non Bactra, neque Indi,
Totaque thuriferis Panchaïa pinguis arenis.
140 Hæc loca non tauri spirantes naribus ignem
Invertêre, satis immanis dentibus hydri ;

Nec galeis densisque virûm seges horruit hastis :
Sed gravidæ fruges et Bacchi Massicus humor
Implevêre; tenent oleæque, armentaque læta.
Hinc bellator equus campo sese arduus infert ;
Hinc albi, Clitumne, greges, et maxima taurus
Victima, sæpè tuo perfusi flumine sacro,
Romanos ad templa deûm duxêre triumphos.
Hîc ver assiduum, atque alienis mensibus æstas,
150 Bis gravidæ pecudes, bis pomis utilis arbos.
At rabidæ tigres absunt, et sæva leonum
Semina ; nec miseros fallunt aconita legentes;
Nec rapit immensos orbes per humum, neque tanto
Squameus in spiram tractu se colligit anguis.
Adde tot egregias urbes operumque laborem,
Tot congesta manu præruptis oppida saxis,
Fluminaque antiquos subterlabentia muros.
An mare quod suprà, memorem, quodque alluit infrà ?
Anne lacus tantos? Te, Lari maxime, teque,
160 Fluctibus et fremitu assurgens, Benace, marino ?
An memorem portus, Lucrinoque addita claustra,
Atque indignatum magnis stridoribus æquor,
Julia quà ponto longè sonat unda refuso,
Tyrrhenusque fretis immittitur æstus Avernis ?
Hæc eadem argenti rivos ærisque metalla
Ostendit venis, atque auro plurima fluxit.
Hæc genus acre virûm Marsos, pubemque Sabellam,
Assuetumque malo Ligurem, Volscosque verutos
Extulit; hæc Decios, Marios, magnosque Camillos,
170 Scipiadas duros bello; et te, maxime Cæsar,
Qui nunc extremis Asiæ jàm victor in oris
Imbellem avertis Romanis arcibus Indum.
Salve, magna parens frugum, Saturnia tellus,

Magna virûm : tibi res antiquæ laudis et artis
Ingredior, sanctos ausus recludere fontes,
Ascræumque cano Romana per oppida carmen.

Cet éloge n'est pas moins vrai pour le fonds des pensées qu'attrayant par les charmes du style. A l'or et aux parfums de l'Inde, aux taureaux fabuleux de Colchos, Virgile oppose les biens réels de l'Italie, le blé, le vin, les troupeaux, l'absence des animaux féroces, la prospérité des villes, l'heureux voisinage des deux mers, et les constructions immenses entreprises sous le règne d'Auguste. Les deux seuls morceaux de poésie grecque que l'on puisse rapprocher de ce tableau sont l'*Eloge d'Athènes* par Sophocle (*OEdipe à Colone*, *v.* 668), et celui de l'*Egypte* sous Ptolémée Philadelphe, dans la 17me. Idylle de Théocrite :

Μυρίαι ἄπειροί τε, καὶ ἔθνεα μυρία φωτῶν
λήϊον ἀλδήσκουσιν ὀφελλόμενον Διὸς ὄμβρῳ·
ἀλλ' οὔτις τόσα φύει, ὅσα χθαμαλὸς Αἴγυπτος,
Νεῖλος ἀναβλύζων διερὰν ὅτε βώλακα θρύπτει.
οὐδέ τις ἄστεα τόσσα βροτῶν ἔχει ἔργα δαέντων·
τρεῖς μέν οἱ πολίων ἑκατοντάδες ἐνδέδμηνται,
τρεῖς δ' ἄρα χιλιάδες τρισσαῖς ἐπὶ μυριάδεσσι,
δοιαὶ δὲ τριάδες, μετὰ δέ σφισιν ἑνδεκάδες τρεῖς·
τῶν πάντων Πτολεμαῖος ἀγάνωρ ἐμβασιλεύει.
καὶ μὴν Φοινίκας ἀποτέμνεται, Ἀρραβίας τε,
καὶ Συρίας, Λιβύας τε, κελαινῶν τ' Αἰθιοπήων·
Παμφύλοισί τε πᾶσι καὶ αἰχματαῖς Κιλίκεσσι
σημαίνει, Λυκίοις τε, φιλοπτολέμοισί τε Καρσί,
καὶ νάσοις Κυκλάδεσσιν· ἐπεί οἱ νᾶες ἄρισται
πόντον ἐπιπλώοντι· θάλασσα δὲ πᾶσα καὶ αἶα
καὶ ποταμοὶ κελάδοντες ἀνάσσονται Πτολεμαίῳ.
πολλοὶ δ' ἱππῆες, πολλοὶ δέ οἱ ἀσπιδιῶται
χαλκῷ μαρμαίροντι σεσαγμένοι ἀσφαραγεῦντι.

ὄλβῳ μὲν πάντας καταβέβριθε βασιλῆας·
τόσσον ἐπ᾽ ἆμαρ ἕκαστον ἐς ἀφνεὸν ἔρχεται οἶκον
πάντοθε. λαοὶ δ᾽ ἔργα περιστέλλουσιν ἕκηλοι.
οὐ γάρ τις δηίων πολυκήτεα Νεῖλον ἐπεμβὰς
πεζὸς ἐν ἀλλοτρίαισι βοὰν ἐστάσατο κώμαις·
οὐδέ τις αἰγιαλόνδε θοᾶς ἐξάλατο ναὸς
θωρηχθεὶς ἐπὶ βουσὶν ἀνάρσιος Αἰγυπτίῃσιν.
τοῖος ἀνὴρ πλατέεσσιν ἐνίδρυται πεδίοισι,
ξανθόκομος Πτολεμαῖος, ἐπιστάμενος δόρυ πάλλειν·
ᾧ ἐπίπαγχυ μέλει πατρώϊα πάντα φυλάσσειν,
οἷ᾽ ἀγαθῷ βασιλῆϊ· τὰ δὲ κτεατίζεται αὐτός.

Idylle XVII, v. 77.

On voit que le chantre de Syracuse s'étend plus sur la puissance de Ptolémée que sur les avantages réels de l'Égypte. Virgile s'attache au contraire à peindre les ressources territoriales de l'Italie ; il s'accorde exactement sur ce point avec Denys d'Halicarnasse, l'historien de son siècle :

Ὡς γὰρ μίαν γῆν πρὸς ἑτέραν κρίνεσθαι τοσαύτην τὸ μέγεθος, οὐ μόνον τῆς Εὐρώπης ἀλλὰ καὶ τῆς ἄλλης ἁπάσης κρατίστη κατ᾽ ἐμὴν δόξαν ἐστὶν Ἰταλία,... ἔστι πάσης, ὡς εἰπεῖν, ἡδονῆς τε καὶ ὠφελείας ἔμπλεως. ποίας μὲν γὰρ λείπεται σιτοφόρου, μὴ ποταμοῖς, ἀλλὰ τοῖς οὐρανίοις ὕδασιν ἀρδόμενα τὰ καλούμενα Καμπανῶν πεδία; ἐν οἷς ἐγὼ καὶ τρικάρπους ἐθεασάμην ἀρούρας, θερινὸν ἐπὶ χειμερινῷ, καὶ μεσοπωρινὸν ἐπὶ θερινῷ σπόρον ἐκτρεφούσας. ποίας δ᾽ ἐλαιοφόρου τὰ Μεσαπίων, καὶ Δαυνίων, καὶ Σαβίνων, καὶ πολλῶν ἄλλων γεώργια; ποίας δ᾽ οἰνοφύτου, Τυρρηνία καὶ Ἀλβανή, καὶ Φαλερίνων χωρία θαυμαστῶς ὡς φιλάμπελα, καὶ δι᾽ ἐλαχίστου πόνου πλείστους ἅμα καὶ κρατίστους καρποὺς ἐξενεγκεῖν εὔπορα; χωρὶς δὲ τῆς ἐνέργου, πολλὴν μὲν ἄν τις εὕροι τὴν εἰς ποίμνας ἀνειμένην ἐν αὐτῇ, πολλὴν δὲ τὴν αἰγονόμον· ἔτι δὲ πλείω καὶ θαυμασιωτέραν τὴν ἱπποφορβόν τε καὶ βουκολίδα.... ἔχει δὲ ἡ γῆ καὶ νάματα θερμῶν ὑδάτων ἐν πολλοῖς εὑρημένα χωρίοις, λουτρὰ παρασχεῖν ἥδιστα, καὶ νόσους ἰάσασθαι χρονίους ἄριστα· καὶ μέταλλα παντοδαπά, καὶ θηρίων ἄγρας ἀφθόνους, καὶ θαλάττης φύσιν πολύγονον· ἀλλά τε μυρία, τὰ μὲν εὔχρηστα, τὰ δὲ θαυμάσια· ἁπάντων δὲ κάλλιστον, ἀέρα κεκραμένον ταῖς ὥραις συμμέτρως, οἷον ἥκιστα πημαίνειν κρυμῶν ὑπερβολαῖς καὶ θάλπεσιν ἐξαισίοις καρπῶν τε γένεσιν ἢ ζώων φύσιν.

Antiquités romaines, liv. I.

Ce témoignage est confirmé par Pline l'ancien qui termine son savant ouvrage par un éloge flatteur mais véridique de l'Italie (*Histoire nat.*, liv. XXXVII). Les vers de Virgile ont produit deux belles imitations dans la littérature anglaise : l'*Eloge de l'Angleterre* par Thompson (Eté v. 1428 à 1609), et l'*Epître sur l'Italie moderne* adressée par Addisson à lord Halifax. Ce dernier morceau est surtout remarquable par le contraste des ruines de la grandeur romaine avec la végétation toujours florissante de ce beau pays. L'Italie réunit les terrains convenables à toutes les espèces de productions. C'est ce que Virgile prouve dans le paragraphe suivant consacré à des détails géologiques basés sur ceux de Xénophon, de Varron et de Théophraste.

IV.

Nunc locus arvorum ingeniis : quæ robora cuique,
Quis color, et quæ sit rebus natura ferendis.
    Difficiles primùm terræ, collesque maligni,
180 Tenuis ubi argilla et dumosis calculus arvis,
Palladiâ gaudent silvâ vivacis olivæ.
Indicio est tractu surgens oleaster eodem
Plurimus, et strati baccis silvestribus agri.
At quæ pinguis humus, dulcique uligine læta,
Quique frequens herbis et fertilis ubere campus;
Qualem sæpè cavâ montis convalle solemus

Despicere : hùc summis liquuntur rupibus amnes,
Felicemque trahunt limum ; quique editus austro,
Et filicem curvis invisam pascit aratris :
190 Hic tibi praevalidas olim multoque fluentes
Sufficiet baccho vites; hic fertilis uvae,
Hic laticis, qualem pateris libamus et auro,
Inflavit cùm pinguis ebur Tyrrhenus ad aras,
Lancibus et pandis fumantia reddimus exta.
Sin armenta magis studium vitulosque tueri,
Aut foetus ovium, aut urentes culta capellas ;
Saltus, et saturi petito longinqua Tarenti,
Et qualem infelix amisit Mantua campum,
Pascentem niveos herboso flumine cycnos.
200 Non liquidi gregibus fontes, non gramina desunt;
Et quantùm longis carpent armenta diebus,
Exiguâ tantùm gelidus ros nocte reponet.
Nigra ferè et presso pinguis sub vomere terra,
Et cui putre solum (namque hoc imitamur arando),
Optima frumentis : non ullo ex aequore cernes.
Plura domum tardis decedere plaustra juvencis.
Aut, undè iratus silvam devexit arator,
Et nemora evertit multos ignava per annos,
Antiquasque domos avium cùm stirpibus imis
210 Eruit : illae altum nidis petiêre relictis;
At rudis enituit impulso vomere campus.
Nam jejuna quidem clivosi glarea ruris
Vix humiles apibus casias roremque ministrat ;
Et tophus scaber, et nigris exesa chelydris
Creta, negant alios aequè serpentibus agros
Dulcem ferre cibum et curvas praebere latebras.
Quae tenuem exhalat nebulam fumosque volucres,
Et bibit humorem, et cùm vult ex se ipsa remittit;

Etudes grecq. Ire Partie.

Quæque suo viridi semper se gramine vestit,
220 Nec scabie et salsâ lædit rubigine ferrum :
Illa tibi lætis intexet vitibus ulmos ;
Illa ferax oleæ est ; illam experiêre colendo
Et facilem pecori, et patientem vomeris unci.
Talem dives arat Capua, et vicina Vesevo
Ora jugo, et vacuis Clanius non æquus Acerris.

Virgile examine successivement les terrains propres à l'olivier, à la vigne, aux troupeaux, aux moissons, aux abeilles, et à toute espèce de culture. Théophraste a consacré au même examen son 2me. livre, dont le poëte a adopté tous les principes :

Επεὶ δὲ καὶ τὰ ἐδάφη μεγάλας ἔχει διαφορὰς, λεκτέον καὶ περὶ τούτου.. ❋ οὐ κακῶς δὴ ἡ διαίρεσις ἡ πρὸς τὰ σπέρματα καὶ τὰ δένδρα λέγεται, τῷ τὴν μὲν πίειραν, ἀμείνω σιτόφορον, τὴν δὲ λεπτοτέραν, δενδροφόρον εἶναι..... ἡ σπιλὰς, καὶ ἔτι μᾶλλον ἡ λευκόγειος, ἐλαιοφόρος.... ἡ δὲ λειμονία καὶ ἔφαμμος, ἀμπελοφόρος.

Prod. des Pl. liv. II.

★

Nunc quo quamque modo possis cognoscere dicam.
Rara sit an suprà morem si densa requiras :
Altera frumentis quoniam favet, altera baccho ;
Densa magis Cereri, rarissima quæque Lyæo :
230 Antè locum capies oculis, altèque jubebis
In solido puteum demitti, omnemque repones
Rursùs humum, et pedibus summas æquabis arenas.
Si deerunt, rarum, pecorique et vitibus almis
Aptius uber erit ; sin in sua posse negabunt
Ire loca, et scrobibus superabit terra repletis :
Spissus ager ; glebas cunctantes crassaque terga
Exspecta, et validis terram proscinde juvencis.

Salsa autem tellus, et quæ perhibetur amara,
Frugibus infelix (ea nec mansuescit arando,
240 Nec baccho genus, aut pomis sua nomina servat),
Tale dabit specimen : tu spisso vimine qualos
Colaque prælorum fumosis deripe tectis;
Hùc ager ille malus, dulcesque à fontibus undæ,
Ad plenum calcentur : aqua eluctabitur omnis
Scilicet, et grandes ibunt per vimina guttæ;
At sapor indicium faciet manifestus, et ora
Tristia tentantum sensu torquebit amaror.
Pinguis item quæ sit tellus, hoc denique pacto
Discimus : haud unquam manibus jactata fatiscit,
250 Sed picis in morem ad digitos lentescit habendo.
Humida majores herbas alit, ipsaque justo
Lætior ; ah nimiùm ne sit mihi fertilis illa,
Neu se prævalidam primis ostendat aristis !
Quæ gravis est, ipso tacitam se pondere prodit,
Quæque levis. Promptum est oculis prædiscere nigram,
Et quis cui color. At sceleratum exquirere frigus
Difficile est : piceæ tantùm, taxique nocentes
Interdùm, aut hederæ pandunt vestigia nigræ.

Les procédés indiqués ici par Virgile pour distinguer la qualité des sols ne sont point détaillés par l'auteur grec, qui se contente de recommander cet examen, en déclarant que le meilleur terrain est celui qui contient un mélange égal de toutes les propriétés contraires :

Αἱ διαφοραὶ δ' ἐπεὶ πλείους εἰσὶ καὶ τῆς χώρας, καὶ τῶν φυτῶν, πειρατέον πρὸς ἕκαστον λαμβάνειν καὶ θεωρεῖν.... ἡ μέσην ἔχουσα τῶν ἐναντίων κρᾶσιν, πυκνοῦ καὶ ἀραιοῦ, καὶ ξηροῦ καὶ ὑγροῦ, καὶ κούφου καὶ βαρέος, ἔτι δὲ τὰ ἄνω πρὸς τὰ κάτω σύμμετρα τούτοις, πασῶν ἀρίστη πρὸς ἅπαντα ὡς εἰπεῖν δένδρα τε καὶ σπέρματα.

Prod. des Pl. liv. II.

Après cette nomenclature un peu fastidieuse, le poëte entre dans un champ plus agréable en développant d'une manière aussi complète que pittoresque la théorie de la plantation et de la culture de la vigne, tracée par Xénophon, et après lui par Théophraste dans son 3ᵐᵉ. livre sur la Production des Plantes.

V.

His animadversis, terram multò antè memento
260 Excoquere, et magnos scrobibus concidere montes,
 Antè supinatas aquiloni ostendere glebas,
 Quàm lætum infodias vitis genus : optima putri
 Arva solo; id venti curant, gelidæque pruinæ,
 Et labefacta movens robustus jugera fossor.
 At, si quos haud ulla viros vigilantia fugit,
 Antè locum similem exquirunt, ubi prima paretur
 Arboribus seges, et quò mox digesta feratur;
 Mutatam ignorent subitò ne semina matrem.
 Quin etiam cœli regionem in cortice signant,
270 Ut, quo quæque modo steterit, quâ parte calores
 Austrinos tulerit, quæ terga obverterit axi,
 Restituant: adeò in teneris consuescere multum est!

Ces deux premières règles pour la plantation des vignes, de labourer la terre et de conserver aux jeunes plants la même exposition, sont également prescrites par Théophraste :

Δεῖ τούς τε γύρους προορύττειν ἐκ πολλῶν, μάλιστα δὲ ἐνιαυτῷ πρότερον, ὅπως ἡ γῆ καὶ ἡλιωθῇ καὶ χειμασθῇ καθ' ἑκατέραν τὴν ὥραν..... Καὶ τὰς θέσεις τῶν φυτευομένων τὰς αὐτὰς ἀποδιδόασι, κατὰ τὰ πρόσβορα, καὶ νότια, καὶ πρὸς ἕω καὶ δυσμάς· ὡς οὐκ ἂν ῥᾳδίως ἐνεγκόντων μεταβολήν.
         Prod. des Pl. liv. III.

★

Collibus, an plano meliùs sit ponere vitem,
Quære priùs. Si pinguis agros metabere campi,
Densa sere ; in denso non segnior ubere bacchus :
Sin tumulis acclive solum collesque supinos,
Indulge ordinibus, nec seciùs omnis in unguem
Arboribus positis secto via limite quadret.
Ut sæpè ingenti bello cùm longa cohortes
280 Explicuit legio, et campo stetit agmen aperto,
Directæque acies, ac latè fluctuat omnis
Ære renidenti tellus, necdùm horrida miscent
Prælia, sed dubius mediis Mars errat in armis :
Omnia sint paribus numeris dimensa viarum ;
Non animum modò uti pascat prospectus inanem,
Sed quia non aliter vires dabit omnibus æquas
Terra, neque in vacuum poterunt se extendere rami.
   Forsitan et scrobibus quæ sint fastigia quæras.
Ausim vel tenui vitem committere sulco :
290 Altiùs ac penitùs terræ defigitur arbos ;
Æsculus in primis, quæ, quantùm vertice ad auras
Æthereas, tantùm radice in Tartara tendit.
Ergo non hyemes illam, non flabra, neque imbres
Convellunt : immota manet, multosque nepotes,
Multa virûm volvens durando secula vincit ;
Tùm fortes latè ramos et brachia tendens
Huc illùc, media ipsa ingentem sustinet umbram.

L'auteur recommande de serrer les rangs des vignes dans les plaines, de les écarter sur les coteaux, et de les disposer toujours dans un ordre symétrique. La belle comparaison qu'il emploie dans cette occasion avoit été appliquée par Lucrèce à l'apparente immobilité de la lumière :

Prætereà, magnæ legiones cùm loca cursu
Camporum complent, belli simulacra cientes,
Et circumvolitant equites, mediosque repentè
Transmittunt valido quatientes impete campos;
Fulgur ibi ad cœlum se tollit, totaque circùm
Ære renidescit tellus, subterque virûm vi
Excitur pedibus sonitus, clamoreque montes
Icti rejectant voces ad sidera mundi :
Et tamen est quidam locus altis montibus, undè
Stare videntur, et in campis consistere fulgur.

Poëme de la Nature, liv. *II*, v. 323.

Homère offre plusieurs peintures de ce genre (*Il. XVI*, v. 212; *Od. XIV*, v. 266); celle qui paroît se rapprocher le plus des vers latins est la comparaison de la phalange d'Achille :

Ως δ' ότε ταρφειαί νιφάδες Διὸς ἐκποτέονται,
ψυχραί, ὑπὸ ῥιπῆς αἰθρηγενέος Βορέαο·
ὡς τότε ταρφειαὶ κόρυθες λαμπρὸν γανόωσαι,
νηῶν ἐκφορέοντο, καὶ ἀσπίδες ὀμφαλόεσσαι,
θώρηκές τε κραταιγύαλοι καὶ μείλινα δοῦρα.
αἴγλη δ' οὐρανὸν ἷκε, γέλασσε δὲ πᾶσα περὶ χθὼν
χαλκοῦ ὑπὸ στεροπῆς· ὑπὸ δὲ κτύπος ὤρνυτο ποσσὶν
ἀνδρῶν· ἐν δέ μέσοισι κορύσσετο δῖος Ἀχιλλεύς.

Il. XIX, v. 357.

On doit planter les ceps de vigne beaucoup moins profondément que les arbres, comme l'observe aussi Théophraste :

Οντων δὲ τῶν μὲν βαθυρρίζων, τῶν δ' ἐπιπολαιορρίζων, διὰ τοῦτο τοὺς γύρους οὐκ ἰσοβαθεῖς ὀρύττουσι τοῖς ἐπιπολαιορρίζοις.

Prod. des Pl. liv. III.

L'image majestueuse du chêne, supérieurement développée par Voltaire dans son discours sur *l'Envie*, contient ce trait célèbre de l'Iliade (répété dans l'Énéide, liv. VI, v. 578).

Ενθα σιδήρειαί τε πύλαι καὶ χάλκεος οὐδός
τόσσον ἔνερθ' ἀΐδεω, ὅσον οὐρανός ἐστ' ἀπὸ γαίης.

Il. VIII, v. 15.

Et cette comparaison de deux guerriers Lapithes :

Εστασαν, ὡς ὅτε τε δρύες οὔρεσιν ὑψικάρηνοι,
αἵτ' ἄνεμον μίμνουσι καὶ ὑετὸν ἤματα πάντα,
ῥίζῃσιν μεγάλῃσι διηνεκέεσσ' ἀραρυῖαι.

Il. XII, v. 132.

★

Neve tibi ad solem vergant vineta cadentem;
Neve inter vites corylum sere; neve flagella
300 Summa pete, aut summâ destringe ex arbore plantas :
Tantus amor terræ! neu ferro læde retuso
Semina; neve oleæ silvestres insere truncos.
Nam sæpè incautis pastoribus excidit ignis,
Qui furtim pingui primùm sub cortice tectus
Robora comprendit, frondesque elapsus in altas
Ingentem cœlo sonitum dedit : indè secutus
Per ramos victor perque alta cacumina regnat,
Et totum involvit flammis nemus, et ruit atram
Ad cœlum piceâ crassus caligine nubem ;
310 Præsertim si tempestas à vertice silvis
Incubuit, glomeratque ferens incendia ventus.
Hoc ubi, non à stirpe valent, cæsæque reverti
Possunt, atque imâ similes revirescere terrâ :
Infelix superat foliis oleaster amaris.

Toutes les précautions indiquées ici par le poëte sont conformes aux remarques de l'agronome, qui défend entre autres expressément de planter l'olivier dans les vignobles :

Χαλεπώτατα δὲ καὶ ἀμπέλῳ καὶ τοῖς ἄλλοις συκῆ καὶ ἐλαία.
Prod. des Pl. liv. III.

La description de l'incendie est un développement de ces vers d'Homère et d'Apollonius :

Ὡς δ' ὅτε πῦρ ἀΐδηλον ἐν ἀξύλῳ ἐμπέσῃ ὕλη·
πάντῃ τ' εἰλυφόων ἄνεμος φέρει, οἱ δέ τε θάμνοι
πρόρριζοι πίπτουσιν, ἐπειγόμενοι πυρὸς ὁρμῇ.
Il. XI, v. 155.

Ὡς δ' ἀναμαιμάει βαθέ' ἄγκεα θεσπιδαὲς πῦρ
οὔρεος ἀζαλέοιο, βαθεῖα δὲ καίεται ὕλη,
πάντῃ τε κλονέων ἄνεμος φλόγα εἰλυφάζει.
Il. XX, v. 490.

Ὡς δ' ὅτε τυφομένης ὕλης ὕπερ αἰθαλόεσσαι
καπνοῖο στροφάλιγγες ἀπείριτοι εἰλίσσονται,
ἄλλη αἶψ' ἑτέρη ἐπιτέλλεται αἰὲν ἐπιπρὸ
νειόθεν εἰλίγγοισιν ἐπήορος ἐξανιοῦσα.
Argon. IV, v. 139.

★

Nec tibi tàm prudens quisquam persuadeat auctor
Tellurem Boreâ rigidam spirante movere.
  Rura gelu tùm claudit hyems, nec semine jacto
Concretam patitur radicem affigere terræ.
  Optima vinetis satio est, cùm vere rubenti
320 Candida venit avis, longis invisa colubris;
  Prima vel autumni sub frigora, cùm rapidus sol
Nondum hyemem contingit equis, jàm præterit æstas.

Ver adeò frondi nemorum, vel utile silvis;
Vere tument terræ, et genitalia semina poscunt.
Tùm pater omnipotens fœcundis imbribus Æther
Conjugis in gremium lætæ descendit, et omnes
Magnus alit, magno commixtus corpore, fœtus.
Avia tùm resonant avibus virgulta canoris,
Et venerem certis repetunt armenta diebus.
330 Parturit almus ager ; zephyrique tepentibus auris
Laxant arva sinus : superat tener omnibus humor.
Inque novos soles audent se gramina tutò
Credere, nec metuit surgentes pampinus austros,
Aut actum cœlo magnis aquilonibus imbrem :
Sed trudit gemmas, et frondes explicat omnes.
Non alios primâ crescentis origine mundi
Illuxisse dies, aliumve habuisse tenorem
Crediderim : ver illud erat, ver magnus agebat
Orbis, et hibernis parcebant flatibus Euri,
340 Cùm primùm lucem pecudes hausêre, virûmque
Ferrea progenies duris caput extulit arvis,
Immissæque feræ silvis, et sidera cœlo.
Nec res hunc teneræ possent perferre laborem,
Si non tanta quies iret, frigusque caloremque
Inter, et exciperet cœli indulgentia terras.

Cette charmante peinture du printemps se rattache naturellement à l'époque de la plantation de la vigne, qu'Hésiode fixe à la même saison :

Εὖτ' ἂν δ' ἑξήκοντα μετὰ τροπὰς ἠελίοιο
χειμέρι' ἐκτελέσῃ Ζεὺς ἤματα, δή ῥα τότ' ἀστὴρ
Ἀρκτοῦρος, προλιπὼν ἱερὸν ῥόον ὠκεανοῖο,
πρῶτον παμφαίνων ἐπιτέλλεται ἀκροκνέφαιος,

τόνδε μέτ' ὀρθρογόη Πανδιονὶς ὦρτο χελιδὼν
ἐς φάος ἀνθρώποις, ἔαρος νέον ἱσταμένοιο.
τὴν φθάμενος, οἴνας περιταμνέμεν· ὣς γὰρ ἄμεινον.

OEuvres et Jours, v. 562.

Théophraste indique également l'automne et le printemps, dont il fait une peinture analogue à celle de Virgile :

Ἀεὶ γὰρ δεῖ φυτεύειν καὶ σπείρειν εἰς ὀργῶσαν τὴν γῆν.... τοῦτο δ' ἐν δυοῖν ὥραιν γίνεται μάλιστα τοῖς γε δένδροις, ἔαρι καὶ μετοπώρῳ· καθ' ἃς καὶ φοτεύουσι μᾶλλον, καὶ κοινοτέρως ἐν τῷ ἦρι. τότε γὰρ ἥ τε γῆ δίυγρος, καὶ ὁ ἥλιος θερμαίνων ἄγει, καὶ ὁ ἀὴρ μαλακός ἐστι καὶ ἐρσώδης· ὥστ' ἐξ ἁπάντων εἶναι τὴν ἐκτροφὴν καὶ τὴν εὐβλαστίαν.

Prod. des Pl. liv. III.

Mais l'auteur a eu recours à d'autres sources pour ses développements poétiques. L'image de l'union du ciel et de la terre remonte à une haute antiquité ; son type primitif est dans l'Ecriture Sainte où elle désigne la venue du Sauveur :

Εὐφρανθήτω ὁ οὐρανὸς ἄνωθεν, καὶ αἱ νεφέλαι ῥανάτωσαν δικαιοσύνην· ἀνατειλάτω ἡ γῆ, καὶ βλαστησάτω ἔλεος.

Isaïe, chap. XLV, verset 8.

Homère l'a appliquée allégoriquement à l'hymen de Jupiter et de Junon :

Τοῖσι δ' ὑπὸ χθὼν δῖα φύεν νεοθηλέα ποίην,
λωτόν θ' ἐρσήεντα ἰδὲ κρόκον ἠδ' ὑάκινθον,
πυκνὸν καὶ μαλακόν, ὃς ἀπὸ χθονὸς ὑψόσ' ἔεργεν.

Il. XIV, v. 347.

Eschyle et Euripide, dans deux fragments conservés par Athénée, ont peint sous les mêmes couleurs la reproduction annuelle de la nature :

Ἐρᾷ μὲν ἁγνὸς οὐρανὸς τρῶσαι χθόνα,
ἔρως δὲ γαῖαν λαμβάνει γάμου τυχεῖν·
ὄμβρος δ' ἀπ' ἐννάεντος οὐρανοῦ πεσὼν,
ἔλυσε γαῖαν· ἡ δὲ τίκτεται βροτοῖς
μήλων τε βοσκάς, καὶ βίον Δημήτριον.

Fragment des Danaïdes.

Ἐρᾷ μὲν ὄμβρων γαῖα, ὅταν ξηρὸν πέδον
ἄκαρπον αὐχμῷ, νοτίδος ἐνδεῶς ἔχοι.
ἐρᾷ δ' ὁ σεμνὸς οὐρανὸς πληρούμενος
ὄμβρου, πεσεῖν εἰς γαῖαν Ἀφροδίτης ὕπο.
ὅταν δὲ συμμιχθῆτον ἐς ταυτὸν δύο,
τίκτουσί μεν πάντα, καὶ ἐκτρέφουσ' ἅμα,
ὅθεν βρότειον ζῇ τε καὶ θάλλει γένος.

Fragment d'Œdipe.

Enfin Lucrèce, rassemblant tous ces traits, a préludé aux vers de Virgile :

Postremò, pereunt imbres ubi eos pater Æther
In gremium matris Terraï præcipitavit :
At nitidæ surgunt fruges, ramique virescunt
Arboribus; crescunt ipsæ, fœtuque gravantur.
Hinc alitur porrò nostrum genus, atque ferarum ;
Hinc lætas urbes pueris florere videmus,
Frondiferasque novis avibus canere undique silvas;
Hinc fessæ pecudes pingues per pabula læta
Corpora deponunt, et candens lacteus humor
Uberibus manat distentis; hinc nova proles
Artubus infirmis teneras lasciva per herbas
Ludit, lacte mero mentes perculsa novellas.

Poëme de la Nature, liv. I, v. 251.

Le même auteur a consacré ces jolis vers au printemps :

It Ver, et Venus, et Veneris prænuntius antè
Pinnatus graditur Zephyrus vestigia propter :
Flora quibus mater præspergens antè viaï
Cuncta coloribus egregiis et odoribus opplet.
Livre V, v. 736.

Ce sont surtout ces deux descriptions, et celle de la naissance du monde (*liv. V, v.* 778), qui ont inspiré l'éloge de Virgile, dont nous rapprocherons encore deux riantes esquisses d'Anacréon et d'Horace :

Ἴδε πῶς ἔαρος φανέντος
Χάριτες ῥόδα βρύουσιν·
ἴδε πῶς κῦμα θαλάσσης
ἀπαλύνεται γαλήνῃ·
ἴδε πῶς νῆσσα κολυμβᾷ,
ἴδε πῶς γέρανος ὁδεύει.
ἀφελῶς δ' ἔλαμψε Τιτάν·
νεφελῶν σκιαὶ δονοῦνται·
τὰ βροτῶν δ' ἔλαμψεν ἔργα.
καρπὸς ἐλαίας προκύπτει,
Βρομίου στέφεται τὸ νᾶμα.
κατὰ φύλλον, κατὰ κλῶνα
καθελὼν ἤνθισε καρπός.
Ode 37.

Solvitur acris hyems gratâ vice veris et Favoni,
 Trahuntque siccas machinæ carinas.
Ac neque jàm stabulis gaudet pecus, aut arator igni ;
 Nec prata canis albicant pruinis.
Jàm Cytherea choros ducit Venus, imminente lunâ ;
 Junctæque Nymphis Gratiæ decentes
Alterno terram quatiunt pede, dùm graves Cyclopum
 Vulcanus ardens urit officinas.
Liv. I, ode 4.

Parmi les nombreuses imitations qu'offrent les compositions modernes, et surtout les poëmes descriptifs d'Alamanni, de Thompson, de Kleist et de St.-Lambert, celle qui nous paroît se rapprocher le plus du texte de Virgile est la *première pluie du Printemps*, dans Thompson (*ch. I, v.* 143).

~~~~~~

VI.

Quod superest, quæcumque premes virgulta per agros,
Sparge fimo pingui, et multâ memor occule terrâ;
Aut lapidem bibulum, aut squalentes infode conchas.
Inter enim labentur aquæ, tenuisque subibit
350 Halitus, atque animos tollent sata. Jamque reperti
Qui saxo super atque ingentis pondere testæ
Urgerent : hoc effusos munimen ad imbres;
Hoc, ubi hiulca siti findit Canis æstifer arva.
    Seminibus positis, superest deducere terram
Sæpius ad capita, et duros jactare bidentes;
Aut presso exercere solum sub vomere, et ipsa
Flectere luctantes inter vincta juvencos.
    Tum leves calamos et rasæ hastilia virgæ,
Fraxineasque aptare sudes, furcasque bicornes,
360 Viribus eniti quarum, et contemnere ventos
Assuescant, summasque sequi tabulata per ulmos.
Ac, dum prima novis adolescit frondibus ætas,
Parcendum teneris; et, dum se lætus ad auras
Palmes agit, laxis per purum immissus habenis,
Ipsa acies nondum falcis tentanda, sed uncis
Carpendæ manibus frondes, interque legendæ.

Indè, ubi jàm validis amplexæ stirpibus ulmos
Exierint, tùm stringe comas, tùm brachia tonde :
Antè reformidant ferrum : tùm denique dura
370 Exerce imperia, et ramos compesce fluentes.

A la plantation des vignobles succèdent les soins de la culture, dont le premier est l'emploi du fumier et des pierres, également recommandé par Théophraste :

Η δὲ κόπρος ὅτι μὲν καὶ μανοῖ τὴν γῆν καὶ διαθερμαίνει, δι' ὧν ἀμφοτέρων ἡ εὐβλαστεία, φανερόν.... ὑποβάλλουσι κάτω λίθους, ὅπως συρροὴ γίνηται τοῦ ὕδατος, καὶ θέρους οὗτοι καταψύχουσι τὰς ῥίζας· οἱ δὲ κληματίδας ὑποτιθέασιν, οἱ δὲ κέραμον.

Prod. des Pl. liv. III.

L'usage du labour et des échalas, et les précautions nécessaires pour la taille de la vigne, sont aussi indiqués par l'auteur grec, qui s'exprime ainsi sur ce dernier précepte dont l'élégant développement a été imité par Milton (*Paradis, ch. V, v.* 211) :

Ἅπαν δὲ φυτὸν ὅταν ἐκβλαστῇ τὸ πρῶτον, ἐᾶν ῥιζωθῆναι, μηδὲν κινοῦντα τῶν ἄνω· καθάπερ ἐπὶ τῶν ἀμπέλων ποιοῦσιν, ἀφίεντες τὰς ῥάχας. εἶθ' ὅταν ἰσχύωσι, τότε περιαιρεῖν τὰ ἄνω, καταλιπόντα τὰ κάλλιστα καὶ ἐπιτηδειότατα πεφυκότα.

Prod. des Pl. liv. III.

★

Texendæ sepes etiam, et pecus omne tenendum,
Præcipuè dùm frons tenera imprudensque laborum :
Cui, super indignas hyemes, solemque potentem,
Silvestres uri assiduè capreæque sequaces
Illudunt, pascuntur oves avidæque juvencæ.
Frigora nec tantùm canâ concreta pruinâ,
Aut gravis incumbens scopulis arentibus æstas,

Quantùm illi nocuêre greges, durique venenum
Dentis, et admorso signata in stirpe cicatrix.
380 Non aliam ob culpam Baccho caper omnibus aris
Cæditur, et veteres ineunt proscenia ludi;
Præmiaque ingentes pagos et compita circùm,
Theseidæ posuêre, atque inter pocula læti
Mollibus in pratis unctos saliêre per utres.
Necnon Ausonii, Trojâ gens missa, coloni
Versibus incomptis ludunt, risuque soluto,
Oraque corticibus sumunt horrenda cavatis;
Et te, Bacche, vocant per carmina læta, tibique
Oscilla ex altâ suspendunt mollia pinu.
390 Hinc omnis largo pubescit vinea fœtu,
Complentur vallesque cavæ saltusque profundi,
Et quocumque deus circùm caput egit honestum.
Ergo ritè suum Baccho dicemus honorem
Carminibus patriis, lancesque et liba feremus;
Et ductus cornu stabit sacer hircus ad aram,
Pinguiaque in verubus torrebimus exta colurnis.

Le poëte insiste sur l'usage des haies pour préserver les vignobles de la dent venimeuse des troupeaux; ce qui est conforme à l'observation de Théophraste :

Χαλεπαὶ δὲ καὶ αἱ ἐπιβοσκήσεις, ὅτι συνεπικάουσιν ἅμα τῇ τομῇ καὶ ἀφαιρέσει.
Prod. des Pl. liv. V.

et surtout à ces mots de Varron : *Quædam etiam pecudes culturæ sunt inimicæ ac veneno, ut istæ, quas dixi, capræ; eæ enim omnia novella sata carpendo corrumpunt, non minimum vites atque oleas..... Sic factum ut Libero patri, repertori vitis, hirci immolarentur, proindè ut capite darent pœnas.* (Manuel rural, liv. I.)

Le sacrifice du bouc en l'honneur de Bacchus portoit chez les Athéniens le nom d'*Ascolie* ou fête des outres. On le trouve décrit dans Aristophane et dans ce fragment d'Eubulus :

Καὶ πρὸς τε τοῦτο ἀσκὸν εἰς μέσον καταθέντες,
εἰσάλλεσθε, καὶ καγχάζετε ἐπὶ τοῖς καταρρέουσιν.

On sait que ce fut cette fête populaire, commune à l'Italie et à la Grèce, qui suggéra à Thespis la première idée de la tragédie, et que, lorsque celle-ci s'ennoblit dans les villes, la comédie naquit dans les bourgades :

    Ignotum tragicæ genus invenisse camœnæ
    Dicitur, et plaustris vexisse poëmata Thespis
    Qui canerent agerentque, peruncti fæcibus ora.
    Post hunc personæ pallæque repertor honestæ
    Æschylus, et modicis instravit pulpita tignis,
    Et docuit magnumque loqui, nitique cothurno.
                   Art poétique, v. 275.

Voyez l'imitation de Boileau (*Art poét. ch. III*).

★

    Est etiam ille labor curandis vitibus alter,
Cui nunquàm exhausti satis est : namque omne quotannis
Terque quaterque solum scindendum, glebaque versis
Æternùm frangenda bidentibus; omne levandum
    Fronde nemus : redit agricolis labor actus in orbem,
Atque in se sua per vestigia volvitur annus.
Ac jàm olim, seras posuit cùm vinea frondes,
Frigidus et silvis Aquilo decussit honorem,
Jàm tùm acer curas venientem extendit in annum
Rusticus, et curvo Saturni dente relictam
Persequitur vitem attondens, fingitque putando.

Primus humum fodito, primus devecta cremato
Sarmenta, et vallos primus sub tecta referto;
410 Postremus metito. Bis vitibus ingruit umbra;
Bis segetem densis obducunt sentibus herbæ:
Durus uterque labor. Laudato ingentia rura;
Exiguum colito. Nec non etiam aspera rusci
Vimina per silvam, et ripis fluvialis arundo
Cæditur, incultique exercet cura salicti.
Jàm vinctæ vites, jàm falcem arbusta reponunt,
Jàm canit extremos effœtus vinitor antes:
Sollicitanda tamen tellus, pulvisque movendus;
Et jàm maturis metuendus Jupiter uvis.

Après cette digression sur la fête de Bacchus qui correspond à celle de Cérès (liv. I, v. 338), l'auteur résume les pénibles travaux de vigneron, et lui conseille de modérer ses vœux et de se contenter d'un modeste domaine, donnant ainsi l'inverse du conseil d'Hésiode sur la navigation:

Νῆ' ὀλίγην αἰνεῖν, μεγάλῃ δ' ἐνὶ φορτία θέσθαι.
ŒEuvres et Jours, v. 641.

Il est à regretter qu'à la suite de tous ces préceptes Virgile n'ait pas placé une description des vendanges qui paroissoit naturellement amenée par le dernier vers. Celles du labourage et de la moisson manquent également dans le 1er. livre. Peut-être a-t-il évité à dessein de traiter des sujets devenus vulgaires, et déjà peints par Homère et Hésiode sur les boucliers de leurs héros (*Iliade XVIII* v. 541), (*Bouclier d'Hercule*, v. 286). Hésiode, dans son poëme agronomique, termine par les vendanges le cercle de l'année:

Εὖτ' ἂν δ' Ὠρίων καὶ Σείριος ἐς μέσον ἔλθῃ
οὐρανὸν, Ἀρκτοῦρον δ' ἐσίδῃ ῥοδοδάκτυλος Ἠὼς,
ὦ Πέρση, τότε πάντας ἀπόδρεπε οἴκαδε βότρυς.
δεῖξαι δ' ἡελίῳ δέκα τ' ἤματα καὶ δέκα νύκτας,
πέντε δὲ συσκιάσαι, ἕκτῳ δ' εἰς ἄγγε' ἀφύσσαι
δῶρα Διωνύσου πολυγηθέος. αὐτὰρ ἐπὴν δὴ
Πληϊάδες θ', Ὑάδες τε, τό τε σθένος Ὠρίωνος
δύνωσιν, τότ' ἔπειτ' ἀρότου μεμνημένος εἶναι,
ὡραίου· πλειὼν δὲ κατὰ χθονὸς ἄρμενος εἴη.

OEuvres et Jours, v. 607.

A la culture de la vigne succède celle de l'olivier, et l'entretien des vergers et des bois.

VII.

420 Contra, non ulla est oleis cultura; neque illæ
Procurvam exspectant falcem rastrosque tenaces,
Cùm semel hæserunt arvis, aurasque tulerunt.
Ipsa satis tellus, cùm dente recluditur unco,
Sufficit humorem, et gravidas cum vomere fruges.
Hoc pinguem et placitam paci nutritor olivam.
Poma quoque, ut primùm truncos sensêre valentes
Et vires habuêre suas, ad sidera raptim
Vi propriâ nituntur, opisque haud indiga nostræ.
    Nec minùs intereà fœtu nemus omne gravescit,
430 Sanguineisque inculta rubent aviaria baccis;
Tondentur cytisi; tædas silva alta ministrat,
Pascunturque ignes nocturni, et lumina fundunt.
Et dubitant homines serere atque impendere curam!

Quid majora sequar? salices humilesque genestæ,
Aut illæ pecori frondem, aut pastoribus umbram,
Sufficiunt, sepemque satis, et pabula melli.
Et juvat undantem buxo spectare Cytorum,
Naryciæque picis lucos; juvat arva videre,
Non rastris hominum, non ulli obnoxia curæ..
440 Ipsæ Caucaseo steriles in vertice silvæ,
Quas animosi euri assiduè franguntque feruntque,
Dant alios aliæ fœtus; dant utile lignum,
Navigiis pinos, domibus cedrosque cupressosque.
Hinc radios trivêre rotis, hinc tympana plaustris
Agricolæ, et pandas ratibus posuêre carinas.
Viminibus salices fœcundæ, frondibus ulmi :
At myrtus validis hastilibus, et bona bello
Cornus ; Ituræos taxi torquentur in arcus.
Nec tiliæ leves aut torno rasile buxum
450 Non formam accipiunt, ferroque cavantur acuto.
Nec non et torrentem undam levis innatat alnus,
Missa Pado ; nec non et apes examina condunt
Corticibusque cavis, vitiosæque ilicis alveo.
Quid memorandum æquè Baccheïa dona tulerunt?
Bacchus et ad culpam causas dedit : ille furentes
Centauros letho domuit, Rhœtumque, Pholumque,
Et magno Hylæum Lapithis cratere minantem.

L'olivier et les arbres fruitiers n'exigent que peu de culture.
Ils s'élèvent sans le secours de l'homme pour orner les vergers,
tandis que les buissons se couvrent de baies sauvages, et
qu'une foule d'arbres utiles se multiplient dans les forêts. La
plupart de ces arbres sont énumérés par Théophraste, qui in‑
dique également leur emploi pour l'éclairage, les ustensiles et
les bâtiments :

Καρποφοροῦσιν αἱ πεῦκαι καὶ δαδοφοροῦσι· καρποφοροῦσι μὲν εὐθὺς νέαι, δαδοφοροῦσι δὲ ὕστερον πολλῷ πρεσβύτεραι γινόμεναι.

Hist. des Pl. liv. IX.

Ιτέα δὲ πρός τε τὰς ἀσπίδας, καὶ τὰς κίστας, καὶ τὰ κανᾶ.

Hist. des Pl. liv. V.

Ἀσαπῆ δὲ φύσει, κυπάριττος, κέδρος, ἔβενος, λωτὸς, πύξος, ἐλαία, κότινος, πεύκη ἔνδαδος, ἀρία, δρῦς, καρύα εὐβοικὴ.... διὸ καὶ τὰ σπουδαζόμενα τῶν ἔργων ἐκ τούτων ποιοῦσι.

Prod. des Pl. liv. V.

Ces avantages surpassent ceux de la vigne dont le doux nectar est souvent pernicieux aux mortels, comme le prouve l'exemple des Centaures déjà cité dans l'Odyssée :

Οἶνος καὶ Κένταυρον ἀγακλυτὸν Εὐρυτίωνα
ἄασεν ἐν μεγάρῳ μεγαθύμου Πειριθόοιο,
ἐς Λαπίθας ἐλθόνθ'· ὁ δ' ἐπεὶ φρένας ἄασεν οἴνῳ,
μαινόμενος κάκ' ἔρεξε δόμον κατὰ Πειριθόοιο.
ἥρωας δ' ἄχος εἷλε, διὰ ἐκ προθύρου δὲ θύραζε
ἕλκον ἀναΐξαντες, ἀπ' οὔατα νηλέϊ χαλκῷ
ῥῖνάς τ' ἀμήσαντες· ὁ δὲ, φρεσὶν ᾗσιν ἀασθεὶς
ἤϊεν ἣν ἄτην ὀχέων ἀεσίφρονι θυμῷ·
ἐξ οὗ Κενταύροισι καὶ ἀνδράσι νεῖκος ἐτύχθη.

Od. XXI, v. 295.

Ce sanglant combat a été décrit par Hésiode et Ovide (*Bouclier d'Hercule*, v. 178) (*Métamorphoses XII*, v. 210). Horace y fait également allusion (*liv. I*, ode 18). Virgile oppose à ces excès le calme de la vie champêtre, qui lui a fourni son admirable épilogue.

VIII.

O fortunatos nimiùm, sua si bona nôrint,
  Agricolas! quibus ipsa, procul discordibus armis,
460 Fundit humo facilem victum justissima tellus.
  Si non ingentem foribus domus alta superbis
  Manè salutantùm totis vomit ædibus undam,
  Nec varios inhiant pulchrâ testudine postes,
  Illusasque auro vestes, Ephyreïaque æra;
  Alba neque Assyrio fucatur lana veneno,
  Nec casiâ liquidi corrumpitur usus olivi :
  At secura quies, et nescia fallere vita,
  Dives opum variarum; at latis otia fundis,
  Speluncæ, vivique lacus; at frigida Tempe,
470 Mugitusque boum, mollesque sub arbore somni
  Non absunt. Illic saltus, ac lustra ferarum,
  Et patiens operum parvoque assueta juventus;
  Sacra deûm, sanctique patres : extrema per illos
  Justitia excedens terris vestigia fecit.
  Me verò primùm dulces antè omnia Musæ,
  Quarum sacra fero ingenti percussus amore,
  Accipiant, cœlique vias et sidera monstrent:
  Defectus solis varios, lunæque labores ;
  Undè tremor terris; quâ vi maria alta tumescant,
480 Objicibus ruptis, rursùsque in se ipsa residant;
  Quid tantùm oceano properent se tingere soles
  Hiberni, vel quæ tardis mora noctibus obstet.
  Sin, has ne possim naturæ accedere partes,
  Frigidus obstiterit circùm præcordia sanguis,
  Rura mihi, et rigui placeant in vallibus amnes;

Flumina amem silvasque inglorius. O ubi campi,
Sperchiusque, et virginibus bacchata Lacænis
Taygeta! O qui me gelidis in vallibus Hæmi
Sistat, et ingenti ramorum protegat umbrâ!
490 Felix qui potuit rerum cognoscere causas,
Atque metus omnes et inexorabile fatum
Subjecit pedibus, strepitumque Acherontis avari!
Fortunatus et ille deos qui novit agrestes,
Panaque, Silvanumque senem, Nymphasque sorores!
Illum non populi fasces, non purpura regum
Flexit, et infidos agitans discordia fratres,
Aut conjurato descendens Dacus ab Istro;
Non res Romanæ, peritutaque regna ; neque ille
Aut doluit miserans inopem, aut invidit habenti.
500 Quos rami fructus, quos ipsa volentia rura
Sponte tulêre suâ, carpsit : nec ferrea jura,
Insanumque forum, aut populi tabularia vidit.
Sollicitant alii remis freta cæca, ruuntque
In ferrum, penetrant aulas et limina regum.
Hic petit excidiis urbem miserosque penates,
Ut gemmâ bibat, et Sarrano dormiat ostro.
Condit opes alius, defossoque incubat auro.
Hic stupet attonitus rostris; hunc plausus hiantem
Per cuneos geminatus enim plebisque patrumque,
510 Corripuit. Gaudent perfusi sanguine fratrum
Exsilioque domos et dulcia limina mutant,
Atque alio patriam quærunt sub sole jacentem.
Agricola incurvo terram dimovit aratro :
Hinc anni labor ; hinc patriam parvosque nepotes
Sustinet; hinc armenta boum, meritosque juvencos.
Nec requies, quin aut pomis exuberet annus,
Aut fœtu pecorum, aut cerealis mergite culmi,

Proventuque oneret sulcos, atque horrea vincat.
Venit hiems : teritur Sicyonia bacca trapetis;
520 Glande sues læti redeunt; dant arbuta silvæ,
Et varios ponit fœtus autumnus; et altè
Mitis in apricis coquitur vindemia saxis.
Intereà dulces pendent circùm oscula nati;
Casta pudicitiam servat domus; ubera vaccæ
Lactea demittunt, pinguesque in gramine læto
Inter se adversis luctantur cornibus hædi.
Ipse dies agitat festos, fususque per herbam,
Ignis ubi in medio et socii cratera coronant,
Te libans, Lenæe, vocat; pecorisque magistris
530 Velocis jaculi certamina ponit in ulmo,
Corporaque agresti nudat prædura palestrâ.

Hanc olim veteres vitam coluêre Sabini,
Hanc Remus et frater; sic fortis Etruria crevit,
Scilicet, et rerum facta est pulcherrima Roma,
Septemque una sibi muro circumdedit arces.
Antè etiam sceptrum Dictæi regis, et antè
Impia quàm cæsis gens est epulata juvencis,
Aureus hanc vitam in terris Saturnus agebat.
Necdum etiam audierant inflari classica, necdùm
540 Impositos duris crepitare incudibus enses.

Sed nos immensum spatiis confecimus æquor;
Et jàm tempus equûm fumantia solvere colla.

Cet éloge de la vie champêtre a fait de tout temps les délices des admirateurs de la belle nature et de la belle poésie. Il est impossible en effet de porter plus loin la mélodie du style, la douceur des sentiments, la fraîcheur et la vérité des images. L'auteur oppose d'abord les plaisirs purs de la campagne aux vains prestiges du luxe et de la grandeur qui depuis la conquête de l'Asie séduisoient de plus en plus les descendants de

Romulus. Il les compare ensuite aux spéculations de la philosophie, et établit un rapprochement indirect entre son poëme et celui de Lucrèce, entre le sage qui sonde les secrets de la nature, et celui qui sait jouir de ses biens. Il peint ensuite les jouissances éphémères produites par l'ambition, la vengeance et la cupidité, et leur oppose le riant tableau des occupations paisibles de l'homme des champs qui trouve dans son petit domaine tout ce qui peut assurer son bonheur. Il finit par rappeler aux Romains que c'est à l'aide de ces mœurs austères que leurs ancêtres ont fondé leur empire, et qu'ils sont devenus les arbitres du monde. Le but moral de cet épisode n'est pas moins admirable que son exécution poétique; sous ces deux rapports il mérite d'être comparé au célèbre *Bouclier d'Achille*. Ce chef-d'œuvre du génie d'Homère est divisé en douze tableaux, dont les six premiers retracent l'état des villes et les six autres celui des campagnes. On peut croire que, par cet ingénieux contraste, Homère a eu en vue comme Virgile d'opposer les charmes de la nature à l'illusion des passions humaines. Voici trois de ses tableaux représentant le labourage, la moisson et les vendanges :

Ἐν δ' ἐτίθει νειὸν μαλακὴν, πίειραν ἄρουραν,
εὐρεῖαν, τρίπολον· πολλοὶ δ' ἀροτῆρες ἐν αὐτῇ
ζεύγεα δινεύοντες ἐλάστρεον ἔνθα καὶ ἔνθα.
οἱ δ' ὁπότε στρέψαντες ἱκοίατο τέλσον ἀρούρης,
τοῖσι δ' ἔπειτ' ἐν χερσὶ δέπας μελιηδέος οἴνου
δόσκεν ἀνὴρ ἐπίων· τοὶ δὲ στρέψασκον ἀν' ὄγμους,
ἱέμενοι νειοῖο βαθείης τέλσον ἱκέσθαι.
ἡ δὲ μελαίνετ' ὄπισθεν, ἀρηρομένη δὲ ἐῴκει,
χρυσείη περ' ἐοῦσα· τὸ δὴ περὶ θαῦμα τέτυκτο.

Ἐν δ' ἐτίθει τέμενος βαθυλήϊον· ἔνθα δ' ἔριθοι
ἤμων, ὀξείας δρεπάνας ἐν χερσὶν ἔχοντες.
δράγματα δ' ἄλλα μετ' ὄγμον ἐπήτριμα πίπτον ἔραζε,
ἄλλα δ' ἀμαλλοδετῆρες ἐν ἐλλεδανοῖσι δέοντο.

τρεῖς δ' ἄρ' ἀμαλλοδετῆρες ἐφέστασαν· αὐτὰρ ὄπισθεν
παῖδες δραγμεύοντες, ἐν ἀγκαλίδεσσι φέροντες,
ἀσπερχὲς πάρεχον. βασιλεὺς δ' ἐν τοῖσι σιωπῇ
σκῆπτρον ἔχων ἑστήκει ἐπ' ὄγμου γηθόσυνος κῆρ.
κήρυκες δ' ἀπάνευθεν ὑπὸ δρυΐ δαῖτα πένοντο,
βοῦν δ' ἱερεύσαντες μέγαν ἄμφεπον· αἱ δὲ γυναῖκες
δεῖπνον ἐρίθοισιν, λεύκ' ἄλφιτα πολλὰ πάλυνον.

Ἐν δ' ἐτίθει σταφυλῇσι μέγα βρίθουσαν ἀλωήν,
καλὴν, χρυσείην· μέλανες δ' ἀνὰ βότρυες ἦσαν·
ἑστήκει δὲ κάμαξι διαμπερὲς ἀργυρέῃσιν.
ἀμφὶ δὲ, κυανέην κάπετον, περὶ δ' ἕρκος ἔλασσεν
κασσιτέρου· μία δ' οἴη ἀταρπιτὸς ἦεν ἐπ' αὐτήν,
τῇ νίσσοντο φορῆες, ὅτε τρυγόῳεν ἀλωήν.
παρθενικαὶ δὲ καὶ ἠΐθεοι, ἀταλὰ φρονέοντες,
πλεκτοῖς ἐν ταλάροισι φέρον μελιηδέα καρπόν.
τοῖσιν δ' ἐν μέσσοισι πάϊς φόρμιγγι λιγείῃ
ἱμερόεν κιθάριζε· λίνον δ' ὑπὸ καλὸν ἄειδεν
λεπταλέῃ φωνῇ· τοὶ δὲ ῥήσσοντες ἁμαρτῇ
μολπῇ τ' ἰυγμῷ τε ποσὶ σκαίροντες ἕποντο.

IL. XVIII, v. 541.

Ces images gracieuses ont été reproduites par Hésiode dans le *Bouclier d'Hercule* (v. 286), et surtout dans le poëme des *OEuvres et des Jours*, où il oppose le bonheur d'un peuple juste aux calamités réservées aux méchants. Le contraste de ces deux tableaux offre beaucoup de rapport avec le texte de Virgile :

Οἳ δὲ δίκας ξείνοισι καὶ ἐνδήμοισι διδοῦσιν
ἰθείας, καὶ μή τι παρεκβαίνουσι δικαίου,
τοῖσι τέθηλε πόλις· λαοὶ δ' ἀνθεύσιν ἐν αὐτῇ·
εἰρήνη δ' ἀνὰ γῆν κουροτρόφος, οὐδέ ποτ' αὐτοῖς
ἀργαλέον πόλεμον τεκμαίρεται εὐρύοπα Ζεὺς,

οὐδέ ποτ' ἰθυδίκαισι μετ' ἀνδράσι λιμὸς ὀπηδεῖ,
οὐδ' ἄτη, θαλίης δὲ μεμηλότα ἔργα νέμονται.
τοῖσι φέρει μὲν γαῖα πολὺν βίον, οὔρεσι δὲ δρῦς
ἄκρη μέν τε φέρει βαλάνους, μέσση δὲ μελίσσας·
εἰροπόκοι δ' ὄϊες μαλλοῖς καταβεβρίθασι·
τίκτουσιν δὲ γυναῖκες ἐοικότα τέκνα γονεῦσιν·
θάλλουσιν δ' ἀγαθοῖσι διαμπερές· οὐδ' ἐπὶ νηῶν
νείσονται, καρπὸν δὲ φέρει ζείδωρος ἄρουρα.

Οἷς δ' ὕβρις τε μέμηλε κακὴ καὶ σχέτλια ἔργα,
τοῖςδε δίκην Κρονίδης τεκμαίρεται εὐρύοπα Ζεύς.
πολλάκι καὶ σύμπασα πόλις κακοῦ ἀνδρὸς ἐπαυρεῖ,
ὅστις ἀλιτραίνει, καὶ ἀτάσθαλα μηχανάαται.
τοῖσιν δ' οὐρανόθεν μέγ' ἐπήλασε πῆμα Κρονίων,
λιμὸν ὁμοῦ καὶ λοιμόν· ἀποφθινύθουσι δὲ λαοί.
οὐδὲ γυναῖκες τίκτουσιν· μινύθουσι δὲ οἶκοι,
Ζηνὸς φραδμοσύνησιν Ὀλυμπίου. ἄλλοτε δ' αὖτε
ἢ τῶν γε στρατὸν εὐρὺν ἀπώλεσεν, ἢ τόγε τεῖχος·
ἢ νέας ἐν πόντῳ Κρονίδης ἀποτίνυται αὐτῶν.

OEuvres et Jours, v. 223.

Xénophon, dans son *Economique*, a développé la même vérité. Lucrèce, au début de son second chant, a peint en vers majestueux la sérénité du sage, et le bonheur de la médiocrité :

Suave, mari magno turbantibus æquora ventis,
E terrâ magnum alterius spectare laborem :
Non quia vexari quemquam est jucunda voluptas,
Sed, quibus ipse malis careas, quia cernere suave est.
Suave etiam, belli certamina magna tueri
Per campos instructa, tuâ sine parte pericli.
Sed nil dulcius est, bene quàm munita tenere
Edita doctrinâ sapientum templa serenâ ;

Despicere undè queas alios, passimque videre
Errare, atque viam palantes quærere vitæ,
Certare ingenio, contendere nobilitate,
Noctes atque dies niti præstante labore
Ad summas emergere opes, rerumque potiri.

 O miseras hominum mentes! ò pectora cæca!
Qualibus in tenebris vitæ, quantisque periclis
Degitur hoc ævi quodcumque est! nonne videre est,
Nil aliud sibi naturam latrare, nisi ut, cùm
Corpore sejunctus dolor absit, mente fruatur
Jucundo sensu, curâ semota metuque?

 Ergò corpoream ad naturam pauca videmus.
Esse opus omninò, quæ demant cumque dolorem,
Delicias quoque uti multas substernere possint;
Gratius interdùm neque natura ipsa requirit.
Si non aurea sunt juvenum simulacra per ædes,
Lampadas igniferas manibus retinentia dextris,
Lumina nocturnis epulis ut suppeditentur;
Nec domus argento fulget, auroque renidet,
Nec citharis reboant laqueata aurataque templa:
Attamen inter se prostrati in gramine molli,
Propter aquæ rivum, sub ramis arboris altæ,
Non magnis opibus jucundè corpora curant;
Præsertim cùm tempestas arridet, et anni
Tempora conspergunt viridantes floribus herbas.
Nec calido citiùs decedunt corpore febres,
Textilibus si in picturis ostroque rubenti
Jactaris, quàm si plebeiâ in veste cubandum est.

     Poëme de la Nature, liv. II, v. 1.

On voit que Virgile a imité et embelli les derniers vers de ce morceau. C'est sans doute à l'inspiration de son ami qu'Horace doit sa charmante épode sur les plaisirs de la campagne :

Beatus ille qui procul negotiis,
  Ut prisca gens mortalium,
Paterna rura bobus exercet suis,
  Solutus omni fœnore;
Neque excitatur classico miles truci;
  Neque horret iratum mare;
Forumque vitat, et superba civium
  Potentiorum limina.
Ergò aut adultâ vitium propagine
  Altas maritat populos;
Inutilesve falce ramos amputans,
  Feliciores inserit :
Aut in reductâ valle mugientium
  Prospectat errantes greges :
Aut pressa puris mella condit amphoris;
  Aut tondet infirmas oves.
Vel, cùm decorum mitibus pomis caput
  Autumnus arvis extulit,
Ut gaudet insitiva decerpens pira,
  Certantem et uvam purpuræ,
Quâ munerentur te, Priape, et te, pater
  Silvane, tutor finium!
Libet jacere modò sub antiquâ ilice,
  Modò in tenaci gramine :
Labuntur altis interim ripis aquæ,
  Queruntur in silvis aves,
Fontesque lymphis obstrepunt manantibus,
  Somnos quod invitet leves.
At, cùm tonantis annus hibernus Jovis
  Imbres nivesque comparat,
Aut trudit acres hinc et hinc multâ cane
  Apros in obstantes plagas :
Aut amite levi rara tendit retia,
  Turdis edacibus dolos;

Pavidumque leporem, et advenam laqueo gruem,
　　Jucunda captat præmia.
Quis non malarum quas amor curas habet
　　Hæc inter obliviscitur?
Quòd si pudica mulier in partem juvans
　　Domum atque dulces liberos,
Sabina qualis aut perusta solibus
　　Pernicis uxor Appuli,
Sacrum vetustis exstruat lignis focum,
　　Lassi sub adventum viri;
Claudensque textis cratibus lætum pecus,
　　Distenta siccet ubera;
Et horna dulci vina promens dolio,
　　Dapes inemptas apparet :
Non me Lucrina juverint conchylia,
　　Magisve rhombus aut scari,
Si quos eois intonata fluctibus
　　Hyems ad hoc vertat mare;
Non Afra avis descendat in ventrem meum :
　　Non attagen Ionicus
Jucundior, quàm lecta de pinguissimis
　　Oliva ramis arborum,
Aut herba lapathi prata amantis, et gravi
　　Malvæ salubres corpori,
Vel agna festis cæsa Terminalibus,
　　Vel hædus ereptus lupo.
Has inter epulas, ut juvat pastas oves
　　Videre properantes domum!
Videre fessos vomerem inversum boves
　　Collo trahentes languido!
Positosque vernas, ditis examen domûs,
　　Circùm renidentes Lares.
Hæc ubi locutus fœnerator Alphius,
　　Jàm jàm futurus rusticus,
Omnem relegit Idibus pecuniam;
　　Quærit Kalendis ponere.
　　　　　　　　　　Epode 2.

On reconnoît à cette dernière épigramme l'ingénieux auteur de la fable du *Rat des champs* (*Liv. II*, *satyre* 6). Tibulle et Sénèque ont aussi célébré la campagne (*Liv. 1*, *élégie* 1), (*Hippolyte*, act. *II*), (*Hercule furieux*, act. *I*). Parmi les nombreuses imitations modernes, une des plus remarquables est le prologue de Racan, connu sous le nom de *Stances à Tircis*. La Fontaine a également imité les vers latins (*liv. XI*, *fable* 4). Vanière a terminé par l'éloge de la vie champêtre le 2me. livre de sa *Maison rustique*. Thompson enfin a presque égalé Virgile dans la conclusion du chant de l'*Automne* (*v.* 1146 à 1284).

GÉORGIQUES.

LIVRE TROISIÈME.

SOMMAIRE.

Les Troupeaux.

I. Temple d'Auguste.
II. Chevaux et taureaux.
III. Exercices du manége.
IV. Fureurs de l'amour.
V. Brebis et chèvres.
VI. Bergers d'Afrique et de Scythie.
VII. Soins du bercail.
VIII. Reptiles et maladies.
IX. Epizootie.

Les auteurs consultés dans ce livre sont Xénophon, Aristote, Nicandre et Varron.

GÉORGIQUES.
LIVRE TROISIÈME.

I.

TE quoque, magna Pales, et te, memorande, canemus
Pastor ab Amphryso; vos, silvæ amnesque Lycæi.
Cætera quæ vacuas tenuissent carmina mentes,
Omnia jàm vulgata : quis aut Eurysthea durum,
Aut illaudati nescit Busiridis aras?
Cui non dictus Hylas puer, et Latonia Delos?
Hippodameque, humeroque Pelops insignis eburno,
Acer equis? Tentanda via est, quâ me quoque possim
Tollere humo, victorque virûm volitare per ora.

Après avoir invoqué Palès, Apollon et Pan, divinités tutélaires des troupeaux, Virgile jette un coup d'œil rapide sur les divers sujets traités par les poëtes grecs : la tyran... "Eurysthée, les sacrifices de Busiris, l'enlèvement d'Hylas, ¿ tration de Délos, le mariage de Pélops et d'Hippodamie, ch tés successivement par Pisandre, Panyasis, Théocrite, Callimaque et Pindare. Tous ces récits tant de fois répétés ne sont plus propres à inspirer sa muse; elle veut prendre un nouvel essor, et disputer aux Grecs la palme du poëme épique, comme l'exprime l'allégorie suivante que l'on peut regarder comme le prélude de l'Enéide.

*

Etudes grecq. Ire Partie.

10 Primus ego in patriam mecum, modò vita supersit,
Aonio rediens deducam vertice Musas ;
Primus Idumæas referam tibi, Mantua, palmas;
Et viridi in campo templum de marmore ponam
Propter aquam, tardis ingens ubi flexibus errat
Mincius, et tenerâ prætexit arundine ripas.
In medio mihi Cæsar erit, templumque tenebit.
Illi victor ego, et Tyrio conspectus in ostro,
Centum quadrijugos agitabo ad flumina currus.
Cuncta mihi, Alpheum linquens lucosque Molorchi,
20 Cursibus et crudo decernet Græcia cestu.
Ipse, caput tonsæ foliis ornatus olivæ,
Dona feram. Jàm nunc solemnes ducere pompas
Ad delubra juvat, cæsosque videre juvencos;
Vel scena ut versis discedat frontibus, utque
Purpurea intenti tollant aulæa Britanni.
In foribus pugnam ex auro solidoque elephanto
Gangaridum faciam, victorisque arma Quirini;
Atque hîc undantem bello magnumque fluentem
Nilum, ac navali surgentes ære columnas.
30 Addam urbes Asiæ domitas, pulsumque Niphaten,
Fidentemque fugâ Parthum versisque sagittis,
Et duo rapta manu diverso ex hoste tropæa,
Bisque triumphatas utroque ab littore gentes.
Stabunt et Parii lapides, spirantia signa,
Assaraci proles, demissæque ab Jove gentis
Nomina, Trosque parens, et Trojæ Cynthius auctor.
Invidia infelix Furias amnemque severum
Cocyti metuet, tortosque Ixionis angues,
Immanemque rotam, et non exsuperabile saxum.
40 Intereà Dryadum silvas saltusque sequamur
Intactos : tua, Mæcenas, haud mollia jussa.

Te sine nil altum mens inchoat : en age, segnes
Rumpe moras : vocat ingenti clamore Cithæron,
Taygetique canes, domitrixque Epidaurus equorum ;
Et vox assensu nemorum ingeminata remugit.
Mox tamen ardentes accingar dicere pugnas
Cæsaris, et nomen famâ tot ferre per annos,
Tithoni primâ quot abest ab origine Cæsar.

Ce temple, ces jeux solennels dans lesquels Virgile veut triompher de la Grèce, ces dépouilles des ennemis, ces statues des ancêtres de Rome sont autant d'allusions aux événements politiques de son temps, et au monument immortel qu'il voulait élever à la mémoire d'Auguste, en retraçant dans la personne d'Enée sa piété, ses vertus civiles et ses armes partout victorieuses. Il a formé ce temple poétique, réalisé au 8me. livre de l'Enéide (v. 714), d'après celui qu'Auguste fit élever à Mars vengeur après la défaite de Brutus et de Cassius, comme on peut le voir par la description d'Ovide (*Fastes*, *ch. V, v.* 549). La Fontaine a reproduit cette fiction avec autant de grâce que d'enjouement dans le temple qu'il destine à Mme. de la Sablière (*livre XII*, *fable* 15).

II.

Seu quis, Olympiacæ miratus præmia palmæ,
50 Pascit equos, seu quis fortes ad aratra juvencos ;
Corpora præcipuè matrum legat. Optima torvæ
Forma bovis, cui turpe caput, cui plurima cervix,
Et crurum tenùs à mento palearia pendent.

Tùm longo nullus lateri modus; omnia magna,
Pes etiam, et camuris hirtæ sub cornibus aures.
Nec mihi displiceat maculis insignis et albo,
Aut juga detrectans, interdùmque aspera cornu,
Et faciem tauro propior; quæque ardua tota,
Et gradiens imâ verrit vestigia caudâ.
60 Ætas Lucinam justosque pati hymenæos
Desinit antè decem, post quatuor incipit annos :
Cætera nec fœturæ habilis, nec fortis aratris.
Intereà, superat gregibus dùm læta juventus,
Solve mares, mitte in venerem pecuaria primus,
Atque aliam ex aliâ generando suffice prolem.
Optima quæque dies miseris mortalibus ævi
Prima fugit; subeunt morbi, tristisque senectus;
Et labor, et duræ rapit inclementia mortis.
Semper erunt, quarum mutari corpora malis :
70 Semper enim refice; ac, ne post amissa requiras,
Anteveni, et sobolem armento sortire quotannis.

Le poëte, docile à la voix de Mécène, reprend le cours de ses utiles préceptes, et détermine d'après Varron le choix des chefs du troupeau. Il lui a emprunté sa peinture de la génisse : *Qui gregem armentorum emere vult observare debet primùm, ut sint hæ pecudes ætate potiùs ad fructus ferendos integræ, quàm jam expertæ; ut sint benè compositæ, ut integris membris, oblongæ, amplæ, nigricantibus cornibus, latis frontibus, oculis magnis et nigris, pilosis auribus, compressis malis subsimisve, gibberi spinâ leviter remissâ, apertis naribus, labris subnigris, cervicibus crassis ac longis, à collo palearibus demissis, corpore amplo benè costato, latis humeris, bonis clunibus, caudâ profusâ usque ad calces..... Non minores oportet inire bimis ut trimæ pariant, eò meliùs si quadrimœ; plerœque pariunt in decem annos, quœdam etiam in plures* (Manuel rural, liv. II.)

*

Nec non et pecori est idem delectus equino.
Tu modò, quos in spem statues submittere gentis,
Præcipuum jàm indè à teneris impende laborem.
Continuò pecoris generosi pullus in arvis
Altiùs ingreditur, et mollia crura reponit.
Primus et ire viam, et fluvios tentare minaces
Audet, et ignoto sese committere ponti ;
Nec vanos horret strepitus. Illi ardua cervix,
80 Argutumque caput, brevis alvus, obesaque terga;
Luxuriatque toris animosum pectus. Honesti
Spadices, glaucique; color deterrimus albis
Et gilvo. Tùm, si qua sonum procul arma dedêre,
Stare loco nescit, micat auribus, et tremit artus;
Collectumque premens volvit sub naribus ignem.
Densa juba, et dextro jactata recumbit in armo.
At duplex agitur per lumbos spina ; cavatque
Tellurem, et solido graviter sonat ungula cornu.
Talis Amyclæi domitus Pollucis habenis
90 Cyllarus, et, quorum Graii meminêre poëtæ,
Martis equi bijuges, et magni currus Achillis.
Talis et ipse jubam cervice effudit equinâ
Conjugis adventu pernix Saturnus, et altum
Pelion hinnitu fugiens implevit acuto.

Ce portrait du cheval, si justement admiré, correspond pour les détails techniques aux principes de Xénophon dans son *Traité d'Equitation*, et surtout à ceux de Varron : *Undè qualis futurus sit equus è pullo conjectari potest : si caput habet non magnum, nec membra confusa ; si est oculis nigris, naribus non angustis, auribus applicatis, non angustâ jubâ, crebrâ, fuscâ, subcrispâ, subtenuibus setis implicatâ, in dexteriorem partem cervicis ; pectore lato et pleno, humeris latis, ventre modico, lumbis deorsùm versùm pressis, scapulis latis, spinâ maximè duplici..... Equi boni futuri signa sunt, si cum gregalibus in pabulo contendit in currendo, aliâve quâ re : quo potior sit, si cùm flumen trajiciendum est, gregi in primis progreditur, nec respectat alios* (Manuel rural, liv. II).

Sous le rapport des ornements du style, on ne peut mieux comparer les vers latins qu'à la belle peinture d'Homère :

Ως δ' ὅτε τις στατὸς ἵππος, ἀκοστήσας ἐπὶ φάτνῃ,
δεσμὸν ἀπορρήξας θείῃ πεδίοιο κροαίνων,
εἰωθὼς λούεσθαι εὐρρεῖος ποταμοῖο,
κυδιόων· ὑψοῦ δὲ κάρη ἔχει, ἀμφὶ δὲ χαῖται
ὤμοις ἀΐσσονται· ὁ δ' ἀγλαΐηφι πεποιθώς,
ῥίμφα ἑ γοῦνα φέρει μετά τ' ἤθεα καὶ νομὸν ἵππων.

IL. VI, v. 506.

Virgile cite pour exemples les chevaux de Pollux, de Mars et d'Achille (*Il. III, v.* 237; *XV, v.* 119; *XIX, v.* 392), et le coursier divin qui donna naissance à Chiron, suivant le récit d'Apollonius :

Ενθα μὲν Οὐρανίδης Φιλύρῃ Κρόνος, εὖτ' ἐν Ὀλύμπῳ
Τιτήνων ἤνασσεν, ὁ δὲ Κρηταῖον ὑπ' ἄντρον
Ζεὺς ἔτι Κουρήτεσσι μετετρέφετ' Ἰδαίοισι,
Ῥείην ἐξαπάφων, παρελέξατο· τοὺς δ' ἐνὶ λέκτροις
τέμε θεὰ μεσσηγύς· ὁ δ' ἐξ εὐνῆς ἀνορούσας
ἔσσυτο χαιτήεντι φυὴν ἐναλίγκιος ἵππῳ.

Argon. II, v. 1232.

La plus ancienne des imitations de Virgile, et en même temps la plus remarquable, est le portrait du cheval par Oppien, auteur grec du siècle de Septime Sévère, qui nous a laissé deux jolis poëmes sur la *Chasse* et sur la *Pêche* dans lesquels il imite fréquemment les Géorgiques (*Cynégétiques*, ch. *I*, *v*. 173). On peut citer dans la langue française celles de Sarrasin et de Rosset, et surtout celle de Buffon, dont la prose harmonieuse surpasse ici les plus beaux vers. Delille, après avoir heureusement rendu le texte latin, a su encore varier ses couleurs dans ses deux poëmes des *Jardins* et de l'*Homme des Champs*, où il a réuni aux vers de Virgile la peinture sublime du cheval de *Job* :

Ἦ σὺ περιέθηκας ἵππῳ δύναμιν, ἐνέδυσας δὲ τραχήλῳ αὐτοῦ φόβον ;

Περιέθηκας δὲ αὐτῷ πανοπλίαν, δόξαν δὲ στηθέων αὐτοῦ τόλμῃ ;

Ἀνορύσσων ἐν πεδίῳ γαυριᾷ, ἐκπορεύεται δὲ εἰς πεδίον ἐν ἰσχύϊ.

Συναντῶν βασιλεῖ καταγελᾷ, καὶ οὐ μὴν ἀποστραφῇ ἀπὸ σιδήρου.

Ἐπ' αὐτῷ γαυριᾷ τόξον καὶ μάχαιρα.

Καὶ ὀργῇ ἀφανιεῖ τὴν γῆν· καὶ οὐ μὴ πιστεύσει, ἕως ἂν σημάνῃ σάλπιγξ.

Σάλπιγγος δὲ σημαινούσης, λέγει, εὖγε· πόρρωθεν δὲ ὀσφραίνεται πολέμου σὺν ἅλματι καὶ κραυγῇ.

Job, ch. XXXIX, verset 19.

★

Hunc quoque, ubi aut morbo gravis, aut jàm segnior
Deficit, abde domo, nec turpi ignosce senectæ. [annis
Frigidus in venerem senior, frustràque laborem
Ingratum trahit ; et si quandò ad prælia ventum est,
Ut quondam in stipulis magnus sine viribus ignis,
100 Incassum furit. Ergò animos ævumque notabis

Præcipuè : hinc alias artes, prolemque parentum;
Et quis cuique dolor victo, quæ gloria palmæ.
Nonne vides, cùm præcipiti certamine campum
Corripuêre, ruuntque effusi carcere currus ;
Cùm spes arrectæ juvenum, exsultantiaque haurit
Corda pavor pulsans ? Illi instant verbere torto,
Et proni dant lora : volat vi fervidus axis ;
Jamque humiles, jamque elati sublime videntur
Aëra per vacuum ferri, atque assurgere in auras ;
110 Nec mora, nec requies. At fulvæ nimbus arenæ
Tollitur ; humescunt spumis flatuque sequentum ;
Tantus amor laudum, tantæ est victoria curæ !
Primus Erichthonius currus et quatuor ausus
Jungere equos, rapidisque rotis insistere victor.
Fræna Pelethronii Lapithæ gyrosque dedêre
Impositi dorso, atque equitem docuêre sub armis
Insultare solo, et gressus glomerare superbos.
Æquus uterque labor : æquè juvenemque magistri
Exquirunt, calidumque animis, et cursibus acrem ;
120 Quamvis sæpè fugâ versos ille egerit hostes,
Et patriam Epirum referat, fortesque Mycenas,
Neptunique ipsâ deducat origine gentem.

En déterminant l'âge propre aux amours et les signes caractéristiques d'un étalon généreux, le poëte arrive naturellement à la course des chars, imitée du riche tableau d'Homère (voyez Énéide V, v. 144) :

Οἱ δ' ἅμα πάντες ἐφ' ἵπποιιν μάστιγας ἄειραν,
πεπληγόν θ' ἱμᾶσιν, ὁμόκλησάν τ' ἐπέεσσιν,
ἐσσυμένως· οἱ δ' ὦκα διέπρησσον πεδίοιο,
νόσφι νεῶν, ταχέως· ὑπὸ δὲ στέρνοισι κονίη
ἵστατ' ἀειρομένη, ὥστε νέφος ἠὲ θύελλα·

χαῖται δ᾽ ἐῤῥώοντο μετὰ πνοιῆς ἀνέμοιο.
ἅρματα δ᾽ ἄλλοτε μὲν χθονὶ πίλνατο πουλυβοτείρῃ,.
ἄλλοτε δ᾽ ἀΐξασκε μετήορα· τοὶ δ᾽ ἐλατῆρες,
ἕστασαν ἐν δίφροισι· πάτασσε δὲ θυμὸς ἑκάστου,
νίκης ἱεμένων· κέκλοντο δὲ οἷσιν ἕκαστος
ἵπποις, οἱ δὲ πέτοντο κονίοντες πεδίοιο.

Il. XXIII, v. 362.

On ne sait si l'invention des quadriges doit être attribuée à Erichthon, roi de Troie, dont Homère vante les superbes haras (*Il. XX*, *v*. 219), ou à Erichthon, roi d'Athènes, successeur d'Amphyction. L'équitation, attribuée communément aux Centaures et non aux Lapithes, fut perfectionnée, selon Pindare, par Bellérophon (*Olympiques*, *ode XIII*, *v*. 89). On reconnoît dans les vers de Virgile l'imitation de ce fragment de Varius :

    Quem non ille sinit lentæ moderator habenæ,
Quà velit, ire; sed, angusto priùs orbe coërcens,
Insultare docet campis, fingitque docendo.

Fragment sur la *Mort*.

III.

His animadversis, instant sub tempus, et omnes
Impendunt curas denso distendere pingui
Quem legêre ducem, et pecori dixêre maritum ;
Pubentesque secant herbas, fluviosque ministrant,
Farraque, ne blando nequeat superesse labori,
Invalidique patrum referant jejunia nati.
  Ipsa autem macie tenuant armenta volentes;
130 Atque, ubi concubitus primos jàm nota voluptas

Sollicitat, frondesque negant, et fontibus arcent.
Sæpè etiam cursu quatiunt, et sole fatigant,
Cùm graviter tunsis gemit area frugibus, et cùm
Surgentem ad zephyrum paleæ jactantur inanes.
Hoc faciunt, nimio ne luxu obtusior usus
Sit genitali arvo, et sulcos oblimet inertes;
Sed rapiat sitiens venerem, interiùsque recondat.
 Rursùs cura patrum cadere, et succedere matrum
Incipit, exactis gravidæ cùm mensibus errant.
140 Non illas gravibus quisquam juga ducere plaustris,
Non saltu superare viam sit passus, et acri
Carpere prata fugâ, fluviosque innare rapaces.
Saltibus in vacuis pascant, et plena secundùm
Flumina, muscus ubi, et viridissima gramine ripa,
Speluncæque tegant, et saxea procubet umbra.
Est lucos Silari circà, ilicibusque virentem
Plurimus Alburnum volitans, cui nomen asilo
Romanum est, œstron Graii vertère vocantes :
Asper, acerba sonans; quo tota exterrita silvis
150 Diffugiunt armenta; furit mugitibus æther
Concussus, silvæque, et sicci ripa Tanagri.
Hoc quondam monstro horribiles exercuit iras
Inachiæ Juno pestem meditata juvencæ.
Hunc quoque, nam mediis fervoribus acrior instat,
Arcebis gravido pecori, armentaque pasces
Sole recens orto, aut noctem ducentibus astris.

Le poëte s'occupe maintenant du soin des haras et des étables. Les deux règles opposées pour la nourriture des bestiaux sont conformes à la remarque de Varron : *Arietibus et tauris datur plus cibi, ut vires habeant ; fœminis bobus demitur, quòd macescentes meliùs concipiant* (Manuel rural, liv. II). Le même auteur indique aussi les précautions qu'exigent les mères : *Eas pasci oportet in locis viridibus et aquosis. Cavere oportet ne aut angustiùs stent, aut feriantur, aut concurrent : itaque quòd eas æstate tabani concitare solent.* Virgile a développé cette dernière idée dans l'énergique peinture du taon.

Le taon, l'antique ennemi des troupeaux, a fourni des comparaisons à tous les poëtes. Homère assimile les amants de Pénélope à des génisses poursuivies par cet insecte :

Οἱ δ' ἐφέβοντο κατὰ μέγαρον, βόες ὣς ἀγελαῖαι,
τὰς μέν τ' αἰόλος οἶστρος ἐφορμηθεὶς ἐδόνησεν
ὥρῃ ἐν εἰαρινῇ, ὅτε τ' ἤματα μακρὰ πέλονται.

Od. XXII, v. 299.

Eschyle et les tragiques l'ont attaché aux pas d'Io (*Prométhée*, v. 590). Enfin Apollonius peint sous la même image Hercule furieux de la perte d'Hylas :

Ὡς δ' ὅτε τίς τε μύωπι τετυμμένος ἔσσυτο ταῦρος,
πίσεά τε προλιπὼν καὶ ἑλεσπίδας, οὐδὲ νομήων
οὐδ' ἀγέλης ὄθεται, πρήσσει δ' ὁδόν, ἄλλοτ' ἄπαυστος,
ἄλλοτε δ' ἱστάμενος, καὶ ἀνὰ πλατὺν αὐχέν' ἀείρων
ἵησι μύκημα, κακῷ βεβολημένος οἴστρῳ.

Argon. I, v. 1265.

*

 Post partum, cura in vitulos traducitur omnis ;
  Continuòque notas et nomina gentis inurunt,
  Et quos aut pecori malint submittere habendo,
160Aut aris servare sacros, aut scindere terram,
  Et campum horrentem fractis invertere glebis.
  Cætera pascuntur virides armenta per herbas ;
  Tu quos ad studium atque usum formabis agrestem,

Jam vitulos hortare, viamque insiste domandi,
Dum faciles animi juvenum, dum mobilis ætas.
Ac primùm laxos tenui de vimine circlos
Cervici subnecte; dehinc, ubi libera colla
Servitio assuêrint, ipsis è torquibus aptos
Junge pares, et coge gradum conferre juvencos.
170 Atque illis jàm sæpè rotæ ducantur inanes
Per terram, et summo vestigia pulvere signent :
Pòst, valido nitens sub pondere faginus axis
Instrepat, et junctos temo trahat æreus orbes.
Intereà pubi indomitæ non gramina tantùm
Nec vescas salicum frondes, ulvamque palustrem,
Sed frumenta manu carpes sata; nec tibi fœtæ,
More patrum, nivea implebunt mulctralia vaccæ;
Sed tota in dulces consument ubera natos.

Dès la naissance des jeunes taureaux, on doit leur assigner leur destination, pour la reproduction de l'espèce, le sacrifice ou le labourage. Ces derniers seuls ont besoin d'être dressés, et la méthode qu'indique ici le poëte n'est qu'un élégant développement du texte de Varron : *Novellos cùm quis emerit juvencos, si eorum colla in furcas destitutas incluserit ac dederit cibum, diebus paucis erunt mansueti et ad domandum proni. Tùm ità subigendum, ut minutatim assuefaciant, et ut tironem cum veterano adjungant : imitando enim faciliùs domatur; et primùm in æquo loco, et sine aratro, tùm eo levi, et principiò per arenam aut molliorem terram. Quos ad vecturas, item instituendum ut inania primùm ducant plaustra, et si possis, per vicum aut oppidum : creber crepitus, ac varietas rerum consuetudine celerrimâ ad utilitatem adducit* (Manuel rural, liv. I).

Les vers pittoresques sur la marche de la charrue rappellent ces deux comparaisons de l'Iliade et des Argonautiques :

Ἀλλ' ὥστ' ἐν νειῷ βόε οἴνοπε πηκτὸν ἄροτρον,
ἶσον θυμὸν ἔχοντε, τιταίνετον· ἀμφὶ δ' ἄρα σφιν
πρυμνοῖσιν κεράεσσι πολὺς ἀνακηκίει ἱδρώς·
τὼ μέν τε ζυγὸν οἶον ἐΰξοον ἀμφὶς ἐέργει,
ἱεμένω κατὰ ὦλκα· τεμεῖ δέ τε τέλσον ἀρούρης.

Il. XIII, v. 703.

Οἶον δὲ πλαδόωσαν ἐπισχίζοντες ἄρουραν
ἐργατίναι μογέουσι βόες, περὶ δ' ἄσπετος ἱδρὼς
εἴβεται ἐκ λαγόνων τε καὶ αὐχένος· ὄμματα δέ σφι
λοξὰ παραστρωφῶνται ὑπὸ ζυγοῦ· αὐτὰρ ἀϋτμὴ
αὐαλέη στομάτων ἄμοτον βρέμει· οἱ δ' ἐπὶ γαίῃ
χηλὰς σκηρίπτοντε πανημέριοι πονέονται.

Argon. II, v. 662.

*

   Sin ad bella magis studium, turmasque feroces,
180 Aut Alphea rotis prælabi flumina Pisæ,
   Et Jovis in luco currus agitare volantes:
   Primus equi labor est, animos atque arma videre
   Bellantum, lituosque pati, tractuque gementem
   Ferre rotam, et stabulo frænos audire sonantes;
   Tùm magis atque magis blandis gaudere magistri
   Laudibus, et plausæ sonitum cervicis amare.
   Atque hæc jàm primò depulsus ab ubere matris
   Audiat, inque vicem det mollibus ora capistris
   Invalidus, etiamque tremens, etiam inscius ævi.
190 At, tribus exactis, ubi quarta accesserit æstas,
   Carpere mox gyrum incipiat, gradibusque sonare
   Compositis, sinuetque alterna volumina crurum,
   Sitque laboranti similis; tùm cursibus auras
   Provocet, ac per aperta volans, ceu liber habenis,
   Æquora, vix summâ vestigia ponat arenâ.

Qualis hyperboreis Aquilo cùm densus ab oris
Incubuit, Scythiæque hyemes atque arida differt
Nubila : tùm segetes altæ campique natantes
Lenibus horrescunt flabris, summæque sonorem
200 Dant silvæ, longique urgent ad littora fluctus :
Ille volat, simul arva fugâ, simul æquora verrens.
Hic, vel ad Elei metas et maxima campi
Sudabit spatia, et spumas aget ore cruentas ;
Belgica vel molli meliùs feret esseda collo.
Tùm demum crassâ magnum farragine corpus
Crescere jàm domitis sinito ; namque antè domandum
Ingentes tollent animos, prensique negabunt
Verbera lenta pati, et duris parere lupatis.

Cette description des exercices du manége pour l'éducation des jeunes chevaux est un chef-d'œuvre de poésie dont les bases se retrouvent dans Xénophon et dans Varron :

Οὐ παυόμεθα λέγοντες, ἐν ᾧ ἂν καλῶς ὑπηρετεῖ χαρίζεσθαι τῷ ἵππῳ.... ἅπτεσθαι δὲ χρὴ ὧν ψηλαφωμένων ὁ ἵππος μάλιστα ἥδεται· ταῦτα δ' ἐστὶ τά τε λασιώτατα, καὶ οἷς αὐτὸς ἥκιστα δύναται ὁ ἵππος, ἤν τι λυπῇ αὐτὸν, ἐπικουρεῖν. προστετάχθω δὲ τῷ ἱπποκόμῳ, καὶ τὸ δι' ὄχλου διάγειν, καὶ παντοδαπαῖς μὲν ὄψεσι, παντοδαποῖς δὲ ψόφοις πλησιάζειν.

Traité d'Equitation.

Eos, cùm stent cum matribus, interdùm tractandum, ne cùm sint disjuncti exterreantur; eâdemque causâ ibi frænos suspendendum, ut equuli consuescant et videre eorum faciem, et è motu audire crepitus.

Manuel rural, liv. II.

On peut rapprocher des vers de Virgile sur l'ardeur naissante du cheval de guerre cette peinture du dieu Triton dans Apollonius :

Ὡς δ' ὅτ' ἀνὴρ θοὸν ἵππον ἐπ' εὐρέα κύκλον ἀγῶνος
στέλλῃ, ὀρεξάμενος λασίης ἐϋπειθέα χαίτης,
εἶθαρ ἐπιτροχάων· ὁ δ' ἐπ' αὐχένι γαῦρος ἀερθεὶς
ἕσπεται, ἀργινόεντα δ' ἐνὶ στομάτεσσι χαλινὰ
ἀμφὶς ὀδακτάζοντι παραβλήδην κροτέονται.

Argon. IV, v. 1604.

La comparaison de Borée, d'une harmonie inimitable, rappelle ces deux passages d'Homère sur l'assemblée des Grecs et sur les cavales d'Erichthon :

. . . . ὡς κύματα μακρὰ θαλάσσης
πόντου Ἰκαρίοιο, τὰ μέν τ' Εὖρός τε Νότος τε
ὤρορ', ἐπαΐξας πατρὸς Διὸς ἐκ νεφελάων·
ὡς δ' ὅτε κινήσει Ζέφυρος βαθὺ λήϊον ἐλθών,
λάβρος ἐπαιγίζων, ἐπί τ' ἠμύει ἀσταχύεσσιν·
ὣς τῶν πᾶσ' ἀγορὴ κινήθη.

Il. II, v. 144.

Αἱ δ' ὅτε μὲν σκιρτῷεν ἐπὶ ζείδωρον ἄρουραν,
ἄκρον ἐπ' ἀνθερίκων καρπὸν θέον, οὐδὲ κατέκλων·
ἀλλ' ὅτε δὴ σκιρτῷεν ἐπ' εὐρέα νῶτα θαλάσσης.
ἄκρον ἐπὶ ῥηγμῖνος ἁλὸς πολιοῖο θέεσκον.

Il. XX, v. 226.

On peut encore en rapprocher le char aérien de Neptune (*Il. XIII, v.* 23). La vigueur croissante des animaux amène la peinture des fureurs de l'amour.

IV.

Sed non ulla magis vires industria firmat,
210 Quàm venerem et cæci stimulos avertere amoris,
Sive boum, sive est cui gratior usus equorum.

Atque ideò tauros procul atque in sola relegant
Pascua, post montem oppositum et trans flumina lata;
Aut intùs clausos satura ad præsepia servant.
Carpit enim vires paulatim, uritque videndo,
Fœmina, nec nemorum patitur meminisse nec herbæ.
Dulcibus illa quidem illecebris et sæpè superbos
Cornibus inter se subigit decernere amantes.
Pascitur in magnâ Silâ formosa juvenca :
220 Illi alternantes multâ vi prælia miscent
Vulneribus crebris ; lavit ater corpora sanguis,
Versaque in obnixos urgentur cornua vasto
Cum gemitu : reboant silvæque et magnus Olympus.
Nec mos bellantes unà stabulare ; sed alter
Victus abit, longèque ignotis exsulat oris,
Multa gemens ignominiam, plagasque superbi
Victoris, tùm quos amisit inultus amores ;
Et stabula aspectans regnis excessit avitis.
Ergò omni curâ vires exercet, et inter
230 Dura jacet pernox instrato saxa cubili,
Frondibus hirsutis et carice pastus acutâ ;
Et tentat sese, atque irasci in cornua discit,
Arboris obnixus trunco, ventosque lacessit
Ictibus, et sparsâ ad pugnam proludit arenâ.
Pòst, ubi collectum robur viresque refectæ,
Signa movet, præcepsque oblitum fertur in hostem :
Fluctus ut in medio cœpit cùm albescere ponto
Longiùs, ex altoque sinum trahit ; utque volutus
Ad terras, immanè sonat per saxa, neque ipso
240 Monte minor procumbit : at ima exæstuat unda
Vorticibus, nigramque altè subjectat arenam.

Virgile a pris pour sujet d'un de ses plus riches tableaux un fait confirmé pour tous les naturalistes, et avant tous par Aristote :

Ὁ δὲ ταῦρος, ὅταν ὥρα τῆς ὀχείας ᾖ, τότε γίνεται σύννομος, καὶ μάχεται τοῖς ἄλλοις.

Histoire des animaux, liv. VI.

Le même auteur décrit avec détail les cruels combats que se livrent les sangliers :

Οἱ ὗες οἱ ἄγριοι χαλεπώτατοι, καίπερ ἀσθενέστατοι περὶ τὸν καιρὸν τοῦτον ὄντες διὰ τὴν ὀχείαν. καὶ πρὸς ἀλλήλους μὲν ποιοῦνται μάχας θαυμαστάς, θωρακίζοντες ἑαυτούς, καὶ ποιοῦντες τὸ δέρμα ὡς παχύτατον ἐκ παρασκευῆς, πρὸς τὰ δένδρα διατρίβοντες, καὶ τῷ πηλῷ μολύνοντες πολλάκις, καὶ ξηραίνοντες ἑαυτούς. μάχονται δὲ πρὸς ἀλλήλους, ἐξελαύνοντες ἐκ τῶν συοφορβείων οὕτω σφοδρῶς, ὥστε πολλάκις ἀμφότεροι ἀποθνήσκουσιν.

Hist. des anim. liv. VI.

Sous le rapport des développements poétiques, Virgile a eu pour modèle primitif cette comparaison d'Apollonius :

Ἂψ δ' αὖτις συνόρουσαν ἐναντίοι, ἠΰτε ταύρω
φορβάδος ἀμφὶ βοὸς κεκοτηότε δηριάασθον.

Argon. II, v. 88.

On peut encore rapprocher du texte latin, malgré la différence du sujet, la lutte d'Hercule contre Achéloüs métamorphosé en taureau et combattant pour Déjanire, dans es *Trachiniennes* de Sophocle :

Ἧσαν ἱέμενοι λεχέων· μόνα δ'
εὔλεκτρος ἐν μέσῳ Κύπρις
ῥαβδονομεῖ ξυνοῦσα.
τότ' ἦν χερὸς, ἦν δὲ τόξων
πάταγος, ταυρείων τ'
ἀνάμιγδα κεράτων·

Études grecq. Ire Partie.

ἦν δ' ἀμφίπλεκτοι κλίμακες,
ἦν δὲ μετώπων ὀλόεντα
πλήγματα, καὶ στόνος ἀμφοῖν.
ἁ δ' εὐῶπις ἁβρὰ
τηλαυγεῖ παρ' ὄχθῳ ἧστο,
τὸν ὃν προςμένουσ' ἀκοίταν.

Trachiniennes, v. 514.

La comparaison finale est empruntée d'Homère qui l'appliquo à la marche des phalanges grecques :

Ὡς δ' ὅτ' ἐν αἰγιαλῷ πολυηχέϊ κῦμα θαλάσσης
ὄρνυτ' ἐπασσύτερον, Ζεφύρου ὑποκινήσαντος·
πόντῳ μὲν τὰ πρῶτα κορύσσεται, αὐτὰρ ἔπειτα
χέρσῳ ῥηγνύμενον μεγάλα βρέμει, ἀμφὶ δέ τ' ἄκρας
κυρτὸν ἐὸν κορυφοῦται, ἀποπτύει δ' ἁλὸς ἄχνην.

IL. IV, v. 422.

Ces vers, répétés au 7me. livre de l'Enéide ('v. 528'), avoient déjà été traduits par Catulle (*Noces de Thétis*, v. 269). La description entière de Virgile est reproduite d'une manière supérieure dans les *Cynégétiques* d'Oppien (*ch. II, v.* 43). Lucain en a également profité ('*Pharsale*, *ch.* II, *v.* 601), ainsi que l'Arioste et le Tasse (*Roland furieux*, *ch.* XXVII, *st.* 111) (*Jérusalem délivrée*, *ch.* VII, *st.* 55). La Fontaine l'a imitée dans le combat des deux coqs (*liv.* VII, *fable* 13), et Thompson dans le chant du *Printemps* (*v.* 786).

★

Omne adeò genus in terris hominumque ferarumque
Et genus æquoreum, pecudes, pictæque volucres,
In furias ignemque ruunt : amor omnibus idem.
Tempore non alio catulorum oblita leæna

Sævior erravit campis; nec funera vulgo
Tam multa informes ursi stragemque dedere
Per silvas; tum sævus aper, tum pessima tigris :
Heu, malè tum Libyæ solis erratur in agris!
250 Nonne vides, ut tota tremor pertentet equorum
Corpora, si tantùm notas odor attulit auras?
Ac neque eos jàm fræna virûm, nec verbera sæva,
Non scopuli, rupesque cavæ, atque objecta retardant
Flumina; correptos undâ torquentia montes.
Ipse ruit, dentesque Sabellicus exacuit sus,
Et pede prosubigit terram, fricat arbore costas,
Atque hinc atque illinc humeros ad vulnera durat.

Quid juvenis, magnum cui versat in ossibus ignem
Durus amor? Nempè abruptis turbata procellis
260 Nocte natat cæcâ serus freta; quem super ingens
Porta tonat cœli, et scopulis illisa reclamant
Æquora; nec miseri possunt revocare parentes,
Nec moritura super crudeli funere virgo.

Quid lynces Bacchi variæ, et genus acre luporum,
Atque canum? quid, quæ imbelles dant prælia cervi?
Scilicet antè omnes furor est insignis equarum;
Et mentem Venus ipsa dedit, quo tempore Glauci
Potniades malis membra absumpsère quadrigæ.
Illas ducit amor trans Gargara, transque sonantem
270 Ascanium; superant montes, et flumina tranant.
Continuòque, avidis ubi subdita flamma medullis,
Vere magis, quia vere calor redit ossibus, illæ
Ore omnes versæ in Zephyrum stant rupibus altis,
Exceptantque leves auras; et sæpè sine ullis
Conjugiis, vento gravidæ, mirabile dictu!
Saxa per et scopulos et depressas convalles
Diffugiunt, non, Eure, tuos, neque solis ad ortus;

16

In Borean, Caurumque, aut undè nigerrimus Auster
Nascitur, et pluvio contristat frigore cœlum.
280 Hic demùm, hippomanes vero quod nomine dicunt
Pastores, lentum distillat ad inguine virus;
Hippomanes, quod sæpè malæ legere novercæ,
Miscueruntque herbas, et non innoxia verba.

Le poëte, généralisant son idée, peint maintenant le pouvoir de l'amour sur la nature entière. Ses premiers vers rappellent le commencement de l'hymne à *Vénus* attribué à Homère :

Μοῦσα μοι ἔννεπε ἔργα πολυχρύσου Ἀφροδίτης
Κύπριδος, ἥτε θεοῖσιν ἐπὶ γλυκὺν ἵμερον ὦρσε,
καί τ' ἐδαμάσσατο φῦλα καταθνητῶν ἀνθρώπων,
οἰωνούς τε διϊπετέας, καὶ θηρία πάντα,
ἠμὲν ὅσ' ἤπειρος πολλὰ τρέφει, ἠδ' ὅσα πόντος·
πᾶσιν δ' ἔργα μέμηλεν ἐϋστεφάνου Κυθερείης.

H. à Vénus.

On trouve les mêmes images développées dans ce chœur d'Euripide :

Σὺ τὰν θεῶν ἄκαμπτον φρένα
καὶ βροτῶν ἄγεις, Κύπρι· σὺν
δ' ὁ ποικιλόπτερος ἀμφιβαλὼν
ὠκυτάτῳ πτερῷ·
ποτᾶται δ' ἐπὶ γαῖαν, εὐάχητόν
θ' ἁλμυρὸν ἐπὶ πόντον.
θέλγει δ' Ἔρως, ᾧ μαινομένᾳ κραδίᾳ
πτανὸς ἐφορμάσει
χρυσοφαὴς φύσιν
ὀρεσκόων σκυλάκων,
πελαγίων θ', ὅσα τε γᾶ τρέφει,
τὰν ἅλιος αἰθόμενος δέρκεται,

ἄνδρας τε· συμπάντων δὲ
βασιλήΐδα τιμὰν, Κύπρι,
τῶνδε μόνα κρατύνεις.

Hippolyte, v. 1282.

Mais les vers latins se rapprochent surtout du célèbre début de Lucrèce :

> Æneadum genitrix, hominum divûmque voluptas,
> Alma Venus, cœli subter labentia signa,
> Quæ mare navigerum, quæ terras frugiferentes
> Concelebras; per te quoniam genus omne animantum
> Concipitur, visitque exortum lumina solis :
> Te, dea, te fugiunt venti; te nubila cœli,
> Adventumque tuum : tibi suaves dædala tellus
> Summittit flores, tibi rident æquora ponti,
> Placatumque nitet diffuso lumine cœlum.
> Nam simul ac species patefacta est verna diei,
> Et reserata viget genitabilis aura Favonî,
> Aëriæ primùm volucres te, diva, tuumque
> Significant initum, perculsæ corda tuâ vi.
> Inde feræ pecudes persultant pabula læta,
> Et rapidos tranant amnes : ita capta lepore,
> Illecebrisque tuis, omnis natura animantum
> Te sequitur cupidè, quò quamque inducere pergis.
> Denique per maria, ac montes, fluviosque rapaces,
> Frondiferasque domos avium, camposque virentes,
> Omnibus incutiens blandum per pectora amorem,
> Efficis ut cupidè generatim secla propagent.
>
> *Liv. I, v. 1.*

Cette description peint l'amour dans tous ses charmes, celle de Virgile dans tous ses excès. Toutes deux ont pour base le texte d'Aristote :

Κατὰ πάντων τῶν ζώων κοινὸν τὸ περὶ τὴν ἐπιθυμίαν καὶ τὴν ἡδονὴν ἐπτοῆσθαι τὴν ἀπὸ τῆς ὀχείας μάλιστα. οἵ τε γὰρ ἵπποι δάκνουσι τοὺς ἵππους, καὶ καταβάλλουσι καὶ διώκουσι τοὺς ἱππέας.... ὡσαύτως δὲ καὶ οἱ ταῦροι, καὶ οἱ κριοὶ, καὶ οἱ τράγοι· πρότερον γὰρ ὄντες σύννομοι ἕκαστοι, περὶ τοὺς καιροὺς τῆς ὀχείας μάχονται διϊστάμενοι πρὸς ἀλλήλους. χαλεπὸς δὲ καὶ ὁ κάμηλος.... καὶ ἄρκτοι, καὶ λύκοι, καὶ λέοντες χαλεποὶ τοῖς πλησιάζουσι γίνονται περὶ τὸν καιρὸν τοῦτον..... ἐξαγριαίνονται δὲ καὶ οἱ ἐλέφαντες.

Hist. des anim. liv. VI.

L'ingénieuse allusion de Virgile aux amours de Héro et de Léandre a fourni l'idée d'un joli poëme à Musée, grammairien grec du cinquième siècle.

La tradition bizarre de la fécondation aérienne des cavales, née sans doute des allégories d'Homère et d'Euripide sur les chevaux d'Achille et de Glaucus (*Il. XVI, v.* 150), (*Phéniciennes, v.* 1140), est rapportée par Aristote et par Varron :

Αἱ μὲν οὖν ἵπποι αἱ θήλειαι ἱππομανοῦσιν· ὅθεν καὶ ἐπὶ τὴν βλασφημίαν τὸ ὄνομα αὐτῶν ἐπιφέρουσιν ἀπὸ μόνου τῶν ζώων.... λέγονται δὲ καὶ ἐξανεμοῦσθαι περὶ τὸν καιρὸν τοῦτον.... θέουσι δὲ οὔτε πρὸς ἕω, οὔτε πρὸς δυσμὰς, ἀλλὰ πρὸς ἄρκτον ἢ νότον..... τότε δ' ἐκβάλλουσί τι· καλοῦσι δὲ καὶ τοῦτο, ὥσπερ ἐπὶ τοῦ τικτομένου, ἱππομανές. ἔστι δὲ οἷον ἡ καπρία· καὶ ζητοῦσι τοῦτο μάλιστα πάντων οἱ περὶ τὰς φαρμακείας.

Hist. des anim. liv. VI.

In so turá res incredibilis est in Hispaniá, sed est vera : quòd in Lusitaniá ad oceanum, in eá regione ubi est oppidum Olisyppo monte Tagro, quædam è vento concipiunt equæ, ut hic gallinæ quoque solent, quarum ova ὑπηνέμια *appellant*

Manuel rural, liv. II.

Le tableau entier de Virgile a été reproduit et amplifié par Thompson (*Printemps, v.* 569 à 1172), et après lui par Boucher (*Poëme des Mois, ch. V*).

V.

Sed fugit intereà, fugit irreparabile tempus,
Singula dùm capti circumvectamur amore.
Hoc satis armentis : superat pars altera curæ
Lanigeros agitare greges, hirtasque capellas.
Hic labor ; hinc laudem fortes sperate coloni.
Nec sum animi dubius, verbis ea vincere magnum
290 Quàm sit, et angustis hunc addere rebus honorem :
Sed me Parnassi deserta per ardua dulcis
Raptat amor ; juvat ire jugis quà nulla priorum
Castaliam molli devertitur orbita clivo.
Nunc, veneranda Pales, magno nunc ore sonandum.

L'auteur passe à la seconde partie de ce livre, aux soins
qu'exigent les petits troupeaux. Son introduction poétique se
retrouve presque mot pour mot dans Lucrèce :

Nunc age, quod superest cognosce et clarius audi.
Nec me animi fallit quàm sint obscura ; sed acri
Percussit thyrso laudis spes magna meum cor,
Et simul incussit suavem mî in pectus amorem
Musarum : quo nunc instinctus mente vigenti,
Avia Pieridum peragro loca, nullius antè
Trita solo ; juvat integros accedere fontes
Atque haurire ; juvatque novos decerpere flores,
Insignemque meo capiti petere indè coronam
Undè priùs nulli velârint tempora Musæ.
Livre I, v. 920.

★

Incipiens, stabulis edico in mollibus herbam
Carpere oves, dùm mox frondosa reducitur æstas;
Et multâ duram stipulâ filicumque maniplis
Sternere subter humum, glacies ne frigida lædat
Molle pecus, scabiemque ferat turpesque podagras.
300 Pòst, hinc digressus, jubeo frondentia capris
Arbuta sufficere, et fluvios præbere recentes;
Et stabula à ventis hiberno opponere soli
Ad medium conversa diem, cùm frigidus olim
Jam cadit extremoque irrorat Aquarius anno.
Hæ quoque non curâ nobis leviore tuendæ,
Nec minor usus erit : quamvis Milesia magno
Vellera mutentur, Tyrios incocta rubores.
Densior hinc soboles, hinc largi copia lactis :
Quàm magis exhausto spumaverit ubere mulctra,
310 Læta magis pressis manabunt flumina mammis.
Nec minùs intereà barbas incanaque menta
Cinyphii tondent hirci, setasque comantes,
Usum in castrorum, et miseris velamina nautis.
Pascuntur verò silvas, et summa Lycæi,
Horrentesque rubos et amantes ardua dumos.
Atque ipsæ memores redeunt in tecta, suosque
Ducunt, et gravido superant vix ubere limen.
Ergò omni studio glaciem ventosque nivales,
Quò minùs est illis curæ mortalis egestas,
320 Avertes; victumque feres, et virgea lætus
Pabula, nec totâ claudes fænilia brumâ.

Ces premiers préceptes concernent la nourriture des troupeaux en hiver, et l'approvisionnement du bercail, d'après les observations de Varron : *Primùm providendum ut totum annum rectè pascantur intùs et foris. Stabula idoneo loco ut sint, ne ventosa, quæ spectent magis ad orientem, quæ ad meridianum tempus. Ubi stent, solum oportet esse eruderatum et proclivum, ut everti facilè possit ac fieri purum. Non enim solum ea uligo lanam corrumpit ovium, sed etiam ungulas et scabiem fieri cogit. Cùm aliquot dies steterunt, subjicere oportet virgulta alia, quò molliùs requiescant, purioresque sint; libentiùs enim ità pascentur* (Manuel rural, liv. II).

Virgile, recommandant les mêmes soins pour les brebis et pour les chèvres, venge ces dernières de l'injuste mépris voué généralement aux espèces secondaires. Son ingénieux rapprochement n'a pas été inutile à Buffon.

*

At verò, Zephyris cùm læta vocantibus æstas
In saltus utrumque gregem atque in pascua mittet;
Luciferi primo cum sidere frigida rura
Carpamus, dùm mane novum, dùm gramina canent,
Et ros in tenerâ pecori gratissimus herbâ est.
Indè, ubi quarta sitim cœli collegerit hora,
Et cantu querulæ rumpent arbusta cicadæ,
Ad puteos aut alta greges ad stagna jubeto
330 Currentem ilignis potare canalibus undam;
Æstibus at mediis umbrosam exquirere vallem,
Sicubi magna Jovis antiquo robore quercus
Ingentes tendat ramos, aut sicubi nigrum
Ilicibus crebris sacrâ nemus accubet umbrâ;
Tum tenues dare rursùs aquas, et pascere rursùs,
Solis ad occasum, cùm frigidus aëra vesper
Temperat, et saltus reficit jàm roscida luna,
Littoraque alcyonem resonant et acanthida dumi.

Les heures du pâturage en été sont également déterminées par Varron : *Æstate, primâ luce exeunt pastum, proptereà quòd tunc herba roscida, meridianam, quæ est aridior, jucun-*

ditate præstat. Sole exorto puro propellunt; ut redintegrantes rursùs ad pastum alacriores faciant. Circiter meridianos æstus, dùm defervescat, sub umbriferas rupes et arbores patulas subjiciunt, quoad, refrigerato aëre vespertino, rursùs pascant ad solis occasum (Manuel rural, liv. II).

Les couleurs riantes dont le poëte a su revêtir ces détails rappellent les vers pittoresques d'Hésiode et de Théocrite sur les chants de la cigale et de l'alcyon dans les beaux jours :

Ἦμος δὲ χλοερῷ κυανόπτερος ἠχέτα τέττιξ
ὄζῳ ἐφεζόμενος, θέρος ἀνθρώποισιν ἀείδειν
ἄρχεται, ᾧ τε πόσις καὶ βρῶσις θῆλυς ἐέρση,
καί τε πανημέριός τε καὶ ἠῶος χέει αὐδὴν
ἴδει ἐν αἰνοτάτῳ, ὁπότε χρόα Σείριος ἄζει.

Bouclier d'Hercule, v. 393.

Χ' ἀλκυόνες στορεσεῦντι τὰ κύματα, τάν τε θάλασσαν,
τόν τε Νότον, τόν τ' Εὖρον ὃς ἔσχατα φυκία κινεῖ·
ἀλκυόνες, γλαυκαῖς Νηρηΐσι ταί τε μάλιστα
ὀρνίχων ἐφίλαθεν, ὅσαις τέ περ ἐξ ἁλὸς ἄγρα.

Idylle VII, v. 58.

Quittant maintenant les plaines de l'Italie, Virgile dirige son essor poétique vers les déserts de l'Afrique et de la Scythie où la différence de mœurs et de climat diversifie les habitudes des bergers.

V I.

Quid tibi pastores Libyæ, quid pascua versu
340 Prosequar, et raris habitata mapalia tectis ?
 Sæpè diem noctemque, et totum ex ordine mensem
Pascitur, itque pecus longa in deserta sine ullis
Hospitiis : tantùm campi jacet. Omnia secum

Armentarius Afer agit, tectumque, laremque, [tram :
Armaque, Amyclæumque canem, Cressamque phare-
Non secùs ac patriis acer Romanus in armis
Injusto sub fasce viam cùm carpit, et hosti
Antè exspectatum positis stat in agmine castris.

Cette peinture du nomade africain a été développée par Buffon dans le célèbre portrait de l'Arabe du désert. La supériorité des troupeaux d'Afrique est déjà reconnue par Ménélas dans Homère :

Αἰθίοπάς θ' ἱκόμην, καὶ Σιδονίους, καὶ Ἐρεμβοὺς,
καὶ Λιβύην, ἵνα τ' ἄρνες ἄφαρ κεραοὶ τελέθουσι.
τρὶς γὰρ τίκτει μῆλα τελεσφόρον εἰς ἐνιαυτόν·
ἔνθα μὲν οὔτε ἄναξ ἐπιδευὴς, οὔτε τι ποιμὴν,
τυροῦ καὶ κρειῶν, οὐδὲ γλυκεροῖο γάλακτος·
ἀλλ' αἰεὶ παρέχουσιν ἐπηετανὸν γάλα θῆσθαι.

Od. IV, v. 84.

*

At non, quâ Scythiæ gentes, Mæoticaque unda,
350 Turbidus et torquens flaventes Ister arenas,
Quàque redit medium Rhodope porrecta sub axem.
Illic clausa tenent stabulis armenta; neque ullæ
Aut herbæ campo apparent, aut arbore frondes ;
Sed jacet aggeribus niveis informis, et alto
Terra gelu latè, septemque assurgit in ulnas.
Semper hyems, semper spirantes frigora Cauri ;
Tùm sol pallentes haud unquam discutit umbras;
Nec cùm invectus equis altum petit æthera, nec cùm
Præcipitem oceani rubro lavit æquore currum.
360 Concrescunt subitæ currenti in flumine crustæ;

Undaque jàm tergo ferratos sustinet orbes,
Puppibus illa priùs, patulis nunc hospita plaustris.
Æraque dissiliunt vulgò, vestesque rigescunt
Indutæ, cæduntque securibus humida vina ?
Et totæ solidam in glaciem vertêre lacunæ,
Stiriaque impexis induruit horrida barbis.
Intereà toto non seciùs aëre ningit :
Intereunt pecudes, stant circumfusa pruinis
Corpora magna boum ; confertoque agmine cervi
370 Torpent mole novâ, et summis vix cornibus exstant.
Hos non immissis canibus, non cassibus ullis,
Puniceæve agitant pavidos formidine pennæ ;
Sed frustrà oppositum trudentes pectore montem
Cominùs obtruncant ferro, graviterque rudentes
Cædunt, et magno læti clamore reportant.
Ipsi in defossis specubus secura sub altâ
Otia agunt terrâ, congestaque robora, totasque
Advolvêre focis ulmos, ignique dedêre.
Hic noctem ludo ducunt, et pocula læti
380 Fermento atque acidis imitantur vitea sorbis.
Talis hyperboreo septem subjecta trioni
Gens effræna virûm Rhipæo tunditur euro,
Et pecudum fulvis velantur corpora setis.

Le poëte, par un heureux contraste, oppose aux plaines de la zone torride les bergeries des peuples du nord. Ses détails, exagérés pour la Scythie et pour les bords du Danube, deviennent aussi vrais qu'énergiques si on les applique aux régions boréales. La sombre horreur qui y règne est celle qui couvre dans Homère le pays des Cimmériens, situé à l'entrée des enfers :

Ενθα δὲ Κιμμερίων ἀνδρῶν δῆμός τε πόλις τέ,
ἠέρι καὶ νεφέλῃ κεκαλυμμένοι· οὐδέ πότ' αὐτοὺς

ἠέλιος φαέθων ἐπιδέρκεται ἀκτίνεσσιν,
οὐδ' ὁπότ' ἂν στείχῃσι πρὸς οὐρανὸν ἀστερόεντα,
οὔθ' ὅταν ἂψ ἐπὶ γαῖαν ἀπ' οὐρανόθεν προτράπηται·
ἀλλ' ἐπὶ νὺξ ὀλοὴ τέταται δειλοῖσι βροτοῖσι.

Od. XI, v. 14.

Les autres traits rappellent jusqu'à un certain point la peinture de l'hiver de Béotie, dans Hésiode ; surtout à l'égard de l'influence funeste que le froid exerce sur les animaux :

Μῆνα δὲ Ληναιῶνα, κακ' ἤματα, βούδορα πάντα,
τοῦτον ἀλεύασθαι, καὶ πηγάδας αἵτ' ἐπὶ γαῖαν
πνεύσαντος Βορέαο δυσηλεγέες τελέθουσιν·
ὅς τε διὰ Θρήκης ἱπποτρόφου εὐρέϊ πόντῳ
ἐμπνεύσας ὤρινε, μέμυκε δὲ γαῖα καὶ ὕλη·
πολλὰς δὲ δρῦς ὑψικόμους ἐλάτας τε παχείας
οὔρεος ἐν βήσσῃς πιλνᾷ χθονὶ πουλυβοτείρῃ
ἐμπίπτων, καὶ πᾶσα βοᾷ τότε νήριτος ὕλη.
Θῆρες δὲ φρίσσουσ', οὐρὰς δ' ὑπὸ μέζε' ἔθεντο,
τῶν καὶ λάχνῃ δέρμα κατάσκιον· ἀλλά νυ καὶ τῶν
ψυχρὸς ἐὼν διάησι, δασυστέρνων περ ἐόντων.
καί τε διὰ ῥινοῦ βοὸς ἔρχεται, οὐδέ μιν ἴσχει,
καί τε δι' αἶγα ἄησι τανύτριχα· πώεα δ' οὔτι,
οὕνεκ' ἐπηεταναὶ τρίχες αὐτῶν, οὐ διάησιν
ἲς ἀνέμου Βορέου· τροχαλὸν δὲ γέροντα τίθησι.
. . . .
καὶ τότε δὴ κεραοὶ καὶ νήκεροι ὑληκοῖται
λυγρὸν μαλκιόωντες ἀνὰ δρία βησσήεντα
φεύγουσιν· καὶ πᾶσιν ἐνὶ φρεσὶ τοῦτο μέμηλεν,
οἳ σκέπα μαιόμενοι πυκινοὺς κευθμῶνας ἔχουσι,
καὶ γλάφυ πετρῆεν· τότε δὴ τρίποδι βροτῷ ἶσοι,
οὗ τ' ἐπὶ νῶτα ἔαγε, κάρη δ' εἰς οὖδας ὁρᾶται,
τῷ ἴκελοι φοιτῶσιν, ἀλευόμενοι νίφα λευκήν.

Œuvres et Jours, v. 502 et 527.

La chute de la neige rappelle aussi une brillante comparaison d'Homère (*Il. XII, v.* 278). Quant au portrait des habitants eux-mêmes, il est conforme à celui qu'Ovide nous a laissé des peuples du Pont au milieu desquels il fut exilé (*Tristes, liv. V, élégie* 7).

Thompson a imité Virgile dans plusieurs parties de son chant de l'*Hiver*; mais le morceau le plus digne d'être opposé ici aux vers latins est sans contredit l'épisode du *Berger perdu dans les neiges*, dans lequel l'imitateur a surpassé son modèle (*Hiver, v.* 276).

VII.

Si tibi lanicium curæ, primùm aspera silva,
Lappæque tribulique absint; fuge pabula læta;
Continuòque greges villis lege mollibus albos.
Illum autem, quamvis aries sit candidus ipse,
Nigra subest udo tantùm cui lingua palato
Rejice, ne maculis infuscet vellera pullis
390 Nascentum, plenoque alium circumspice campo.
Munere sic niveo lanæ, si credere dignum est,
Pan deus Arcadiæ captam te, Luna, fefellit,
In nemora alta vocans, nec tu aspernata vocantem.
At, cui lactis amor, cytisum lotosque frequentes
Ipse manu salsasque ferat præsepibus herbas.
Hinc et amant fluvios magis, et magis ubera tendunt,
Et salis occultum referunt in lacte saporem.
Multi jàm excretos prohibent à matribus hædos,
Primaque ferratis præfigunt ora capistris.
400 Quod surgente die mulsêre horisque diurnis,
Nocte premunt; quod jàm tenebris et sole cadente,

Sub lucem exportans calathis adit oppida pastor,
Aut parco sale contingunt, hyemique reponunt.

Ces vers se rapportent aux soins du berger pour l'amélioration de la laine et du lait La beauté de la laine dépend de la nourriture, et surtout du choix des béliers, comme le remarquent Aristote et Varron :

Λευκὰ δὲ τὰ ἔκγονα γίνεται καὶ μέλανα, ἐὰν ὑπὸ τῇ τοῦ κριοῦ γλώττῃ λευκαὶ φλέβες ὦσιν ἢ μέλαιναι.

Hist. des anim. liv. VI.

Animadvertendum quoque lingua ne nigra an varia sit, quòd ferè omnes qui ea habent nigros aut varios procreant agnos.

Manuel rural, liv. II.

Les amours de Diane et de Pan formoient un des épisodes des Géorgiques de Nicandre. L'usage des herbes salées pour augmenter le lait est également recommandé par les deux auteurs :

Πιαίνει δὲ μάλιστα τὸ πρόβατον τὸ ποτόν· διὸ καὶ τοῦ θέρους διδόασιν ἅλας διὰ πέντε ἡμερῶν, μέδιμνον τοῖς ἑκατόν.

Hist. des anim. liv. VI.

Maximè amicum cytisum et medica; nam et pingues facit facillimè et generat lac.

Manuel rural, liv. II.

*

Nec tibi cura canum fuerit postrema; sed unà
Veloces Spartæ catulos, acremque Molossum
Pasce sero pingui. Nunquam custodibus illis
Nocturnum stabulis furem, incursusque luporum,
Aut impacatos à tergo horrebis Iberos.
Sæpè etiam cursu timidos agitabis onagros,
410 Et canibus leporem, canibus venabere damas;

Sæpe volutabris pulsos silvestribus apros
Latratu turbabis agens, montesque per altos
Ingentem clamore premes ad retia cervum

Le chien est nécessaire au cultivateur pour la garde du troupeau et pour la chasse, et le poëte recommande à cette double fin les deux races les plus renommées, les dogues d'Épire et les lévriers de Sparte. Cet utile animal a été le compagnon de l'homme dès la plus haute antiquité, comme l'atteste entre autres l'histoire du chien d'Ulysse (*O.l. XVII, v. 291 à 327*) :

Ἄργον δ' αὖ κατὰ μοῖρ' ἔλαβεν μέλανος θανάτοιο,
αὐτίκ' ἰδόντ' Ὀδυσῆα ἐεικοστῷ ἐνιαυτῷ.
Od. XVII, v. 326.

Hésiode donne le même conseil que Virgile :

Καὶ κύνα καρχαρόδοντα κομεῖν· μὴ φείδεο σίτου·
μή ποτέ σ' ἡμερόκοιτος ἀνὴρ ἀπὸ χρήμαθ' ἕληται.
Œuvres et Jours, v. 602.

Les vers latins ont été imités par Oppien (*Cynégétiques, ch. I, v. 368*) et par Buffon. Le poëte, passant à la troisième partie de son livre, parle maintenant des fléaux du bercail.

―――――

VIII.

Disce et odoratam stabulis accendere cedrum,
Galbaneoque agitare graves nidore chelydros.
Sæpe sub immotis præsepibus aut mala tactu
Vipera delituit, cœlumque exterrita fugit;
Aut tecto assuetus coluber succedere et umbræ,
Pestis acerba boum, pecorique aspergere virus,

420 Fovit humum. Cape saxa manu, cape robora, pastor;
Tollentemque minas et sibila colla tumentem
Dejice : jamque fugâ timidum caput abdidit altè,
Cùm medii nexus extremæque agmina caudæ
Solvuntur, tardosque trahit sinus ultimus orbes.
 Est etiam ille malus Calabris in saltibus anguis,
Squamea convolvens sublato pectore terga,
Atque notis longam maculosus grandibus alvum :
Qui, dùm amnes ulli rumpuntur fontibus, et dùm
Vere madent udo terræ ac pluvialibus austris,
430 Stagna colit, ripisque habitans, hîc piscibus atram
Improbus ingluviem ranisque loquacibus explet.
Postquam exhausta palus, terræque ardore dehiscunt,
Exsilit in siccum, et flammantia lumina torquens
Sævit agris, asperque siti atque exterritus æstu.
Ne mihi tùm molles sub dio carpere somnos,
Neu dorso nemoris libeat jacuisse per herbas;
Cùm positis novus exuviis nitidusque juventâ
Volvitur, aut catulos tectis aut ova relinquens,
Arduus ad solem et linguis micat ore trisulcis.

Virgile signale d'abord le danger des reptiles. Son énumération des serpents venimeux est tirée des *Thériaques* de Nicandre, auteur de deux autres traités sur l'agriculture et sur les abeilles qui ne nous sont point parvenus. Voici comment il indique la recette aromatique :

Ναὶ μὴν καὶ βαρύοδμος ἐπὶ φλογὶ μοιρηθεῖσα
χαλβάνη, ἄκνηστίς τε, καὶ ἡ πριόνεσσι τομαίη
κέδρος πολυόδουσι καταψηχθεῖσα γενείοις
ἐν φλογιῇ, καπνηλὸν ἄγει καὶ φύξιμον ὀδμήν.

τοῖς δὴ χηραμὰ κοῖλα, περί θ' ὑλωρέας εὐνὰς
κεινώσεις, δαπέδῳ δὲ πεσὼν, ὕπνοιο κορέσσῃ.

Thériaques, v. 51.

Les vers de Virgile sur la mort de la couleuvre se retrouvent en partie dans Homère (*Il. III, v.* 33); mais la belle description du chersydre ou aspic de Calabre est traduite littéralement de Nicandre :

Νῦν δ' ἄγε χερσύδροιο καὶ ἀσπίδος εἴρεο μορφὰς
ἰσαίας· πληγῇ δὲ κακήθεα σήμαθ' ὁμαρτεῖ.
πᾶσα γὰρ αὐαλέη ῥινὸς περὶ σάρκα μυσαχθής
νειόθι πιτναμένη, μυδόεν τεκμήρατο νύγμα·
σηπεδόσι φλιδόωσα· τὰ δ' ἄλγεα φῶτα δαμάζει
μυρία πυρπολέοντα· θοῶς δ' ἐπὶ γυῖα χέονται
πρηδόνες, ἄλλοθεν ἄλλαι ἐπημοιβοὶ κλονέουσαι.
ὃς δήτοι τὸ πρὶν μὲν ἐπὶ βροχθώδεϊ λίμνῃ
ἄσπειστον βατράχοισι φέρει κότον. ἀλλ' ὅταν ὕδωρ
σείριος ἀζήνῃσι, τρύγη δ' ἐνὶ πυθμένι λίμνης,
καὶ τόθ' ὅγ' ἐν χέρσῳ τελέθει ψαφαρός τε καὶ ἄχρους,
θάλπων ἠελίῳ βλοσυρὸν δέμας· ἐν δὲ κελεύθοις
γλώσσῃ ποιφύγδην νέμεται διψήρεας ὄγμους.

Thériaques, v. 359.

Les derniers vers latins, qui rappellent le sujet du *Culex*, se retrouvent dans un autre passage des *Thériaques* où le poëte conseille surtout d'éviter les serpents au printemps :

Καί τε παρὲξ λιστρωτὸν ἅλω δρόμον, ἠδ' ἵνα ποίη
πρῶτα κυϊσκομένη σκιάει χλοάοντας ἰάμνους,
τῆμος, ὅτ' αὐαλέων φολίδων ἀπεδύσσατο γῆρας
μῶλος ἐπιστείχων, ὅτε φωλεὸν εἴαρι φεύγων
ὄμμασιν ἀμβλώσσει· μαράθρου δ' ἑ νήχυτος ὄρπηξ
βοσκηθείς, ὠκύν τε καὶ αὐγήεντα τίθησι.

Thériaques, v. 29.

★

440 Morborum quoque te causas et signa docebo.
Turpis oves tentat scabies, ubi frigidus imber
Altius ad vivum persedit, et horrida cano
Bruma gelu; vel cùm tonsis illotus adhæsit
Sudor, et hirsuti secuerunt corpora vepres.
Dulcibus idcircò fluviis pecus omne magistri
Perfundunt, udisque aries in gurgite villis
Mersatur, missusque secundo defluit amni ;
Aut tonsum tristi contingunt corpus amurcâ,
Et spumas miscent argenti, vivaque sulfura,
450 Idæasque pices, et pingues unguine ceras,
Scillamque helleborosque graves nigrumque bitumen.
Non tamen ulla magis præsens fortuna laborum est,
Quàm si quis ferro potuit rescindere summum
Ulceris os. Alitur vitium, vivitque tegendo,
Dùm medicas adhibere manus ad vulnera pastor
Abnegat, et meliora deos sedet omina poscens.
Quin etiam, ima dolor balantum lapsus ad ossa
Cùm furit, atque artus depascitur arida febris,
Profuit incensos æstus avertere, et inter
460 Ima ferire pedis salientem sanguine venam :
Bisaltæ quo more solent, acerque Gelonus,
Cùm fugit in Rhodopen atque in deserta Getarum,
Et lac concretum cum sanguine potat equino.
Quam procul, aut molli succedere sæpius umbræ
Videris, aut summas carpentem ignavius herbas,
Extremamque sequi, aut medio procumbere campo
Pascentem, et seræ solam decedere nocti :
Continuò culpam ferro compesce, priusquam
Dira per incautum serpant contagia vulgus.

* 17

Virgile recommande en second lieu d'être attentif aux maladies, d'après ce précepte de Varron : *Animadvertendum quæ cujusque morbi sint causæ, quæque signa earum causarum sint, et quæ quemque morbum ratio curandi sequi debeat* (Manuel rural, liv. II). La première de ces maladies, la gale, se guérit par les bains, les frictions, l'incision. Les accès de fièvre se calment par la saignée; mais la peste, le plus terrible des fléaux, ne peut être arrêtée que par la mort de l'animal. L'exemple récent d'une épizootie qui venoit de dépeupler la Bavière et le Frioul fournit au poëte son épilogue.

IX.

470   Non tàm creber agens hyemem ruit æquore turbo,
Quàm multæ pecudum pestes : nec singula morbi
Corpora corripiunt, sed tota æstiva repenté, [gentem
Spemque, gregemque simul, cunctamque ab origine
Tùm sciat, aërias Alpes et Norica si quis
Castella in tumulis, et Iapydis arva Timavi,
Nunc quoque post tantùm videat, desertàque regna
Pastorum, et longè saltus latèque vacantes.
    Hic quondam morbo cœli miseranda coorta est
Tempestas, totoque autumni incanduit æstu,
480 Et genus omne neci pecudum dedit, omne ferarum;
Corrupitque lacus; infecit pabula tabo.
Nec via mortis erat simplex : sed ubi ignea venis
Omnibus acta sitis miseros adduxerat artus,
Rursùs abundabat fluidus liquor, omniaque in se
Ossa minutatim morbo collapsa trahebat.
Sæpè in honore deûm medio stans hostia ad aram,
Lanea dùm niveà circumdatur infula vittà,

Inter cunctantes cecidit moribunda ministros.
Aut si quam ferro mactaverat antè sacerdos,
490 Indé neque impositis ardent altaria fibris,
Nec responsa potest consultus reddere vates;
Ac vix suppositi tinguntur sanguine cultri,
Summaque jejunâ sanie infuscatur arena.
Hinc lætis vituli vulgò moriuntur in herbis,
Et dulces animas plena ad præsepia reddunt.
Hinc canibus blandis rabies venit; et quatit ægros
Tussis anhela sues, ac faucibus angit obesis.

Labitur infelix, studiorum atque immemor herbæ,
Victor equus, fontesque avertitur, et pede terram
500 Crebra ferit : demissæ aures; incertus ibidem
Sudor, et ille quidem morituris frigidus; aret
Pellis, et ad tactum tractanti dura resistit.
Hæc antè exitium primis dant signa diebus.
Sin in processu cœpit crudescere morbus,
Tùm verò ardentes oculi, atque attractus ab alto
Spiritus, interdùm gemitu gravis, imaque longo
Ilia singultu tendunt; it naribus ater
Sanguis, et obsessas fauces premit aspera lingua.
Profuit inserto latices infundere cornu
510 Lenæos; ea visa salus morientibus una :
Mox erat hoc ipsum exitio, furiisque refecti
Ardebant, ipsique suos, jàm morte sub ægrâ,
Di meliora piis, erroremque hostibus illum !
Discissos nudis laniabant dentibus artus.

Ecce autem duro fumans sub vomere taurus
Concidit, et mixtum spumis vomit ore cruorem,
Extremosque ciet gemitus : it tristis arator,
Mœrentem abjungens fraternâ morte juvencum,
Atque opere in medio defixa relinquit aratra.

520 Non umbræ altorum nemorum, non mollia possunt
Prata movere animum, non, qui per saxa volutus
Purior electro campum petit amnis; at ima
Solvuntur latera, atque oculos stupor urget inertes,
Ad terramque fluit devexo pondere cervix.
Quid labor aut benefacta juvant? quid vomere terras
Invertisse graves? atqui non Massica Bacchi
Munera, non illis epulæ nocuêre repostæ :
Frondibus et victu pascuntur simplicis herbæ;
Pocula sunt fontes liquidi atque exercita cursu
530 Flumina, nec somnos abrumpit cura salubres.

Tempore non alio dicunt regionibus illis
Quæsitas ad sacra boves Junonis, et uris
Imparibus ductos alta ad donaria currus.
Ergò ægrè rastris terram rimantur, et ipsis
Unguibus infodiunt fruges, montesque per altos
Contentâ cervice trahunt stridentia plaustra.
Non lupus insidias explorat ovilia circùm,
Nec gregibus nocturnus obambulat; acrior illum
Cura domat. Timidi damæ cervque fugaces
540 Nunc interque canes et circùm tecta vagantur.
Jàm maris immensi prolem, et genus omne natantum
Littore in extremo, ceu naufraga corpora, fluctus
Proluit; insolitæ fugiunt in flumina phocæ.
Interit et curvis frustrà defensa latebris
Vipera, et attoniti squamis adstantibus hydri.
Ipsis est aër avibus non æquus, et illæ
Præcipites altâ vitam sub nube relinquunt.

Præterea nec jàm mutari pabula refert,
Quæsitæque nocent artes; cessêre magistri,
550 Phillyrides Chiron, Amythaoniusque Melampus.
Sævit, et in lucem Stygiis emissa tenebris

Pallida Tisiphone Morbos agit ante Metumque,
Inque dies avidum surgens caput altiùs effert.
Balatu pecorum et crebris mugitibus amnes
Arentesque sonant ripæ, collesque supini.
Jamque catervatim dat stragem, atque aggerat ipsis
In stabulis turpi dilapsa cadavera tabo;
Donec humo tegere ac foveis abscondere discunt.
Nam neque erat coriis usus; nec viscera quisquam
560 Aut undis abolere potest, aut vincere flammâ;
Nec tondere quidem morbo illuvieque peresa
Vellera, nec telas possunt attingere putres.
Verùm etiam invisos si quis tentârat amictus,
Ardentes papulæ, atque immundus olentia sudor
Membra sequebatur; nec longo deindè moranti
Tempore contactos artus sacer ignis edebat.

Cet effrayant tableau de la Peste des animaux représente sans doute un fait historique, quoique les symptômes de la maladie et ses principales circonstances, soient tirés de la *Peste d'Athènes*, décrite par Thucydide et Lucrèce. Ce terrible fléau, sorti de l'Ethiopie, détruisit les deux tiers des habitants de l'Attique, tandis que l'épidémie de Bavière n'exerça ses ravages que sur les animaux. Cette restriction, qui sembloit laisser moins de ressources à Virgile, lui a fourni au contraire ses traits les plus touchants. Avec quel art il sait nous intéresser successivement aux souffrances de la brebis, du cheval, du taureau, des animaux sauvages, de la nature entière. Quelle gradation de couleurs ! quelle vérité de sentiments. La description de Lucrèce, plus importante pour le fond du sujet, perd une partie de son intérêt par la surabondance des détails techniques que Virgile a judicieusement abrégés, et qui convenoient moins au poëte qu'à l'historien. Elle se distingue toutefois par plusieurs passages remarquables qui lui ont assuré une juste réputation.

Nous allons la transcrire ici en indiquant pour rapprochements les textes d'Hippocrate (*Epidem. III*, section 3) et de Thucydide (*Histoire*, liv. *II*, section 47 à 54):

 Hæc ratio quondam morborum, et mortifer æstus
Finibu' Cecropiis funestos reddidit agros,
Vastavitque vias, exhausit civibus urbem.
Nam penitùs veniens Ægypti è finibus ortus,
Aëra permensus multum, camposque natantes,
Incubuit tandem populo Pandionis : omnes
Indè catervatim morbo mortique dabantur.
 Principiò, caput incensum fervore gerebant,
Et duplices oculos suffusâ luce rubentes.
Sudabant etiam fauces intrinsecùs atro
Sanguine, et ulceribus vocis via septa coïbat.
Atque animi interpres manabat lingua cruore,
Debilitata malis, motu gravis, aspera tactu.
Indè, ubi per fauces pectus complêrat, et ipsum
Morbida vis in cor mœstum confluxerat ægris,
Omnia tùm verò vitaï claustra lababant.
Spiritus ore foràs tetrum volvebat odorem,
Rancida quo perolent projecta cadavera ritu.
Atque animi prorsùm vires totius, et omne
Languebat corpus, lethi jàm limine in ipso.
Intolerabilibusque malis erat anxius angor
Assiduè comes, et gemitu commista querela;
Singultusque frequens noctem per sæpè diemque
Corripere assiduè nervos et membra coactans,
Dissolvebat eos, defessos antè fatigans.
 Nec nimio cuiquam posses ardore tueri
Corporis in summo summam fervescere partem;
Sed potiùs tepidum manibus proponere tactum,
Et simul ulceribus quasi inustis omne rubere
Corpus, ut est, per membra sacer cùm diditur ignis.
Intima pars homini verò flagrabat ad ossa :

Flagrabat stomacho flamma, ut fornacibus, intùs :
Nil adeò posset cuiquam leve tenueque membris
Vertere in utilitatem : ad ventum et frigora semper,
In fluvios partim gelidos ardentia morbo
Membra dabant, nudum jacientes corpus in undas.
Multi præcipites lymphis putealibus altè
Inciderunt, ipso venientes ore patente.
Insedabiliter sitis arida corpora mersans
Æquabat multum parvis humoribus imbrem.

Nec requies erat ulla mali; defessa jacebant
Corpora ; mussabat tacito medicina timore.
Quippè patentia cùm totas ardentia noctes
Lumina versarent oculorum expertia somno :
Multaque præterea mortis tùm signa dabantur;
Perturbata animi mens in mœrore metuque ;
Triste supercilium ; furiosus vultus et acer ;
Sollicitæ porrò plenæque sonoribus aures ;
Creber spiritus, aut ingens, ràroque coortus ;
Sudorisque madens per collum splendidus humor ;
Tenuia sputa, minuta, croci contincta colore,
Salsaque, per fauces raucas vix edita tussi.
In manibus verò nervi trahier, tremere artus ;
A pedibusque minutatim succedere frigus
Non dubitabat. Item ad supremum denique tempus
Compressæ nares : nasi primoris acumen
Tenue ; cavati oculi ; cava tempora ; frigida pellis,
Duraque ; inhorrebat rictum ; frons tenta minebat :
Nec nimiò rigidâ post strati morte jacebant,
Octavoque ferè candenti lumine solis,
Aut etiam nonâ reddebant lampade vitam.

Quorum si quis, ut est, vitârat funera lethi,
Ulceribus tetris, et nigrâ proluvie alvi ;
Posteriùs tamen hunc tabes lethumque manebat :
Aut etiam multus capitis cum sæpe dolore
Corruptus sanguis plenis ex naribus ibat ;

Hùc hominis totæ vires corpusque fluebat.
Profluvium porrò qui tetri sanguinis acre
Exierat, tamen in nervos huic morbus et artus
Ibat, et in partes genitales corporis ipsas.
Et graviter partim metuentes limina lethi
Vivebant ferro privati parte virili ;
Et manibus sine nonnulli pedibusque manebant
In vitâ tamen, et perdebant lumina partim :
Usque adeò mortis metus his incesserat acer.
Atque etiam quosdam cepêre oblivia rerum
Cunctarum, neque se possent cognoscere ut ipsi.
Multaque humi cum inhumata jacerent corpora suprà
Corporibus, tamen alituum genus atque ferarum
Aut procul absiliebat, ut acrem exiret odorem ;
Aut, ubi gustârat, languebat morte propinquâ.

   Nec tamen omninò temerè illis solibus ulla
Comparebat avis, nec noctibu' secla ferarum
Exibant silvis : languebant pleraque morbo,
Et moriebantur ; cum primis fida canum vis
Strata viis animam ponebat in omnibus ægram :
Extorquebat enim vitam vis morbida membris.
Incomitata rapi certabant funera vasta.
Nec ratio remedî communis certa dabatur.
Nam quod aliis dederat vitales aëris auras
Volvere in ore licere, et cœli templa tueri,
Hoc aliis erat exitio, lethumque parabat.

   Illud in his rebus miserandum et magnoperè unum
Ærumnabile erat, quòd, ubi se quisque videbat
Implicitum morbo, morti damnatus ut esset,
Deficiens animo mœsto cum corde jacebat
Funera respectans, animam et mittebat ibidem.
Idque vel imprimis cumulabat funere funus;
Quippe etenim nullo cessabant tempore apisci
Ex aliis alios avidi contagia morbi.
Nam quicumque suos fugitabant visere ad ægros,

LIVRE III.

Vitaï nimiùm cupidi mortisque timentes,
Pœnibat paulò post turpi morte malâque
Desertos, opis expertes, incuria mactans
Lanigeras tanquam pecudes et bucera secla.
Qui fuerant autem præstò, contagibus ibant,
Atque labore, pudor quem tùm cogebat obire,
Blandaque lassorum vox, mistâ voce querelæ.
Optimus hoc lethi genus ergò quisque subibat :
Inque aliis alium populum sepelire suorum
Certantes, lacrymis lassi luctuque redibant.
Indè bonam partem in lectum mœrore dabantur :
Nec poterat quisquam reperiri, quem neque morbus
Nec mors, nec luctus tentaret tempore tali.

Præterea, jam pastor, et armentarius omnis,
Et robustus item curvi moderator aratri,
Languebant ; penitùsque casis contrusa jacebant
Corpora, paupertate et morbo dedita morti.
Exanimis pueris super exanimata parentûm
Corpora nonnunquam posses, retròque videre
Matribus et patribus natos super edere vitam

Nec minimùm partim ex agris ægroris in urbem
Confluxit, languens quem contulit agricolarum
Copia, conveniens ex omni morbida parte.
Omnia complebant loca tectaque, quo magè eos tùm
Confertos ita acervatim mors accumulabat.
Multa siti prostrata viam per, proque voluta
Corpora, silanos ad aquarum strata jacebant,
Interclusâ animâ nimiâ ab dulcedine aquaï.
Multaque per populi passim loca prompta, viasque,
Languida semianimo tùm corpore membra videres,
Horrida pædore, et pannis cooperta, perire
Corporis inluvie : pellis super ossibus una,
Ulceribus tetris propè jàm sordique sepulta.

Omnia deniquè sancta deûm delubra replêrat
Corporibus mors exanimis, onerataque passim

Cuncta cadaveribus cœlestûm templa manebant,
Hospitibus loca quæ complêrant ædituentes.
Nec jàm relligio divûm, nec numina magni
Pendebantur : enim præsens dolor exsuperabat.
Nec mos ille sepulturæ remanebat in urbe,
Ut priùs hic populus semper consuêrat humari.
Perturbatus enim totus trepidabat, et unus
Quisque suum pro re consortem mœstus humabat.
Multaque vis subita, et paupertas horrida suasit :
Namque suos consanguineos aliena rogorum
Insuper instructa ingenti clamore locabant,
Subdebantque faces, multo cum sanguine sæpè
Rixantes potiùs, quàm corpora desererentur.

Poëme de la Nature, ch. *VI*, v. 1137.

Ovide a imité Lucrèce et Virgile dans la peinture de la *Peste d'Egine*, suscitée, selon la fable, par la jalousie de Junon contre Eaque, fils de Jupiter et d'Egine. Ce récit, plein de verve poétique, réunit dans un moindre cadre presque toutes les beautés des deux autres tableaux (*Métam.* ch. *VII*, v. 517 à 613). On trouve encore des imitations du même genre dans Lucain (*Pharsale*, ch. *VI*, v. 80), Sénèque (*OEdipe*, v. 35) et le Tasse (*Jérusalem*, ch. *XIII*, st. 52 à 64).

GÉORGIQUES.

LIVRE QUATRIÈME.

SOMMAIRE.

Les Abeilles.

I. Emplacement des ruches.
II. Emigrations et combats.
III. Le vieillard de Tarente.
IV. Moeurs des abeilles.
V. Rénouvellement des essaims.
VI. Episode d'Aristée.

Virgile a pris pour guides dans la composition de ce livre, Aristote pour la première partie, et Homère pour la seconde.

GÉORGIQUES.
LIVRE QUATRIÈME.

I.

Protenus aërii mellis cœlestia dona
Exsequar : hanc etiam, Mœcenas, aspice partem.
Admiranda tibi levium spectacula rerum,
Magnanimosque duces, totiusque ordine gentis
Mores, et studia, et populos, et prælia dicam.
In tenui labor ; at tenuis non gloria, si quem
Numina læva sinunt, auditque vocatus Apollo.

C'est par cette modeste dédicace à Mécène que Virgile ouvre son dernier livre, le moins important pour le fond des détails, mais le plus brillant pour l'exécution poétique. En chantant le peuple des abeilles, il a donné un libre essor à sa riante imagination ; il a prêté à ces industrieux animaux nos mœurs, nos vertus, nos penchants, et a établi des rapports intimes entre eux et l'humanité. Du reste, tous les principes qu'il développe sont tirés d'Aristote et de Varron dont il a adopté indistinctement les vérités et les erreurs, que l'état imparfait des sciences physiques ne lui permettoit pas de discerner. Il a sans doute profité aussi du traité des *Abeilles* de Nicandre qui ne nous est point parvenu ; mais il a orné ce texte aride d'une si ravissante poésie qu'il a fait oublier à la fois ses modèles et ses imitateurs.

★

Principiò sedes apibus statioque petenda,
Quò neque sit ventis aditus, nam pabula venti
10 Ferre domum prohibent, neque oves hædique petulci
Floribus insultent, aut errans bucula campo
Decutiat rorem, et surgentes atterat herbas.
Absint et picti squalentia terga lacerti
Pinguibus à stabulis, meropesque, aliæque volucres,
Et manibus Procne pectus signata cruentis.
Omnia nam latè vastant, ipsasque volantes
Ore ferunt, dulcem nidis immitibus escam.
At liquidi fontes et stagna virentia musco
Adsint, et tenuis fugiens per gramina rivus,
20 Palmaque vestibulum aut ingens oleaster inumbret:
Ut, cùm prima novi ducent examina reges
Vere suo, ludetque favis emissa juventus,.
Vicina invitet decedere ripa calori,
Obviaque hospitiis teneat frondentibus arbos.
In medium, seu stabit iners, seu profluet humor,
Transversas salices et grandia conjice saxa ;
Pontibus ut crebris possint consistere, et alas
Pandere ad æstivum solem, si fortè morantes
Sparserit, aut præceps neptuno immiserit eurus.
30 Hæc circùm casiæ virides, et olentia latè
Serpylla, et graviter spirantis copia thymbræ
Floreat, irriguumque bibant violaria fontem.

Le premier précepte concerne l'emplacement des ruches. Aristote donne les mêmes détails au 9me. livre de son Histoire naturelle, et Varron au 3me. livre de son Manuel rural. Ils signalent tous deux les choses nuisibles aux abeilles, et les localités qui leur conviennent :

Ἀδικοῦσι δὲ αὐτὰς μάλιστα αἵ τε σφῆκες καὶ οἱ αἰγίθαλοι καλούμενοι τὰ ὄρνεα· ἔτι δὲ χελιδὼν καὶ μέροψ. Θηρεύουσι δὲ καὶ οἱ τελματαῖοι βάτραχοι πρὸς τὸ ὕδωρ αὐτὰς ἀπαντώσας.... πίνουσι δ᾽ ἂν μὲν ᾖ ποταμὸς πλησίον οὐδαμόθεν ἄλλοθεν ἢ ἐντεῦθεν.... φυτεύειν δὲ συμφέρει περὶ τὰ σμήνη, ἀχράδας, κυάμους, πόαν μηδικὴν, συρίαν, ὤχρους, μυρρίνην, μήκωνα, ἕρπυλλον, ἀμυγδαλῆν.

Hist. des animaux, liv. IX.

Pabulum sit frequens et aqua pura. Si pabulum naturale non est, ea oportet dominum serere quæ maximè sequuntur apes; ea sunt: rosa, serpyllum, apiastrum, papaver, faba, lens, pisum, cyperum, medica, et maximè cytisum, quod valentibus utilissimum est.... In aquâ jaceant testæ aut lapilli, ità ut exstent paulùm, ubi assidere et bibere possint.

Manuel rural, liv. III.

*

Ipsa autem, seu corticibus tibi suta cavatis,
Seu lento fuerint alvearia vimine texta,
Angustos habeant aditus: nam frigore mella
Cogit hyems, eademque calor liquefacta remittit.
Utraque vis apibus pariter metuenda: neque illæ
Nequicquam in tectis certatim tenuia cerâ
Spiramenta linunt, fucoque et floribus oras
40 Explent, collectumque hæc ipsa ad munera gluten
Et visco et Phrygiæ servant pice lentius Idæ.
Sæpe etiam effossis, si vera est fama, latebris
Sub terrâ fodêre larem, penitùsque repertæ
Pumicibusque cavis exesæque arboris antro.
Tu tamen et levi rimosa cubilia limo
Unge fovens circùm, et raras superinjice frondes.
Neu propius tectis taxum sine; neve rubentes

Ure foco cancros; altæ neu crede paludi,
Aut ubi odor cœni gravis, aut ubi concava pulsu
50 Saxa sonant, vocisque offensa resultat imago.

Le poëte distingue deux sortes de ruches, celles d'écorce et celles de jonc. Toutes les deux, dès que les abeilles y sont admises, sont enduites en peu de temps par ces insectes d'une substance différente du miel et de la cire, désignée sous le nom de propolis :

Επειδὰν παραδοθῇ αὐταῖς καθαρὸν τὸ σμῆνος, οἰκοδομοῦσι τὰ κηρία φέρουσαι, τῶν τε ἄλλων ἀνθέων, καὶ ἀπὸ τῶν δένδρων τὰ δάκρυα, ἰτέας καὶ πτελέας, καὶ ἄλλων κολλωδεστάτων. τούτῳ δὲ καὶ τὸ ἔδαφος διαχρίουσι τῶν ἄλλων θηρίων ἕνεκεν.

Hist. des anim. liv. IX.

Il faut leur faciliter ce travail, et éloigner d'elles toute odeur pénétrante :

Δυσχεραίνουσι δὲ ταῖς δυσώδεσιν ὀσμαῖς, καὶ ταῖς τῶν μύρων.

Hist. des anim. liv. IX.

Varron est du même avis (*liv. III*). Les habitations des abeilles sauvages sont décrites dans ce fragment de Phocylide :

Κάμνει δ' ἠερόφοιτος ἀριστοπόνος τε μέλισσα,
ἢ κοίλης πέτρας κατὰ χοιράδος, ἢ δονάκεσσιν,
ἢ δρυὸς ὠγυγίης κατὰ κοιλάδος ἔνδοθι σίμβλων
σμήνεσι μυριόμορφα κατ' ἄνθεα κηροδομοῦσα.

II.

Quod superest, ubi pulsam hyemem sol aureus egit
Sub terras, cœlumque æstivâ luce reclusit,
Illæ continuò saltus silvasque peragrant,

Purpureosque metunt flores, et flumina libant
Summa leves. Hinc nescio quâ dulcedine lætæ
Progeniem nidosque fovent ; hinc arte recentes
Excudunt ceras, et mella tenacia fingunt.
Hinc, ubi jàm emissum caveis ad sidera cœli
Nare per æstatem liquidam suspexeris agmen,
60 Obscuramque trahi vento mirabere nubem,
Contemplator : aquas dulces et frondea semper
Tecta petunt. Hùc tu jussos asperge sapores,
Trita melisphylla, et cerinthæ ignobile gramen ;
Tinnitusque cie, et Matris quate cymbala circùm.
Ipsæ consident medicatis sedibus, ipsæ
Intima more suo sese in cunabula condent.

L'émigration des jeunes essaims a lieu au retour des beaux jours. La peinture de leur activité rappelle cette riante comparaison d'Homère :

Ἥυτε ἔθνεα εἶσι μελισσάων ἀδινάων,
πέτρης ἐκ γλαφυρῆς αἰεὶ νέον ἐρχομενάων·
βοτρυδὸν δὲ πέτονται ἐπ' ἄνθεσιν εἰαρινοῖσιν·
αἱ μέν τ' ἔνθα ἅλις πεποτήαται, αἱ δέ τε ἔνθα·
ὣς τῶν ἔθνεα πολλὰ νεῶν ἄπο καὶ κλισιάων
ἠϊόνος προπάροιθε βαθείης ἐστιχόωντο.

Il. II, v. 87.

On se sert, pour les attirer, de ruches renversées garnies d'herbes aromatiques. L'usage de frapper sur des bassins de cuivre est une erreur vulgaire, née du culte de Cybèle, et consacrée par Varron et Aristote :

Δοκοῦσι δὲ χαίρειν αἱ μέλιτται καὶ τῷ κρότῳ· διὸ καὶ κροτοῦντες φασὶν ἀνθροίζειν αὐτὰς εἰς τὸ σμῆνος ὀστράκοις τε καὶ ψόφοις.

Hist. des anim. liv. IX.

Sin autem ad pugnam exierint, nàm sæpè duobus
Regibus incessit magno discordia motu;
Continuóque animos vulgi et trepidantia bello
70 Corda licet longè præsciscere : namque morantes
Martius ille æris rauci canor increpat, et vox
Auditur fractos sonitus imitata tubarum.
Tùm trepidæ inter se coëunt, pennisque coruscant
Spiculaque exacuunt rostris, aptantque lacertos,
Et circà regem atque ipsa ad prætoria densæ
Miscentur, magnisque vocant clamoribus hostem.
Ergò, ubi ver nactæ sudum camposque patentes,
Erumpunt portis ; concurritur ; æthere in alto
Fit sonitus; magnum mixtæ glomerantur in orbem,
80 Præcipitesque cadunt : non densior aëre grando,
Nec de concussâ tantùm pluit ilice glandis.
Ipsi per medias acies, insignibus alis,
Ingentes animos angusto in pectore versant,
Usque adeò obnixi non cedere, dùm gravis aut hos,
Aut hos versa fugâ victor dare terga subegit.
Hi motus animorum atque hæc certamina tanta
Pulveris exigui jactu compressa quiescunt.

Cette guerre aérienne des abeilles n'est qu'une brillante chimère poétique. L'expérience a prouvé que leurs combats n'avoient jamais lieu que dans l'intérieur des ruches pour la destruction des bourdons ou des reines surnuméraires. Les signes qui les annoncent, selon Virgile, sont ceux qui précèdent chaque émigration d'après la remarque d'Aristote :

Ὅταν δὲ ἄφεσις μέλλῃ γίγνεσθαι, φωνή μονῶτις καὶ ἴδιος γίνεται ἐπί τινας ἡμέρας, καὶ πρὸ δύο ἢ τριῶν ἡμερῶν ὀλίγαι πέτονται περὶ τὸ σμῆνος. εἰ δὲ γίνεται καὶ βασιλεὺς ἐν ταύταις, οὐκ ὦπται πω, διὰ τὸ μὴ ῥᾴδιον εἶναι. ὅταν δ' ἀθροισθῶσιν, ἀποπέτονται καὶ χωρίζονται καθ' ἕκαστον τῶν βασιλέων αἱ ἄλλαι.... ἤδη δὲ, νοσήσαντος τινος σμήνους, ἦλθον τινες ἐπ' ἀλλότριον, καὶ μαχόμεναι, νικῶσαι, ἐξέφερον τὸ μέλι.

Hist. des anim. liv. IX.

Les couleurs fraîches et légères dont Virgile a orné son sujet prouvent en lui le même genre de talent qui inspira l'auteur de la *Batrachomyomachie*. On peut aussi rapprocher de ses vers cette jolie comparaison d'Homère sur l'ardeur belliqueuse des guêpes assimilées aux Thessaliens :

Αὐτίκα δὲ σφήκεσσιν ἐοικότες ἐξεχέοντο
εἰνοδίοις, οὓς παῖδες ἐριδμαίνωσιν ἔθοντες,
αἰεὶ κερτομέοντες, ὁδῷ ἔπι οἰκί' ἔχοντας,
νηπίαχοι· ξυνὸν δὲ κακὸν πολέεσσι τιθεῖσιν·
τοὺς δ' εἴπερ παρά τίς τε κιὼν ἄνθρωπος ὁδίτης
κινήσῃ ἀέκων· οἱ δ' ἄλκιμον ἦτορ ἔχοντες
πρόσσω πᾶς πέτεται, καὶ ἀμύνει οἷσι τέκεσσιν·

Il. XVI, v. 259.

Le texte latin a été très-bien rendu par le poëte italien Rucellaï, dont l'ouvrage sur les *Abeilles* joint la justesse des remarques à l'agrément des descriptions.

*

Verùm ubi ductores acie revocaveris ambo,
Deterior qui visus, eum, ne prodigus absit,
90 Dede neci : melior vacuâ sine regnet in aulâ.
Alter erit maculis auro squalentibus ardens;
Nam duo sunt genera : hic melior, insignis et ore
Et rutilis clarus squamis ; ille horridus alter
Desidiâ, latamque trahens inglorius alvum.
Ut binæ regum facies, ita corpora plebis.

Namque aliæ turpes horrent, ceu, pulvere ab alto
Cùm venit, et sicco terram spuit ore viator
Aridus; elucent aliæ, et fulgore coruscant
Ardentes auro, et paribus lita corpora guttis.
100 Hæc potior soboles; hinc cœli tempore certo
Dulcia mella premes, nec tantùm dulcia, quantùm
Et liquida et durum bacchi domitura saporem.

Cette distinction d'espèces dans les reines et dans les abeilles ouvrières est faussement établie par Aristote, qui a pris pour des traits caractéristiques les variations successives de l'âge. Varron et Virgile ont adopté son erreur :

Εἰσὶ δὲ γένη τῶν μελιττῶν πλείω, καθάπερ εἴρηται πρότερον· δύο μὲν, ἡγεμόνων· ὁ μὲν βελτίων, πυῤῥός· ὁ δ᾽ ἕτερος, μέλας καὶ ποικιλώτερος, τὸ δὲ μέγεθος διπλάσιος τῆς χρηστῆς μελίττης. ἡ δ᾽ ἀρίστη, μικρὰ, στρογγύλη καὶ ποικίλη. ἄλλη, μακρὰ, ὁμοία τῇ ἀνθρήνῃ.
Hist. des anim. liv. IX.

Virgile a employé pour peindre la dernière espèce ce vers d'un hymne de Callimaque :

Μηδ᾽ δ᾽ ὅκ᾽ ἀφ᾽ αὐαλέων στομάτων πτύωμες ἄπαστοι.
H. à Cérès, v. 6.

III.

At cùm incerta volant, cœloque examina ludunt,
Contemnuntque favos, et frigida tecta relinquunt,
Instabiles animos ludo prohibebis inani :
Nec magnus prohibere labor. Tu regibus alas
Eripe : non illis quisquam cunctantibus altum

Ire iter, aut castris audebit vellere signa.
Invitent croceis halantes floribus horti,
110 Et custos furum atque avium cum falce salignâ
Hellespontiaci servet tutela Priapi.
Ipse thymum pinosque ferens de montibus altis,
Tecta serat latè circùm, cui talia curæ;
Ipse labore manum duro terat; ipse feraces
Figat humo plantas, et amicos irriget imbres.

Le premier moyen indiqué ici pour prévenir la dispersion des essaims est d'une exécution très-difficile; car la reine est toujours entourée d'une foule d'abeilles qui empêchent de la distinguer.

Εν δὲ ταῖς ἀφέσεσιν αἱ λοιπαὶ περὶ τὸν βασιλέα συνεσπαρμέναι φαίνονται.

Hist. des anim. liv. IX.

Mais l'autre moyen, beaucoup plus simple, d'environner leurs ruches de thym (Νομὴ δὲ μελιττῶν τὸ θύμον, *liv. IX*), est en même temps plus agréable, et amène naturellement l'épisode des jardins.

*

Atque equidem, extremo ni jàm sub fine laborum
Vela traham, et terris festinem advertere proram,
Forsitan, et pingues hortos quæ cura colendi
Ornaret, canerem, biferique rosaria Pæsti;
120 Quoque modo potis gauderent intyba rivis,
Et virides apio ripæ, tortusque per herbam
Cresceret in ventrem cucumis; nec sera comantem
Narcissum, aut flexi tacuissem vimen acanthi,
Pallentesque hederas, et amantes littora myrtos.

Nàmque sub OEbaliæ memini me turribus arcis,
Quà niger humectat flaventia culta Galæsus,
Corycium vidisse senem, cui pauca relicti
Jugera ruris erant : nec fertilis illa juvencis,
Nec pecori opportuna seges, nec commoda baccho.
130 Hic rarum tamen in dumis olus, albaque circùm
Lilia verbenasque premens, vescumque papaver,
Regum æquabat opes animis, seràque revertens
Nocte domum, dapibus mensas onerabat inemptis.
Primus vere rosam atque autumno carpere poma;
Et cùm tristis hyems etiam nunc frigore saxa
Rumperet, et glacie cursus fraenaret aquarum,
Ille comam mollis jàm tondebat hyacinthi,
Æstatem increpitans seram Zephyrosque morantes.
Ergò apibus fœtis idem atque examine multo
140 Primus abundare, et spumantia cogere pressis
Mella favis. Illi tiliæ, atque uberrima pinus ;
Quotque in flore novo pomis se fertilis arbos
Induerat, totidem autumno matura tenebat.
Ille etiam seras in versum distulit ulmos,
Eduramque pirum, et spinos jàm pruna ferentes,
Jàmque ministrantem platanum potantibus umbras.
Verùm hæc ipse quidem spatiis exclusus iniquis
Prætereo, atque aliis post commemoranda relinquo.

Cet héritage que Virgile lègue à ses successeurs fut d'abord recueilli par Columelle qui a joint à son *Manuel rural* un livre versifié sur les *Jardins*. L'Italien Alamanni a consacré au même sujet le 5.me chant de son traité de la *Culture*, et Rapin et Delille en ont formé des poëmes particuliers qui rappellent dans plusieurs endroits la touche élégante de Virgile. Mais sous le rapport du sentiment, on ne peut mieux comparer le vieillard de Tarente qu'à l'hôte d'Herminie dans le Tasse, et au vieillard de Jersey dans Voltaire (*Jérusalem*, ch. *VII*, st. 6), (*Henriade*, ch. *I*, v. 192). La première idée de ce charmant épisode se retrouve dans la peinture du vieux Laërte qui, inconsolable de l'absence d'Ulysse, cultivoit de ses mains son petit champ (*Odyssée XXIV*, v. 225), et dans la description des jardins d'Alcinoüs, où Homère montre l'art et la nature se réunissant pour prodiguer leurs dons. On peut d'autant mieux en rapprocher ce dernier morceau, que le luxe des temps héroïques, uniquement fondé sur la fertilité des terres, étoit devenu dans le siècle d'Auguste le partage de chaque cultivateur :

Ἐκτοσθεν δ' αὐλῆς μέγας ὄρχατος ἄγχι θυράων
τετράγυος· περὶ δ' ἕρκος ἐλήλαται ἀμφοτέρωθεν.
ἔνθα δὲ δένδρεα μακρὰ πεφύκει τηλεθόωντα,
ὄγχναι, καὶ ῥοιαὶ, καὶ μηλέαι ἀγλαύκαρποι,
συκαῖ τε γλυκεραὶ, καὶ ἐλαῖαι τηλεθόωσαι·
τάων οὔποτε καρπὸς ἀπόλλυται, οὐδ' ἐπιλείπει
χείματος, οὐδὲ θέρευς, ἐπετήσιος· ἀλλὰ μάλ' αἰεὶ
Ζεφυρίη πνείουσα, τὰ μὲν φύει, ἄλλα δὲ πέσσει.
ὄγχνη ἐπ' ὄγχνῃ γηράσκει, μῆλον δ' ἐπὶ μήλῳ,
αὐτὰρ ἐπὶ σταφυλῇ σταφυλὴ, σῦκον δ' ἐπὶ σύκῳ.
ἔνθα δὲ οἱ πολύκαρπος ἀλωὴ ἐρρίζωται·
τῆς ἕτερον μὲν, θειλόπεδον λευρῷ ἐνὶ χώρῳ
τέρσεται ἠελίῳ· ἑτέρας δ' ἄρα τε τρυγόωσιν,
ἄλλας δὲ τραπέουσι· πάροιθε δέ τ' ὄμφακές εἰσιν,
ἄνθος ἀφιεῖσαι, ἕτεραι δ' ὑποπερκάζουσιν.
ἔνθα δὲ κοσμηταὶ πρασιαὶ παρὰ νείατον ὄρχον
παντοῖαι πεφύασιν, ἐπηετανὸν γανόωσαι·
ἐν δὲ δύω κρῆναι, ἡ μέν τ' ἀνὰ κῆπον ἅπαντα
σκίδναται, ἡ δ' ἑτέρωθεν ὑπ' αὐλῆς οὐδὸν ἵησι
πρὸς δόμον ὑψηλὸν, ὅθεν ὑδρεύοντο πολῖται.
τοῖα ῥ' ἐν Ἀλκινόοιο θεῶν ἔσαν ἀγλαὰ δῶρα.

OD. VII, v. 112.

On peut encore joindre à ces vers célèbres la description de la grotte de Calypso (*Od. V, v.* 57). Virgile, après avoir donné tous les détails nécessaires sur l'emplacement et la disposition des ruches et la manière d'y fixer les abeilles, entre maintenant dans de plus grands développements sur l'instinct de ces merveilleux insectes.

IV.

Nunc age, naturas apibus quas Jupiter ipse
150 Addidit, expediam : pro quâ mercede, canoros
Curetum sonitus crepitantiaque æra secutæ,
Dictæo cœli regem pavêre sub antro.
    Solæ communes natos, consortia tecta
Urbis habent, magnisque agitant sub legibus ævum;
Et patriam solæ et certos novêre penates;
Venturæque hyemis memores æstate laborem
Experiuntur, et in medium quæsita reponunt.
Namque aliæ victu invigilant, et fœdere pacto
Exercentur agris; pars intra septa domorum
160 Narcissi lacrymam, et lentum de cortice gluten,
Prima favis ponunt fundamina, deindè tenaces
Suspendunt ceras; aliæ, spem gentis, adultos
Educunt fœtus; aliæ purissima mella
Stipant, et liquido distendunt nectare cellas.
Sunt, quibus ad portas cecidit custodia sorti;
Inque vicem speculantur aquas et nubila cœli,
Aut onera accipiunt venientum, aut agmine facto
Ignavum fucos pecus à præsepibus arcent.
Fervet opus, redolentque thymo fragrantia mella.
170 Ac veluti lentis Cyclopes fulmina massis

LIVRE IV.

Cùm properant : alii taurinis follibus auras
Accipiunt, redduntque ; alii stridentia tingunt
Æra lacu ; gemit impositis incudibus Ætna :
Illi inter sese magnâ vi brachia tollunt
In numerum, versantque tenaci forcipe ferrum.
Non aliter, si parva licet componere magnis,
Cecropias innatus apes amor urget habendi,
Munere quamque suo. Grandævis oppida curæ,
Et munire favos, et dædala fingere tecta :
180 At fessæ multâ referunt se nocte minores,
Crura thymo plenæ ; pascuntur et arbuta passim,
Et glaucas salices, casiamque, crocumque rubentem,
Et pinguem tiliam, et ferrugineos hyacinthos.

Jupiter, selon la fable, fut élevé dans un antre de Crète par les Nymphes et les Curètes qui cachoient ses cris à Saturne, tandis qu'une chèvre et des abeilles le nourrissoient de lait et de miel :

Ζεῦ, σὲ δὲ Κυρβάντων ἕταραι προσεπηχύναντο
Δικταῖαι Μελίαι, σὲ δὲ κοίμισεν Ἀδρήστεια
λίκνῳ ἐνὶ χρυσέῳ· σὺ δ' ἐθήσαο πίονα μαζὸν
αἰγὸς Ἀμαλθείης, ἐπὶ δὲ γλυκὺ κηρίον ἔβρως·
γέντο γὰρ ἐξαπιναῖα Πανακρίδος ἔργα μελίσσης
Ἰδαίοις ἐν ὄρεσσι, τά τε κλείουσι Πάνακρα.
οὖλα δὲ Κούρητές σε περὶ πρύλιν ὠρχήσαντο,
τεύχεα πεπλήγοντες, ἵνα Κρόνος οὔασιν ἠχὴν
ἀσπίδος εἰσαΐοι, καὶ μή σέο κουρίζοντος.

Callimaque. Hymne à Jupiter, v. 46.

Lucrèce a bien rendu ces derniers vers :

Dictæos referunt Curetas, qui Jovis illum
Vagitum in Cretâ quondam occultâsse feruntur;
Cùm pueri circùm puerum pernice choreâ

Armati in numerum starent ; pernice choreâ
Armati in numerum pulsarent æribus æra.
>Poëme de la Nature, liv. *II*, v. 634.

C'est en récompense de cet éminent service que les abeilles reçurent, selon le poëte, cette intelligence surnaturelle qu'il décrit d'après les observations d'Aristote :

Εἰσὶ δ᾽ αὐταῖς τεταγμέναι ἐφ᾽ ἕκαστον τῶν ἔργων.... καὶ αἱ μὲν, κηρία ἐργάζονται· αἱ δὲ, τὸ μέλι· αἱ δ᾽, ἐριθάκην. καὶ αἱ μὲν, πλάττουσι κηρία· αἱ δὲ, ὕδωρ φέρουσιν εἰς τοὺς κυττάρους, καὶ μιγνύουσι τῷ μέλιτι· αἱ δ᾽ ἐπ᾽ ἔργον ἔρχονται.... καὶ τοὺς σφῆκας ἀποκτείνουσι ὅταν μηκέτι χωρῇ αὐταῖς.... αἱ μὲν πρεσβύτεραι, τὰ εἴσω ἐργάζονται καὶ δασύτεραι εἰσι, διὰ τὸ εἴσω μένειν· αἱ δὲ νέαι, ἔξωθεν φέρουσι, καὶ εἰσὶ λειότεραι.... ἀφ᾽ ὧν δὲ φέρουσιν, ἔστι τάδε· θύμον, ἀτρακτυλλὶς, μελίλωτον, ἀσφόδελος, μυρρίνη, φλεὼς, ἄγνος, σπάρτον.
>Hist. des anim. liv. IX.

La comparaison des Cyclopes, remarquable par son harmonie imitative, rappelle les deux tableaux qu'Homère et Callimaque ont tracés de Vulcain et des Cyclopes (voyez Enéide VIII, v. 447):

Χαλκὸν δ᾽ ἐν πυρὶ βάλλεν ἀτειρέα, κασσίτερόν τε,
καὶ χρυσὸν τιμῆντα καὶ ἄργυρον· αὐτὰρ ἔπειτα
θῆκεν ἐν ἀκμοθέτῳ μέγαν ἄκμονα· γέντο δὲ χειρὶ
ῥαιστῆρα κρατερήν, ἑτέρηφι δὲ γέντο πυράγρην.
>Il. XVIII, v. 474.

Αὖε δὲ Τρινακρίη, Σικανῶν ἕδος, αὖε δὲ γείτων
Ἰταλίη, μεγάλην δὲ βοὴν ἐπὶ Κύρνος ἀΰτει·
εὖθ᾽ οἵγε ῥαιστῆρας ἀειράμενοι ὑπὲρ ὤμων,
ἢ χαλκὸν ζείοντα καμινόθεν, ἠὲ σίδηρον
ἀμβολαδὶς τετύποντες, ἀτειρέα μοχθήσειαν.
>Hymne à Diane, v. 57.

★

Omnibus una quies operum, labor omnibus unus.
Mane ruunt portis, nusquam mora : rursùs, easdem
Vesper ubi è pastu tandem decedere campis
Admonuit, tùm tecta petunt, tùm corpora curant;
Fit sonitus, mussantque oras et limina circùm.
Pòst, ubi jàm thalamis se composuêre, siletur
190In noctem, fessosque sopor suus occupat artus.

Nec verò à stabulis pluviâ impendente recedunt
Longiùs, aut credunt cœlo adventantibus curis :
Sed circùm tutæ sub mœnibus urbis aquantur,
Excursusque breves tentant; et sæpè lapillos ;
Ut cymbæ instabiles fluctu jactante saburram,
Tollunt : his sese per inania nubila librant.

Ce passage ne réunit pas, comme le précédent, l'exactitude des détails au mérite poétique; car il est prouvé que les abeilles travaillent la nuit comme le jour, et que la seule espèce qui se charge de grains de sable est l'abeille maçonne qui fait son nid dans les murs. Du reste Virgile suit encore Varron et Aristote :

Ορθριαι δὲ σιωπῶσιν, ἕως ἂν μία ἐγείρῃ βομβήσασα δὶς ἢ τρίς· τότε δ' ἐπ' ἔργον ἀθρόαι πέτονται. καὶ ἐλθοῦσαι πάλιν, θορυβοῦσι τὸ πρῶτον· κατὰ μικρὸν δ' ἧττον, ἕως ἂν μία περιπετομένη βομβήσῃ, ὥσπερ σημαίνουσα καθεύδειν. εἶτ' ἐξαπίνης σιωπῶσι.... προγινώσκουσι δὲ καὶ χειμῶνα καὶ ὕδωρ αἱ μέλιτται. σημεῖον δέ· οὐκ ἀποπέτονται γάρ, ἀλλ' ἐν τῇ εὐδίᾳ αὐτοῦ ἀνειλοῦνται.... ὅταν δ' ἄνεμος ᾖ μέγας, φέρουσι λίθον ἐφ' ἑαυταῖς, ἕρμα πρὸς τὸ πνεῦμα.

Hist. des anim. liv. IX.

La remarque plus vraie de leur pressentiment de la pluie est consignée dans les *Pronostics* d'Aratus :

Οὐδ' ἂν ἐπιξουθαὶ, μεγάλου χειμῶνος ἰόντος,
πρόσσω ποιήσαιντο νομὸν κηροῖο μέλισσαι,
ἀλλ' αὐτοῦ μέλιτός τε καὶ ἔργων εἰλίσσονται.

Pronostics, v. 296.

★

Illum adeò placuisse apibus mirabere morem,
Quod nec concubitu indulgent, nec corpora segnes
In venerem solvunt, aut fœtus nixibus edunt.
200 Verùm ipsæ è foliis natos et suavibus herbis
Ore legunt; ipsæ regem, parvosque quirites
Sufficiunt, aulasque et cerea regna refingunt.
Sæpè etiam duris errando in cotibus alas
Attrivêre, ultròque animam sub fasce dedêre.
Tantus amor florum, et generandi gloria mellis !
Ergò ipsas quamvis angusti terminus ævi
Excipiat: neque enim plus septima ducitur æstas:
At genus immortale manet, multosque per annos
Stat fortuna domûs, et avi numerantur avorum.
210 Præthereà regem non sic Ægyptus, et ingens
Lydia, nec populi Parthorum, aut Medus Hydaspes,
Observant. Rege incolumi mens omnibus una est;
Amisso, rupêre fidem, constructaque mella
Diripuêre ipsæ, et crates solvêre favorum.
Ille operum custos; illum admirantur, et omnes
Circumstant fremitu denso, stipantque frequentes;
Et sæpè attollunt humeris, et corpora bello
Objectant, pulchramque petunt per vulnera mortem.

La génération mystérieuse des abeilles a long-temps échappé aux recherches des naturalistes. Ce n'est que de nos jours qu'on a découvert qu'elles naissent toutes de la reine fécondée par les bourdons. Il n'est donc pas étonnant qu'Aristote et Virgile aient admis l'opinion vulgaire qui les faisoit éclore sur les calices des fleurs :

Περὶ δὲ τὴν γένεσιν τῶν μελιττῶν οὐ τὸν αὐτὸν τρόπον πάντες; ὑπολαμβάνουσιν. οἱ μὲν γάρ φασιν οὐ τίκτειν, οὐδ' ὀχεύεσθαι τὰς μελίττας, ἀλλὰ φέρειν τὸν γόνον. καὶ φέρειν οἱ μεν ἀπὸ τοῦ ἄνθους τοῦ καλλύντρου, οἱ δὲ ἀπὸ τοῦ ἄνθους τοῦ καλάμου, ἄλλοι δὲ ἀπὸ τοῦ ἄνθους τῆς ἐλαίας.

Hist. des anim. liv. V.

Quant à leur respect pour leur reine, à qui l'on donnoit autrefois le nom de roi, il n'y a que peu d'exagération dans ce que disent à ce sujet les deux auteurs :

Οἱ δὲ βασιλεῖς οὐ πέτονται ἔξω, ἐὰν μὴ μετὰ ὅλου τοῦ ἑσμοῦ, οὔτ' ἐπὶ βοσκὴν οὔτ' ἄλλως. φασὶ δὲ καὶ ἐὰν ἀποπλανηθῇ ὁ ἀρεσμός, ἀνιχνευούσας μεταθεῖν, ἕως ἂν εὕρωσι τὸν ἡγεμόνα τῇ ὀσμῇ· λέγεται δὲ καὶ φέρεσθαι αὐτὸν ὑπὸ τοῦ ἑσμοῦ, ὅταν πέτεσθαι μὴ δύνηται· καὶ ἐὰν ἀπόληται, ἀπόλλυσθαι τὸν ἀρεσμόν.

Hist. des anim. liv. IX.

★

His quidam signis, atque hæc exempla secuti,
220 Esse apibus partem divinæ mentis, et haustus
    Æthereos dixêre : deum namque ire per omnes
    Terrasque, tractusque maris, cœlumque profundum ;
    Hinc pecudes, armenta, viros, genus omne ferarum,
    Quemque sibi tenues nascentem arcessere vitas ;
    Scilicet huc reddi deindè ac resoluta referri
    Omnia, nec morti esse locum, sed viva volare
    Sideris in numerum, atque alto succedere cœlo.

Il n'est pas étonnant que, frappés de cet instinct extraordinaire, les anciens aient appliqué aux abeilles de préférence à tout autre animal le brillant système de la métempsycose établi par Pythagore, Empédocle et Platon, et exposé dans le début d'Aratus, qui représente la nature entière vivifiée par le souffle de Jupiter :

Ἐκ Διὸς ἀρχώμεσθα, τὸν δ' οὐδέποτ' ἄνδρες ἐῶμεν
ἄρρητον· μεσταὶ δὲ Διὸς πᾶσαι μὲν ἀγυιαί,

πᾶσαι δ᾽ ἀνθρώπων ἀγοραί· μεστὴ δὲ θάλασσα,
καὶ λιμένες· πάντη δὲ Διὸς κεχρήμεθα πάντες.

Phénomènes, v. 1.

Virgile a développé ces mêmes idées avec plus de détail au 6me. livre de l'Enéide (v. 724). Ici il conclut son traité des abeilles par l'énumération des soins qu'exigent la récolte du miel et les maladies des essaims.

V.

Si quandò sedem angustam servataque mella
Thesauris relines, priùs haustu sparsus aquarum
230 Ora fove, fumosque manu prætende sequaces.
Bis gravidos cogunt fœtus, duo tempora messis:
Taygete simul os terris ostendit honestum
Pleias, et oceani spretos pede reppulit amnes;
Aut eadem sidus fugiens ubi Piscis aquosi
Tristior hibernas cœlo descendit in undas.
Illis ira modum suprà est, læsæque venenum
Morsibus inspirant, et spicula cæca relinquunt
Affixæ venis, animasque in vulnere ponunt.
Sin, duram metuens hyemem, parcesque futuro
240 Contususque animos et res miserabere fractas:
At suffire thymo, cerasque recidere inanes
Quis dubitet? nam sæpe favos ignotus adedit
Stellio; lucifugis congesta cubilia blattis;
Immunisque sedens aliena ad pabula fucus;
Aut asper crabro imparibus se immiscuit armis;
Aut durum tineæ genus, aut invisa Minervæ
Laxos in foribus suspendit aranea casses.

Quò magis exhaustæ fuerint, hoc acriùs omnes
Incumbent generis lapsi sarcire ruinas,
250 Complebuntque foros, et floribus horrea texent.

Le lever et le coucher des Pléiades, les mois de Mai et de Novembre, sont également fixés par Varron et Aristote comme les deux époques de la récolte. Ils recommandent les mêmes précautions que le poëte pour l'extraction des rayons, et l'entretien des ruches pendant l'hiver :

Τῇ δὲ τοῦ μέλιτος ἐργασίᾳ διττοὶ καιροί εἰσιν, ἔαρ καὶ μετόπωρον. καὶ τοῖς ἐξαιροῦσι περὶ τοῦ μέλιτος τότε μάχονται μάλιστα. αἱ δὲ τύπτουσαι, ἀπόλλυνται, διὰ τὸ μὴ δύνασθαι τὸ κέντρον ἄνευ τοῦ ἐντέρου ἐξαιρεῖσθαι.... ὅταν δὲ τὰ κηρία ἐξαιρῶσιν οἱ μελιττουργοί, ἀπολείπουσιν αὐταῖς τροφὴν διὰ χειμῶνα.

Hist. des anim. liv. IX.

Les vers sur la fumigation des essaims et sur la vie parasite des bourdons rappellent ces deux comparaisons d'Apollonius et d'Hésiode :

Ὡς δὲ μελισσάων σμῆνος μέγα μηλοβοτῆρες
ἠὲ μελισσοκόμοι πέτρῃ ἔνι καπνιόωσιν,
αἱ δ' ἤτοι τείως μὲν ἀολλέες ᾧ ἐνὶ σίμβλῳ
βομβηδὸν κλονέονται, ἐπιπρὸ δὲ λιγνυόεντι
καπνῷ τυφόμεναι πέτρης ἑκὰς ἀΐσσουσιν.

Argon. II, v. 130.

Ὡς δ' ὁπότ' ἐν σμήνεσσι κατηρεφέεσσι μέλισσαι
κηφῆνας βόσκουσι, κακῶν ξυνήονας ἔργων,
αἱ μέν τε πρόπαν ἦμαρ ἐς ἠέλιον καταδύντα
ἠμάτιαι σπεύδουσι, τιθεῖσί τε κηρία λευκά·
οἱ δ' ἔντοσθε μένοντες ἐπηρεφέας κατὰ σίμβλους,
ἀλλότριον κάματον σφετέρην ἐς γαστέρ' ἀμῶνται.

Théogonie, v. 594.

★

Etudes grecq. Ire Partie.

Si verò, quoniam casus apibus quoque nostros
Vita tulit, tristi languebunt corpora morbo,
Quod jàm non dubiis poteris cognoscere signis :
Continuò est ægris alius color; horrida vultum
Deformat macies; tùm corpora luce carentum
Exportant tectis, et tristia funera ducunt.
Aut illæ pedibus connexæ ad limina pendent;
Aut intùs clausis cunctantur in ædibus omnes,
Ignavæque fame et contracto frigore pigræ.
260 Tùm sonus auditur gravior, tractimque susurrant :
Frigidus ut quondam silvis immurmurat auster,
Ut mare sollicitum stridet refluentibus undis,
Æstuat ut clausis rapidus fornacibus ignis.
Hîc jàm galbaneos suadebo incendere odores,
Mellaque arundineis inferre canalibus, ultrò
Hortantem, et fessas ad pabula nota vocantem.
Proderit et tunsum gallæ admiscere saporem,
Arentesque rosas, aut igni pinguia multo
Defruta, vel psithiâ passos de vite racemos,
270 Cecropiumque thymum, et graveolentia centaurea.
Est etiam flos in pratis, cui nomen amello
Fecêre agricolæ, facilis quærentibus herba.
Namque uno ingentem tollit de cœspite silvam,
Aureus ipse; sed in foliis, quæ plurima circùm
Funduntur, violæ sublucet purpura nigræ.
Sæpè deûm nexis ornatæ torquibus aræ;
Asper in ore sapor; tunsis in vallibus illum
Pastores et curva legunt propè flumina Mellæ.
Hujus odorato radices incoque baccho,
280 Pabulaque in foribus plenis appone canistris.

Ces maladies et ces remèdes, observés jadis avec un soin minutieux, sont également détaillés par Aristote, quoique l'expérience ait prouvé depuis que les abeilles ne souffroient guère que de l'engourdissement causé par le froid:

Τὰ δὲ νοσήματα ἐμπίπτει μάλιστα εἰς τὰ εὐθυνοῦντα τῶν σμηνῶν, ὅ τε καλούμενος κλῆρος. τοῦτο γίνεται ἐν τῷ ἐδάφει σκωλήκια μικρά· ἀφ' ὧν αὐξομένων, ὥσπερ ἀράχνια κατίσχει τὸ σμῆνος ὅλον, καὶ σήπεται τὰ κήρια.... ἄλλο δὲ νόσημα, οἷον ἀργία τις γίνεται τῶν μελιττῶν καὶ δυσωδία τῶν σμηνῶν.... ὅταν δὲ κρέμωνται ἐξ ἀλλήλων ἐν τῷ σμήνει, σημεῖον γίνεται τοῦτο ὅτι ἀπολείψει. ἀλλὰ καταφυσῶσι τὸ σμῆνος οἴνῳ γλυκεῖ οἱ μελιτουργοὶ ὅταν τοῦτ' αἴσθωνται.

Hist. des anim. liv. IX.

Les trois comparaisons employées par le poëte sont un diminutif de ce passage d'Homère peignant le choc des Grecs et des Troyens:

Οὔτε θαλάσσης κῦμα τόσον βοᾷ προτὶ χέρσον,
ποντόθεν ὀρνύμενον πνοιῇ Βορέω ἀλεγεινῇ·
οὔτε πυρὸς τόσσος γε πέλει βρόμος αἰθομένοιο
οὔρεος ἐν βήσσης, ὅτε τ' ὤρετο καιέμεν ὕλην·
οὔτ' ἄνεμος τόσσον γε ποτὶ δρυσὶν ὑψικόμοισιν
ἠπύει, ὅστε μάλιστα μέγα βρέμεται χαλεπαίνων·
ὅσση ἄρα Τρώων καὶ Ἀχαιῶν ἔπλετο φωνή,
δεινὸν αὐσάντων, ὅτ' ἐπ' ἀλλήλοισιν ὄρουσαν.

Il. XIV, v. 394.

La plante médicinale que Virgile décrit ensuite est l'*Aster atticus* des botanistes.

★

Sed, si quem proles subitò defecerit omnis,
Nec, genus undè novæ stirpis revocetur, habebit:
Tempus et Arcadii memoranda inventa magistri

Pandere, quoque modo cæsis jàm sæpè juvencis,
Insincerus apes tulerit cruor. Altiùs omnem
Expediam, primâ repetens ab origine, famam.
Nam quà Pellæi gens fortunata Canopi
Accolit effuso stagnantem flumine Nilum,
Et circùm pictis vehitur sua rura faselis;
290 Quâque pharetratæ vicinia Persidis urget,
Et viridem Ægyptum nigrâ fæcundat arenâ,
Et diversa ruens septem discurrit in ora
Usque coloratis amnis devexus ab Indis:
Omnis in hâc certam regio jacit arte salutem.
Exiguus primùm, atque ipsos contractus ad usus,
Eligitur locus; hunc angustique imbrice tecti
Parietibusque premunt arctis, et quatuor addunt
Quatuor à ventis obliquâ luce fenestras.
Tùm vitulus bimâ curvans jàm cornua fronte
300 Quæritur : huic geminæ nares, et spiritus oris
Multa reluctanti obstruitur, plagisque perempto
Tunsa per integram solvuntur viscera pellem.
Sic positum in clauso linquunt, et ramea costis
Subjiciunt fragmenta, thymum, casiasque recentes.
Hoc geritur, Zephyris primùm impellentibus undas,
Antè novis rubeant quàm prata coloribus, antè
Garrula quàm tignis nidum suspendat hirundo.
Intereà teneris tepefactus in ossibus humor
Æstuat, et visenda modis animalia miris,
310 Trunca pedum primò, mox et stridentia pennis
Miscentur, tenuemque magis magis aëra carpunt;
Donec, ut æstivis effusus nubibus imber,
Erupêre; aut ut, nervo pulsante, sagittæ,
Prima leves ineunt si quandò prælia Parthi.

Aux remèdes utiles et praticables, le poëte, autorisé par ses devanciers, joint ici un moyen chimérique pour la reproduction totale des essaims. Quelque puérile que puisse paroître son assertion, elle est fondée sur le témoignage des plus graves philosophes de l'antiquité qui n'ont pas désavoué sur ce point les idées erronées du vulgaire. Démocrite, Aristote, Nicandre, Magon en admettoient la possibilité ; Varron l'affirme comme une chose avérée, et cite à l'appui ces deux vers grecs d'Archelaüs :

. . . . . . βοὸς φθιμένης πεποιημένα τέκνα,
ἵππων μὲν σφῆκες γενεά, μόσχων δὲ μέλισσαι.

Cet illusion générale paroîtra moins étrange si l'on considère qu'elle tenoit aux dogmes de la mythologie. La cérémonie de la reproduction des abeilles, intimement liée au culte d'Orphée, se répandit de la Grèce en Egypte et en Italie, où les difficultés qui en entravoient l'exécution empêchèrent long-temps d'en sentir l'imposture. Les lumières mêmes du siècle d'Auguste ne dissipèrent pas entièrement cette erreur, et Virgile, profitant de cette tradition obscure pour y rattacher l'histoire de son premier inventeur, en a formé le chef-d'œuvre de la poésie latine et peut-être de toute la littérature ancienne, l'admirable épisode d'Aristée.

Aristée, fils d'Apollon et de la nymphe Cyrène, fut honoré dans l'Afrique et dans la Grèce comme un des dieux tutélaires de l'agriculture. Il s'occupa de la plantation des arbres, du soin des troupeaux et des abeilles, et perfectionna toutes les branches de l'économie rurale, comme Pindare l'atteste dans cette ode où le centaure Chiron trace son horoscope :

Τόθι παῖδα τέξεται, ὃν κλυτὸς Ἑρμᾶς
εὐθρόνοις Ὥραισι καὶ Γαίᾳ, ἀνελὼν
φίλας ὑπὸ ματέρος, οἴσει.
ταὶ δ', ἐπιγουνίδιον

κατθηκάμεναι βρέφος αὐταῖς,
νέκταρ ἐν χείλεσσι καὶ ἀμ-
βροσίαν στάξοισι, θήσον-
ταί τέ νιν ἀθάνατον,
Ζῆνα καὶ ἁγνὸν Ἀπόλλω-
ν', ἀνδράσι χάρμα φίλοις
ἄγχιστον, ὀπάονα μάλων,
ἀγρέα καὶ νόμιον,
τοῖς δ' Ἀρισταῖον καλεῖν.

Pythique IX, v. 104.

Apollonius célèbre egalement sa gloire dans ces vers sur la patrie de Cyrène :

Ενθα δ' Ἀρισταῖον Φοίβῳ τέκεν, ὃν καλέουσιν
ἀγρέα καὶ νόμιον πολυλήϊοι Αἱμονιῆες.
τὴν μὲν γὰρ φιλότητι θεὸς ποιήσατο νύμφην
αὐτοῦ μακραίωνα καὶ ἀγρότιν· υἷα δ' ἔνεικε
νηπίαχον Χείρωνος ὑπ' ἄντροισι κομέεσθαι.
τῷ καὶ ἀεξηθέντι θεαὶ γάμον ἐμνήστευσαν
Μοῦσαι, ἀκεστορίην τε θεοπροπίας τ' ἐδίδαξαν·
καί μιν ἑῶν μήλων θῆσαν ἤρανον, ὅσσ' ἐνέμοντο
ἀμπεδίον Φθίης Ἀθαμάντιον, ἀμφί τ' ἐρυμνὴν
Οθρυν, καὶ ποταμοῦ ἱερὸν ῥόον Ἀπιδανοῖο.

Argon. II, v. 506.

Aristée aima Eurydice, et voulut l'enlever à Orphée : la jeune épouse, en fuyant sa poursuite, fut mordue par un serpent et mourut de sa blessure. Puni par l'anéantissement total de ses essaims, Aristée eut recours à sa mère, et parvint enfin par le secours du divin Protée à connoître la cause de son malheur et le moyen de le réparer. C'est cette fable si simple que Virgile a élevée par son génie au plus haut degré d'intérêt. On peut diviser son épisode en trois tableaux : l'entrevue d'Aristée et de Cyrène, l'apparition de Protée, et l'histoire d'Orphée et d'Eurydice. Le premier est tiré de l'Iliade, où il rappelle la scène entre Achille et Thétis, le second de l'Odyssée, où Ménélas consulte Protée ; mais le troisième, le plus parfait de tous, n'appartient qu'à Virgile seul. C'est surtout là qu'il a su déployer cette vivacité de sentiment, cette pureté d'images, cette tendre mélancolie qui ont fait admirer l'épisode d'Aristée par tous les siècles et par toutes les nations. Nous allons rapprocher des différentes parties les passages grecs qui s'y rapportent.

V I.

Quis deus hanc, Musæ, quis nobis extudit artem ?
Undè nova ingressus hominum experientia cepit ?
    Pastor Aristæus fugiens Peneïa Tempe ;
Amissis, ut fama, apibus morboque fameque,
Tristis ad extremi sacrum caput adstitit amnis,
320 Multa querens, atque hâc affatus voce parentem :
« Mater Cyrene ! mater ! quæ gurgitis hujus
Ima tenes, quid me præclarâ stirpe deorum,
Si modò, quem perhibes, pater est Thymbræus Apollo,
Invisum fatis genuisti ? aut quò tibi nostri
Pulsus amor ? quid me cœlum sperare jubebas ?
En etiam hunc ipsum vitæ mortalis honorem,
Quem mihi vix frugum et pecudum custodia solers,
Omnia tentanti extuderat, te matre, relinquo.
Quin age, et ipsa manu felices erue silvas,
330 Fer stabulis inimicum ignem, atque interfice messes,
Ure sata, et validam in vites molire bipennem,
Tanta meæ si te ceperunt tædia laudis. »

At mater sonitum thalamo sub fluminis alti
Sensit : eam circùm Milesia vellera nymphæ
Carpebant, hyali saturo fucata colore ;
Drymoque, Xanthoque, Ligeaque, Phyllodoceque,
Cæsariem effusæ nitidam per candida colla ;
Nesææ, Spioque, Thaliaque, Cymodoceque,
Cydippeque, et flava Lycorias : altera virgo,
340 Altera tùm primos Lucinæ experta labores ;
Clioque, et Beroë soror, Oceanitides ambæ,
Ambæ auro, pictis incinctæ pellibus ambæ ;
Atque Ephyre, atque Opis, et Asia Deïopeia ;
Et tandem positis velox Arethusa sagittis.
 Inter quas curam Clymene narrabat inanem
Vulcani, Martisque dolos et dulcia furta,
Aque Chao densos divûm numerabat amores.
Carmine quo captæ dùm fusis mollia pensa
Devolvunt, iterùm maternas impulit aures
350 Luctus Aristæi, vitreisque sedilibus omnes
Obstupuêre ; sed antè alias Arethusa sorores
Prospiciens, summâ flavum caput extulit undâ,
Et procul : « O gemitu non frustrà exterrita tanto,
Cyrene soror ! ipse tibi, tua maxima cura,
Tristis Aristæus, Penei genitoris ad undam
Stat lacrymans, et te crudelem nomine dicit. »
Huic perculsa novâ mentem formidine mater :
« Duc age, duc ad nos ; fas illi limina divûm
Tangere, » ait. Simul alta jubet discedere latè
360 Flumina, quâ juvenis gressus inferret : at illum
Curvata in montis faciem circumstetit unda,
Accepitque sinu vasto, misitque sub amnem.

Virgile représente d'abord le jeûne berger penché tristement sur la source du Pénée, et accusant sa mère de cruauté. Cette situation est celle d'Achille, au 1er. chant de l'Iliade, après l'enlèvement de Briséis :

. . . . Ἀχιλλεύς
δακρύσας ἑτάρων ἄφαρ ἕζετο νόσφι λιασθείς,
θῖν᾽ ἐφ᾽ ἁλὸς πολιῆς, ὁρόων ἐπὶ οἴνοπα πόντον·
πολλὰ δὲ μητρὶ φίλῃ ἠρήσατο, χεῖρας ὀρεγνύς·
« Μῆτερ, ἐπεί μ᾽ ἔτεκές γε μινυνθάδιόν περ ἐόντα,
τιμήν πέρ μοι ὄφελλεν Ὀλύμπιος ἐγγυαλίξαι
Ζεὺς ὑψιβρεμέτης· νῦν δ᾽ οὐδέ με τυτθὸν ἔτισεν.
ἦ γάρ μ᾽ Ἀτρείδης εὐρυκρείων Ἀγαμέμνων
ἠτίμησεν· ἑλὼν γὰρ ἔχει γέρας, αὐτὸς ἀπούρας. »

IL. I, v. 348.

Thétis entend sa prière et sort aussitôt du sein des flots (*Il. I, v.* 357); mais au 18me. chant de l'Iliade, où le héros pleure la mort de Patrocle, Homère nous montre la déesse assise, comme Cyrène, au milieu des Néréides, et gémissant du destin de son fils :

Σμερδαλέον δ᾽ ᾤμωξεν, ἄκουσε δὲ πότνια μήτηρ,
ἡμένη ἐν βένθεσσιν ἁλὸς παρὰ πατρὶ γέροντι·
κώκυσέν τ᾽ ἄρ᾽ ἔπειτα· θεαὶ δέ μιν ἀμφαγέροντο,
πᾶσαι ὅσαι κατὰ βένθος ἁλὸς Νηρηΐδες ἦσαν.
ἔνθ᾽ ἄρ᾽ ἔην Γλαύκη τε, Θάλειά τε, Κυμοδόκη τε,
Νησαίη, Σπείω τε, Θόη θ᾽, Ἁλίη τε βοῶπις,
Κυμοθόη τε καὶ Ἀκταίη καὶ Λιμνώρεια,
καὶ Μελίτη καὶ Ἴαιρα, καὶ Ἀμφιθόη καὶ Ἀγαυή,
Δωτώ τε, Πρωτώ τε, Φέρουσά τε, Δυναμένη τε,
Δεξαμένη τε καὶ Ἀμφινόμη καὶ Καλλιάνειρα,
Δωρὶς καὶ Πανόπη καὶ ἀγακλειτὴ Γαλάτεια,
Νημερτής τε καὶ Ἀψευδὴς καὶ Καλλιάνασσα·
ἔνθα δ᾽ ἔην Κλυμένη, Ἰάνειρά τε καὶ Ἰάνασσα,

Μαῖρα καὶ Ὠρείθυια, εὐπλόκαμός τ' Ἀμάθεια·
ἄλλαι θ', αἳ κατὰ βένθος ἁλὸς Νηρηΐδες ἦσαν.
τῶν δὲ καὶ ἀργύφεον πλῆτο σπέος· αἱ δ' ἅμα πᾶσαι
στήθεα πεπλήγοντο· Θέτις δ' ἐξῆρχε γόοιο.

Il. XVIII, v. 35.

Virgile ne nomme que dix huit Néréides, Homère en cite trente-quatre ; mais la liste complète des cinquante filles de Doris, qui, comme l'on voit, portent presque toutes des noms allégoriques, se trouve dans le poëme mythologique d'Hésiode (*Théogonie*, v. 240). Le chantre d'Aristée, ornant le texte d'Homère, a substitué aux plaintes de Thétis la peinture gracieuse des jeunes déesses, au milieu desquelles Clymène, mère de Phaëton, raconte les amours de Mars et de Vénus, célébrés par Démodocus dans le repas des Phéaciens :

Αὐτὰρ ὁ φορμίζων ἀνεβάλλετο καλὸν ἀείδειν
ἀμφ' Ἄρεος φιλότητος, ἐϋστεφάνου τ' Ἀφροδίτης.

Od. VIII, v. 266.

Le dialogue de Cyrène et d'Aréthuse ne se trouve point dans Homère, mais Virgile lui doit l'image pittoresque de la séparation des vagues, lorsque Thétis, suivie de toutes ses sœurs, se rend au camp des Thessaliens :

« Ἀλλ' εἶμ', ὄφρα ἴδωμι φίλον τέκος, ἠδ' ἐπακούσω,
ὅ ττι μιν ἵκετο πένθος ἀπὸ πτολέμοιο μένοντα. »
Ὣς ἄρα φωνήσασα λίπε σπέος· αἱ δὲ σὺν αὐτῇ
δακρυόεσσαι ἴσαν, περὶ δέ σφισι κῦμα θαλάσσης
ῥήγνυτο. ταὶ δ' ὅτε δὴ Τροίην ἐρίβωλον ἵκοντο,
ἀκτὴν εἰσανέβαινον ἐπισχερώ, ἔνθα θαμειαὶ
Μυρμιδόνων εἴρυντο νέες ταχὺν ἀμφ' Ἀχιλῆα.

Il. XVIII, v. 63.

★

Jamque domum mirans genitricis et humida regna,
Speluncisque lacus clausos lucosque sonantes,
Ibat, et ingenti motu stupefactus aquarum,
Omnia sub magnâ labentia flumina terrâ
Spectabat diversa locis, Phasimque, Lycumque,
Et caput undè altus primùm se erumpit Enipeus,
Undè pater Tiberinus, et undè Aniena fluenta,
370 Saxosumque sonans Hypanis, Mysusque Caïcus,
Et gemina auratus taurino cornua vultu
Eridanus, quo non alius per pinguia culta
In mare purpureum violentior influit amnis.
  Postquam est in thalami pendentia pumice tecta
Perventum, et nati fletus cognovit inanes
Cyrene, manibus liquidos dant ordine fontes
Germanæ, tonsisque ferunt mantilia villis.
Pars epulis onerant mensas, et plena reponunt
Pocula; Panchæis adolescunt ignibus aræ;
380 Et mater : « Cape Mæonii carchesia Bacchi,
Oceano libemus, » ait. Simul ipsa precatur
Oceanumque patrem rerum, nymphasque sorores,
Centum quæ silvas, centum quæ flumina servant.
Ter liquido ardentem perfudit nectare vestam :
Ter flamma ad summum tecti subjecta reluxit.
Omine quo firmans animum, sic incipit ipsa :

Homère nous ramène aux rives de Troie : Virgile au contraire nous fait pénétrer avec lui jusqu'à l'humide palais de Cyrène, dont il énumère toutes les merveilles avec une inépuisable harmonie. Il donne à tous les fleuves une source commune, située au centre de la terre et alimentée par l'Océan, selon la brillante hypothèse de Platon déjà indiquée par Homère :

. . . . μέγα σθένος Ὠκεανοῖο,
ἐξ οὗπερ πάντες ποταμοὶ καὶ πᾶσα θάλασσα,
καὶ πᾶσαι κρῆναι καὶ φρείατα μακρὰ νάουσιν.
IL. XXI, v. 195.

Le même poëte a placé au 12me. chant de l'Iliade (*v.* 17) un dénombrement des fleuves de l'Asie mineure, développé et enrichi par Hésiode, qui fait naître de l'Océan et de Téthys tous les fleuves connus de son temps :

Τηθὺς δ' Ὠκεανῷ ποταμοὺς τέκε δινήεντας,
Νεῖλόν τ', Ἀλφειόν τε, καὶ Ἠριδανὸν βαθυδίνην,
Στρυμόνα, Μαίανδρόν τε, καὶ Ἴστρον καλλιρέεθρον,
Φᾶσίν τε, Ῥῆσόν τ', Ἀχελώϊον ἀργυροδίνην,
Νέσσον τε, Ῥόδιόν θ', Ἁλιάκμονά θ', Ἑπτάπορόν τε,
Γρήνικόν τε καὶ Αἴσηπον, θεῖόν τε Σιμοῦντα,
Πηνειόν τε καὶ Ἕρμον, εὐρρείτην τε Κάϊκον,
Σαγγάριόν τε μέγαν, Λάδωνά τε, Παρθένιόν τε,
Εὔηνόν τε καὶ Ἄρδησκον, θεῖόν τε Σκάμανδρον.
Théogonie, v. 337.

Ce passage démontre qu'Hésiode n'a pu être le contemporain d'Homère, puisqu'il nomme entre autres le Nil, qu'Homère ne connaissoit que sous le nom d'Egyptus, et l'Eridan, totalement ignoré dans les premiers siècles de la Grèce.

La réception d'Aristée chez Cyrène, imitée par le Tasse dans le voyage d'Ubalde (*Jérusalem, ch. XIV, st.* 32 *à* 50), correspond à l'entrevue d'Achille et de Thétis :

Τῷ δὲ βαρυστενάχοντι παρίστατο πότνια μήτηρ,
ὀξὺ δὲ κωκύσασα κάρη λάβε παιδὸς ἑοῖο·
καί ῥ' ὀλοφυραμένη ἔπεα πτερόεντα προσηύδα·
« Τέκνον, τί κλαίεις ; τί δέ σε φρένας ἵκετο πένθος ; »
IL. XVIII, v. 70.

Les élégants détails ajoutés par Virgile rappellent la réception d'Ulysse chez Circé, racontée par le héros lui-même au 10ᵐᵉ. chant de l'Odyssée :

Ἀμφίπολοι δ' ἄρα κεδναὶ ἐνὶ μεγάροισι πένοντο
τέσσαρες, αἵ οἱ δῶμα κάτα δρήστειραι ἔασι.
γίνονται δ' ἄρα ταί γ' ἔκ τε κρηνέων, ἀπό τ' ἀλσέων,
ἔκ θ' ἱερῶν ποταμῶν οἵτ' εἰς ἅλαδε προρέουσι.
τάων ἡ μὲν ἔβαλλε θρόνοις ἔνι ῥήγεα καλὰ,
πορφύρεα καθύπερθ', ὑπένερθε δὲ λῖθ' ὑπέβαλλεν·
ἡ δ' ἑτέρη προπάροιθε θρόνων ἐτίταινε τραπέζας
ἀργυρέας, ἐπὶ δέ σφι τίθει χρύσεια κάνεια·
ἡ δὲ τρίτη κρητῆρι μελίφρονα οἶνον ἐκίρνα
ἡδὺν ἐν ἀργυρέῳ, νέμε δὲ χρύσεια κύπελλα·
ἡ δὲ τετάρτη ὕδωρ ἐφόρει, καὶ πῦρ ἀνέκαιε.
. . . .
Κίρκη δ' ὡς ἐνόησεν ἔμ' ἥμενον, οὐδ' ἐπὶ σίτῳ
χεῖρας ἰάλλοντα, στυγερὸν δέ με πένθος ἔχοντα,
ἄγχι παρισταμένη ἔπεα πτερόεντα προσηύδα·

Od. X, v. 348 et 375.

Cyrène commence ici le récit de l'oracle de Protée, et bientôt le poëte lui-même présente le dieu marin à nos yeux. Toute cette seconde partie est littéralement traduite du 4ᵐᵉ. chant de l'Odyssée, où Ménélas, retenu par des vents contraires sur les côtes d'Egypte, est sauvé d'une mort certaine par la nymphe Idothée, qui lui facilite les moyens de surprendre Protée son père et d'apaiser par son secours le ressentiment des dieux. Le discours de Cyrène correspond à celui d'Idothée, et la narration du poëte à celle de Ménélas à Télémaque.

*

« Est in Carpathio Neptuni gurgite vates
Cœruleus Proteus, magnum qui piscibus æquor,
Et juncto bipedum curru metitur equorum.

390 Hic nunc Emathiæ portus, patriamque revisit
Pallenen. Hunc et nymphæ veneramur, et ipse
Grandævus Nereus : novit namque omnia vates,
Quæ sint, quæ fuerint, quæ mox ventura trahantur.
Quippè ita Neptuno visum est, immania cujus
Armenta, et turpes pascit sub gurgite phocas.
Hic tibi, nate, priùs vinclis capiendus, ut omnem
Expediat morbi causam, eventusque secundet.
Nam sine vi non ulla dabit præcepta, neque illum
Orando flectes : vim duram et vincula capto
400 Tende; doli circùm hæc demùm frangentur inanes.
Ipsa ego te, medios cùm sol accenderit æstus,
Cùm sitiunt herbæ, et pecori jam gratior umbra est,
In secreta senis ducam, quò fessus ab undis
Se recipit, facilè ut somno aggrediare, jacentem.
Verùm ubi correptum manibus vinclisque tenebis,
Tùm variæ illudent species atque ora ferarum.
Fiet enim subitò sus horridus, ataque tigris,
Squamosusque draco, et fulvâ cervice leæna ;
Aut acrem flammæ sonitum dabit, atque ita vinclis
410 Excidet, aut in aquas tenues dilapsus abibit.
Sed, quantò ille magis formas se vertet in omnes,
Tantò, nate, magis contende tenacia vincla ;
Donec talis erit mutato corpore, qualem
Videris, incepto tegeret cùm lumina somno. »

Idothée apparoît à Ménélas errant dans l'île de Pharos, et lui
révèle le même secret que Cyrène à Aristée :

Πωλεῖται τις δεῦρο γέρων ἅλιος νημερτὴς,
ἀθάνατος Πρωτεὺς Αἰγύπτιος, ὅστε θαλάσσης
πάσης βένθεα οἶδε, Ποσειδάωνος ὑποδμώς ·
τόνδε τ' ἐμόν φασιν πατέρ' ἔμμεναι ἠδὲ τεκέσθαι.

τόνγ' εἴπως σὺ δύναιο λοχησάμενος λελαβέσθαι,
ὅς κέν τοι εἴπησιν ὁδὸν καὶ μέτρα κελεύθου,
νόστον θ', ὡς ἐπὶ πόντον ἐλεύσεαι ἰχθυόεντα·
καὶ δέ κέ τοι εἴπῃσι, διοτρεφές, αἴκ' ἐθέλῃσθα,
ὅ ττι τοι ἐν μεγάροισι κακόν τ' ἀγαθόν τε τέτυκται,
οἰχομένοιο σέθεν δολιχὴν ὁδὸν ἀργαλέην τέ.
. . . .
Ἦμος δ' ἠέλιος μέσον οὐρανὸν ἀμφιβεβήκει,
τῆμος ἄρ' ἐξ ἁλὸς εἶσι γέρων ἅλιος νημερτὴς,
πνοιῇ ὑπὸ Ζεφύροιο, μελαίνῃ φρικὶ καλυφθείς,
ἐκ δ' ἐλθὼν κοιμᾶται ὑπὸ σπέσσι γλαφυροῖσιν.
ἀμφὶ δέ μιν φῶκαι, νέποδες καλῆς Ἁλοσύδνης,
ἀθρόαι εὕδουσιν, πολιῆς ἁλός ἐξαναδῦσαι,
πικρὸν ἀποπνείουσαι ἁλὸς πολυβενθέος ὀδμήν.
ἔνθα σ' ἐγὼν ἀγαγοῦσα, ἅμ' ἠοῖ φαινομένηφιν,
εὐνάσω ἐξείης· σὺ δ' εὖ κρίνασθαι ἑταίρους
τρεῖς, οἵ τοι παρὰ νηυσὶν ἐϋσσέλμοισιν ἄριστοι.
πάντα δέ τοι ἐρέω ὀλοφώϊα τοῖο γέροντος.
φώκας μέν τοι πρῶτον ἀριθμήσει καὶ ἔπεισιν·
αὐτὰρ ἐπὴν πάσας πεμπάσσεται ἠδὲ ἴδηται,
λέξεται ἐν μέσσοισι, νομεὺς ὣς πώεσι μήλων·
τὸν μὲν ἐπὴν δὴ πρῶτα κατευνηθέντα ἴδησθε,
καὶ τότ' ἔπειτ' ὕμμιν μελέτω κάρτος τὲ βίη τὲ,
αὖθι δ' ἔχειν μεμαῶτα καὶ ἐσσύμενόν περ ἀλύξαι.
πάντα δὲ γιγνόμενος πειρήσεται, ὅσσ' ἐπὶ γαῖαν
ἑρπετὰ γίνονται, καὶ ὕδωρ, καὶ θεσπιδαὲς πῦρ·
ὑμεῖς δ' ἀστεμφέως ἐχέμεν, μᾶλλόν τε πιέζειν.
ἀλ' ὅτε κέν δή σ' αὐτὸς ἀνείρηται ἐπέεσσιν,
τοῖος ἐών, οἷόν κε κατευνηθέντα ἴδησθε,
καὶ τότε δὴ σχέσθαι τὲ βίης, λῦσαί τε γέροντα,
ἥρως· εἴρεσθαι δὲ, θεῶν ὅστις σε χαλέπτει·
νόστον θ', ὡς ἐπὶ πόντον ἐλεύσεαι ἰχθυόεντα.

Od. IV, v. 384 et 400.

★

Hæc ait, et liquidum ambrosiæ diffudit odorem,
Quo totum nati corpus perduxit; at illi
Dulcis compositis spiravit crinibus aura,
Atque habilis membris venit vigor. Est specus ingens
Exesi latere in montis, quó plurima vento
420 Cogitur, inque sinus scindit sese unda reductos,
Deprensis olim statio tutissima nautis.
Intùs se vasti Proteus tegit objice saxi.
Hîc juvenem in latebris adversum à lumine nympha
Collocat; ipsa procul nebulis obscura resistit.

Jàm rapidus torrens sitientes Sirius Indos
Ardebat, cœlo èt medium sol igneus orbem
Hauserat : arebant herbæ, et cava flumina siccis
Faucibus ad limum radii tepefacta coquebant;
Cùm Proteus consueta petens è fluctibus antra
430 Ibat : eum vasti circùm gens humida ponti
Exsultans, rorem latè dispergit amarum.
Sternunt se somno diversæ in littore phocæ.
Ipse, velut stabuli custos in montibus olim,
Vesper ubi è pastu vitulos ad tecta reducit,
Auditique lupos acuunt balatibus agni,
Considit scopulo medius, numerumque recenset.
Cujus Aristæo quoniam est oblata facultas,
Vix defessa senem passus componere membra,
Cum clamore ruit magno, manicisque jacentem
440 Occupat. Ille, suæ contrà non immemor artis,
Omnia transformat sese in miracula rerum,
Ignemque horribilemque feram fluviumque liquentem.
Verùm ubi nulla fugam reperit fallacia, victus
In sese redit, atque hominis tandem ore locutus :
« Nam quis te, juvenum confidentissime, nostras
Jussit adire domos? quidve hinc petis? inquit. At ille :

« Scis, Proteu, scis ipse ; neque est te fallere quidquam.
Sed tu desine velle : deûm præcepta secuti
Venimus hùc, lapsis quæsitum oracula rebus. »
450 Tantùm effatus. Ad hæc vates vi denïque multâ,
Ardentes oculos intorsit lumine glauco;
Et graviter frendens, sic fatis ora resolvit :

Ménélas exécute comme Aristée les ordres de la Néréide; mais Virgile a enrichi la description :

Ἦμος δ' ἠριγένεια φάνη ῥοδοδάκτυλος ἠώς,
καὶ τότε δὴ παρὰ θῖνα θαλάσσης εὐρυπόροιο
ἤια, πολλὰ θεοὺς γουνούμενος· αὐτὰρ ἑταίρους
τρεῖς ἄγον, οἷσι μάλιστα πεποίθεα πᾶσαν ἐπ' ἰθύν.
τόφρα δ' ἄρ' ἤγ' ὑποδῦσα θαλάσσης εὐρέα κόλπον,
τέσσαρα φωκάων ἐκ πόντου δέρματ' ἔνεικε·
πάντα δ' ἔσαν νεόδαρτα, δόλον δ' ἐπεμήδετο πατρί·
εὐνὰς δ' ἐν ψαμάθοισι διαγλάψασ' ἁλίῃσιν,
ἧστο μένουσ', ἡμεῖς δὲ μάλα σχεδὸν ἤλθομεν αὐτῆς·
ἑξείης δ' εὔνησε, βάλεν δ' ἐπὶ δέρμα ἑκάστῳ.
κεῖθι δὴ αἰνότατος λόχος ἔπλετο, τεῖρε γὰρ αἰνῶς
φωκάων ἁλιοτρεφέων ὀλοώτατος ὀδμή·
τίς γὰρ ἂν εἰναλίῳ παρὰ κήτεϊ κοιμηθείη;
ἀλλ' αὐτὴ ἐσάωσε, καὶ ἐφράσατο μέγ' ὄνειαρ·
ἀμβροσίην ὑπὸ ῥῖνα ἑκάστῳ θῆκε φέρουσα,
ἡδὺ μάλα πνείουσαν, ὄλεσσε δὲ κήτεος ὀδμήν.
πᾶσαν δ' ἠοίην μένομεν τετληότι θυμῷ.

Φῶκαι δ' ἐξ ἁλὸς ἦλθον ἀολλέες· αἱ μὲν ἔπειτα
ἑξῆς εὐνάζοντο παρὰ ῥηγμῖνι θαλάσσης.
ἔνδιος δ' ὁ γέρων ἦλθ' ἐξ ἁλός, εὗρε δὲ φώκας
ζατρεφέας· πάσας δ' ἄρ' ἐπῴχετο, λέκτο δ' ἀριθμόν.
ἐν δ' ἡμέας πρώτους λέγε κήτεσιν, οὐδέ τι θυμῷ
ὠΐσθη δόλον εἶναι· ἔπειτα δὲ λέκτο καὶ αὐτός.

Études grecq. Ire Partie.

ἡμεῖς δ᾽ αἶψ᾽ ἰάχοντες ἐπεσσύμεθ᾽, ἀμφὶ δὲ χεῖρας
βάλλομεν· οὐδ᾽ ὁ γέρων δολίης ἐπελήθετο τέχνης,
ἀλλ᾽ ἤτοι πρώτιστα λέων γένετ᾽ ἠϋγένειος.
αὐτὰρ ἔπειτα δράκων, καὶ πάρδαλις, ἠδὲ μέγας σῦς·
γίνετο δ᾽ ὑγρὸν ὕδωρ, καὶ δένδρεον ὑψιπέτηλον.
ἡμεῖς δ᾽ ἀστεμφέως ἔχομεν τετληότι θυμῷ·
ἀλλ᾽ ὅτε δή ῥ᾽ ἀνίαζ᾽ ὁ γέρων, ὀλοφώϊα εἰδὼς,
καὶ τότε δή μ᾽ ἐπέεσσιν ἀνειρόμενος προσέειπεν·
« Τίς νύ τοι, Ἀτρέος υἱὲ, θεῶν συμφράσσατο βουλὰς,
ὄφρα μ᾽ ἕλοις ἀέκοντα λοχησάμενος; τέο σε χρή; »

Ὣς ἔφατ᾽· αὐτὰρ ἐγώ μιν ἀμειβόμενος προσέειπον·
« Οἶσθα, γέρον· τί με ταῦτα παρατροπέων ἐρεείνεις;
ὡς δὴ δήθ᾽ ἐνὶ νήσῳ ἐρύκομαι, οὐδέ τι τέκμωρ
εὑρέμεναι δύναμαι, μινύθει δέ μοι ἔνδοθεν ἦτορ.
ἀλλὰ σύ πέρ μοι εἰπὲ, θεοὶ δέ τε πάντα ἴσασιν,
ὅστις μ᾽ ἀθανάτων πεδάᾳ καὶ ἔδησε κελεύθου,
νόστον θ᾽, ὡς ἐπὶ πόντον ἐλεύσομαι ἰχθυόεντα. »

Od. IV, v. 431.

Protée indique à Ménélas le moyen de retourner à Sparte, et l'instruit ensuite des malheurs d'Ajax, d'Agamemnon et d'Ulysse (*Od. IV*, v. 471 à 570). Virgile a remplacé ce récit, conforme à la gravité du style historique, par l'épisode d'Orphée et d'Eurydice, auquel on ne peut rien opposer dans l'antiquité. Nous en rapprocherons ici quelques fragments épars de poésie grecque qui feront mieux ressortir la supériorité de l'ensemble.

★

« Non te nullius exercent numinis iræ;
Magna luis commissa: tibi has miserabilis Orpheus
Haudquaquam ob meritum pœnas, ni fata resistant,
Suscitat, et raptâ graviter pro conjuge sævit.

Illa quidem, dùm te fugeret per flumina præceps,
Immanem antè pedes hydrum moritura puella
Servantem ripas altâ non vidit in herbâ.
460 At chorus æqualis Dryadum clamore supremos
Implêrunt montes : flêrunt Rhodopeiæ arces,
Altaque Pangæa, et Rhesi Mavortia tellus,
Atque Getæ, atque Hebrus, atque Actias Orithyia.
Ipse cavâ solans ægrum testudine amorem,
Te, dulcis conjux, te solo in littore secum,
Te veniente die, te decedente canebat.

« Tænarias etiam fauces, alta ostia Ditis,
Et caligantem nigrâ formidine lucum
Ingressus, manesque adiit, regemque tremendum,
470 Nesciaque humanis precibus mansuescere corda.
At cantu commotæ Erebi de sedibus imis
Umbræ ibant tenues, simulacraque luce carentum;
Quàm multa in silvis avium se millia condunt,
Vesper ubi, aut hibernus agit de montibus imber :
Matres atque viri, defunctaque corpora vitâ
Magnanimûm heroum, pueri, innuptæque puellæ,
Impositique rogis juvenes antè ora parentum.
Quos circùm limus niger, et deformis arundo
Cocyti, tardâque palus inamabilis undâ
480 Alligat, et novies Styx interfusa coërcet.
Quin ipsæ stupuêre domus, atque intima lethi
Tartara, cœruleosque implexæ crinibus angues
Eumenides; tenuitque inhians tria Cerberus ora;
Atque Ixionii vento rota constitit orbis.

« Jamque pedem referens casus evaserat omnes,
Redditaque Eurydice superas veniebat ad auras,
Ponè sequens; namque hanc dederat Proserpina legem :
Cùm subita incautum dementia cepit amantem,

Ignoscenda quidem, scirent si ignoscere manes!
490 Restitit, Eurydicenque suam jàm luce sub ipsâ,
Immemor, heu! victusque animi, respexit: ibi omnis
Effusus labor, atque immitis rupta tyranni
Fœdera, terque fragor stagnis auditus Averni. [pheu?
Illa, « Quis et me, inquit, miseram, et te perdidit, Or-
Quis tantus furor? en iterùm crudelia retrò
Fata vocant, conditque natantia lumina somnus.
Jamque vale: feror ingenti circumdata nocte,
Invalidasque tibi tendens, heu non tua, palmas! »
Dixit, et ex oculis subitò, ceu fumus in auras
500 Commixtus tenues, fugit diversa; neque illum
Prensantem nequicquam umbras, et multa volentem
Dicere, præterea vidit; nec portitor Orci
Amplius objectam passus transire paludem.
Quid faceret? quò se raptâ bis conjuge ferret?
Quo fletu manes, quâ numina voce moveret?
Illa quidem Stygiâ nabat jàm frigida cymbâ.
« Septem illum totos perhibent ex ordine menses
Rupe sub aëriâ, deserti ad Strymonis undam
Flevisse, et gelidis hæc evolvisse sub antris,
510 Mulcentem tigres, et agentem carmine quercus.
Qualis populeâ mœrens Philomela sub umbrâ
Amissos queritur fœtus, quos durus arator
Observans nido implumes detraxit: at illa
Flet noctem, ramoque sedens miserabile carmen
Integrat, et mœstis latè loca questibus implet.
Nulla venus, nullique animum flexêre hymenæi.
Solus hyperboreas glacies, Tanaimque nivalem,
Arvaque Rhipæis nunquam viduata pruinis
Lustrabat, raptam Eurydicen atque irrita Ditis
520 Dona querens. Spretæ Ciconum quo munere matres,

Inter sacra deûm nocturnique orgia Bacchi,
Discerptum latos juvenem sparsêre per agros.
Tùm quoque marmoreâ caput à cervice revulsum,
Gurgite cùm medio portans OEagrius Hebrus
Volveret, Eurydicen vox ipsa et frigida lingua,
Ah miseram Eurydicen! animâ fugiente vocabat :
Eurydicen toto referebant flumine ripæ. »

Protée débute comme dans l'Odyssée, en signalant le ressentiment des dieux :

Ὣς ἐφάμην· ὁ δέ μ' αὖτις ἀμειβόμενος προσέειπεν·
« Ἀλλὰ μάλ' ὤφελλες Διΐ τ' ἄλλοισίν τε Θεοῖσιν
ῥέξας ἱερὰ κάλ' ἀναβαινέμεν, ὄφρα τάχιστα
σὴν ἐς πατρίδ' ἵκοιο, πλέων ἐπὶ οἴνοπα πόντον. »

Od. IV, v. 471.

Les regrets des Dryades à la mort d'Eurydice rappellent le deuil de la nature autour du tombeau de Bion :

Σεῖο, Βίων, ἔκλαυσε ταχὺν μόρον αὐτὸς Ἀπόλλων·
καὶ Σάτυροι μύροντο, μελάγχλαινοί τε Πρίηποι·
καὶ Πᾶνες στοναχεῦντι τὸ σὸν μέλος· αἵ τε καθ' ὕλαν,
Κρανίδες ὠδύραντο, καὶ ὕδατα δάκρυα γέντο.

Moschus, Idylle III, v. 26.

Orphée pleure son épouse sur un rivage désert comme le Cyclope célèbre les charmes de Galatée :

. . . . ὁ δὲ, τὰν Γαλάτειαν ἀείδων,
αὐτῷ ἐπ' ἀϊόνος κατετάκετο φυκιοέσσας,
ἐξ ἀοῦς, ἔχθιστον ἔχων ὑποκάρδιον ἕλκος.

Théocrite, Idylle XI, v. 13.

La descente d'Orphée aux enfers est consacrée dans une élégie d'Hermesianax, poëte du siècle d'Alexandre, dont Athénée a conservé quelques vers :

Οἵην μὲν φίλος υἱὸς ἀνήγαγεν Οἰάγροιο
Ἀγριόπην Θρῆσσαν, στειλάμενος κιθάρῃ,
Ἀιδόθεν, ἔπλευσε δὲ κακὸν καὶ ἀπειθέα χῶρον,
ἔνθα Χάρων ἀκοήν ἕλκεται εἰς ἄκατον
ψυχὰς οἰχομένων, λίμνη δ' ἐπὶ μακρὸν ἀϋτεῖ
ῥεῦμα δ' ἐκ μεγάλων ῥυομένη δονάκων.
ἀλλ' ἔτλει παρὰ κῦμα μονόζωστον κιθαρίζων
Ὀρφεὺς, παντοίους δ' ἐξανέπεισε θεούς·
Κωκυτόν τ' ἀθέμιστον ἐπ' ὀφρύσι μειδήσαντα,
ἠδὲ καὶ αἰνοτάτου βλέμμ' ὑπέμεινε κυνός,
ἐν πυρὶ μὲν φωνὴν τεθοωμένου, ἐν πυρὶ δ' ὄμμα,
σκληρὸν τριστοίχοις δεῖμα φέρων κεφαλαῖς.
ἔνθεν ἀοιδιάων μεγάλους ἀνέπεισεν ἄνακτας
Ἀγριόπην μαλακοῦ πνεῦμα λαβεῖν βιότου.

Elégie d'Orphée.

Ce poëte donne à la nymphe le nom d'Agriope ; mais celui d'Eurydice se retrouve dans Moschus (*Idylle III, v.* 131). Euripide fait allusion à la même circonstance dans sa tragédie d'*Alceste* (*v.* 364). Les vers sur l'apparition des ombres sont tirés de l'évocation d'Ulysse (voyez Enéide VI, v. 305) :

Ἐς βόθρον ῥέε δ' αἷμα κελαινεφές· αἱ δ' ἀγέροντο
ψυχαὶ ὑπ' ἐξ ἐρέβευς νεκύων κατατεθνηώτων,
νύμφαι τ', ἠΐθεοί τε, πολύτλητοί τε γέροντες,
παρθενικαί τ' ἀταλαί, νεοπενθέα θυμὸν ἔχουσαι·
πολλοὶ δ' οὐτάμενοι χαλκήρεσιν ἐγχείῃσιν,
ἄνδρες ἀρηΐφατοι, βεβροτωμένα τεύχε' ἔχοντες.

Od. XI, v. 36.

La séparation d'Eurydice et d'Orphée, peinte avec une perfection de style inimitable, rappelle les adieux d'Alceste à Admète dans la tragédie d'Euripide :

Ὁρῶ δίκωπον, ὁρῶ σκάφος,
νεκύων δὲ πορθμεὺς, ἔχων χέρ' ἐπὶ κοντῷ,
Χάρων μ' ἤδη καλεῖ· τί μέλλεις;
ἐπείγου σύ· κατείργεις· τὰ δ' ἕτοιμ' ἃ
σπερχόμενος ταχύνει.
. . . .
ἄγει μ', ἄγει μέ τις, οὐχ ὁρᾷς,
νεκύων ἐς αὐλὰν, ὑπ' ὀφρύσι κυαναυ-
γέσι βλέπων πτερωτὸς ᾅδας;
τί ῥέζεις; ἄφες· οἵαν ὁδὸν ἁ δει-
λαιοτάτα προβαίνω.

Alceste, v. 258.

Le désespoir du malheureux époux, les merveilles de sa lyre mélodieuse ont également été exprimés par Euripide (*Bacchantes*, v. 560), par Horace (*livre I, ode 12*) et par Apollonius :

Αὐτὰρ τόν γ' ἐνέπουσιν ἀτειρέας οὔρεσι πέτρας
θέλξαι ἀοιδάων ἐνοπῇ, ποταμῶν τε ῥέεθρα·
φηγοὶ δ' ἀγριάδες κείνης ἔτι σήματα μολπῆς,
ἀκτῆς Θρηϊκίης ζώνης ἔπι τηλεθόωσαι,
ἑξείης στειχόωσιν ἐπήτριμοι, ἃς ὅγ' ἐπιπρὸ
θελγομένας φόρμιγγι κατήγαγε Πιερίηθεν.

Argon. I, v. 26.

La comparaison du rossignol, imitée par l'Arioste, le Tasse, Milton et Voltaire (*Roland*, ch. XLV, st. 39); (*Jérusalem*, ch. XII, st. 90); (*Paradis*, ch. III, v. 38); (*Henriade*, ch. VIII, v. 265) se compose de ces deux tableaux d'Homère, représentant Ulysse et Pénélope :

Κλαῖον δὲ λιγέως, ἀδινώτερον ἤ τ' οἰωνοὶ
φῆναι, ἢ αἰγυπιοὶ γαμψώνυχες, οἷσί τε τέκνα
ἀγρόται ἐξείλοντο, πάρος πετεεινὰ γενέσθαι.
Od. XVI, v. 217.

Ὡς δ' ὅτε Πανδαρέου κούρη, χλωρηῒς ἀηδών,
καλὸν ἀείδησιν, ἔαρος νέον ἱσταμένοιο,
δενδρέων ἐν πετάλοισι καθεζομένη πυκινοῖσιν·
ἥ τε θαμὰ τρωπῶσα χέει πολυηχέα φωνήν,
παῖδ' ὀλοφυρομένη Ἴτυλον φίλον, ὅν ποτε χαλκῷ
κτεῖνε δι' ἀφραδίας, κοῦρον Ζήθοιο ἄνακτος.
Od. XIX, v. 518.

On trouve encore dans l'Iliade une image analogue (*Il. II*, *v.* 315), développée par Moschus dans l'Idylle de *Mégare*:

Ὡς δέ τ' ὀδύρεται ὄρνις ἐπὶ σφετέροισι νεοσσοῖς
ὀλλυμένοις, οὕστ' αἰνὸς ὄφις, ἔτι νηπιάχοντας,
θάμνοις ἐν πυκινοῖσι κατεσθίει· ἡ δὲ κατ' αὐτοὺς
πωτᾶται κλάζουσα μάλα λιγὺ πότνια μήτηρ·
οὐδ' ἄρ' ἔχει τέκνοισιν ἐπαρκέσαι· ἦ γάρ οἱ αὐτῇ
ἆσσον ἴμεν μέγα τάρβος ἀμειλίκτοιο πελώρου.
Moschus, Idylle IV, v. 21.

La mort d'Orphée rappelle celle de Penthée déchiré par les Bacchantes (Euripide, *Bacchantes*, *v.* 1095) (Théocrite, *Idylle XXVI*); mais les derniers accents de son amour n'ont point de modèle. Ovide, qui a fait de l'épisode entier une imitation généralement médiocre, a été inspiré par ce touchant passage dans lequel il a presque égalé Virgile (*Metam.* ch. *X*, *v.* 1 à ch. *XI*, *v.* 53). Pope l'a également reproduit dans sa belle *Ode à Ste.-Cécile*, qui n'a été surpassée que par celle de Dryden sur la *Fête d'Alexandre*.

★

Hæc Proteus : et se jactu dedit æquor in altum ;
Quàque dedit, spumantem undam sub vertice torsit.
530 At non Cyrene ; namque ultrò affata timentem :
« Nate, licet tristes animo deponere curas.
Hæc omnis morbi causa ; hinc miserabile nymphæ,
Cum quibus illa choros lucis agitabat in altis,
Exitium misêre apibus. Tu munera supplex
Tende, petens pacem, et faciles venerare Napæas;
Namque dabunt veniam votis, irasque remittent:
Sed, modus orandi qui sit, priùs ordine dicam.
Quatuor eximios præstanti corpore tauros,
Qui tibi nunc viridis depascunt summa Lycæi,
540 Delige, et intactâ totidem cervice juvencas.
Quatuor his aras alta ad delubra dearum
Constitue, et sacrum jugulis demitte cruorem,
Corporaque ipsa boum frondoso desere luco.
Pòst, ubi nona suos Aurora ostenderit ortus,
Inferias Orphei lethæa papavera mittes,
Placatam Eurydicen vitulâ venerabere cæsâ,
Et nigram mactabis ovem, lucumque revises. »
Haud mora : continuò matris præcepta facessit.
Ad delubra venit ; monstratas excitat aras ;
550 Quatuor eximios præstanti corpore tauros
Ducit, et intactâ totidem cervice juvencas.
Pòst, ubi nona suos Aurora induxerat ortus
Inferias Orphei mittit, lucumque revisit.
Hîc verò subitum ac dictu mirabile monstrum
Aspiciunt, liquefacta boum per viscera toto
Stridere apes utero, et ruptis effervere costis,
Immensasque trahi nubes, jàmque arbore summâ
Confluere, et lentis uvam demittere ramis.

Aristée est frappé comme Ménélas de l'affligeante révélation du devin :

Ὣς εἰπὼν, ὑπὸ πόντον ἐδύσατο κυμαίνοντα.
αὐτὰρ ἐγὼν ἐπὶ νῆας ἅμ' ἀντιθέοις ἑτάροισιν
ἤϊα· πολλὰ δέ μοι κραδίη πόρφυρε κιόντι.

Od. IV, v. 570.

L'explication que Cyrène donne de l'oracle, et le sacrifice expiatoire qu'elle prescrit à son fils, offrent une exacte analogie avec les préceptes de Circé à Ulysse se rendant aux royaumes des ombres. Ces superstitions, nées d'une source commune, régnoient également en Egypte, en Grèce et en Italie :

Αὐτὸς δ' εἰς Ἀΐδεω ἰέναι δόμον εὐρώεντα·
ἔνθα μὲν εἰς Ἀχέροντα Πυριφλεγέθων τὲ ῥέουσι,
Κώκυτός 3', ὃς δὴ Στυγὸς ὕδατός ἐστιν ἀπορρώξ,
πέτρη τὲ, ξύνεσίς τε δύω ποταμῶν ἐριδούπων.
ἔνθα δ' ἔπειθ', ἥρως, χριμφθεὶς πέλας, ὥς σε κελεύω,
βόθρον ὀρύξαι, ὅσον τε πυγούσιον, ἔνθα καὶ ἔνθα.
ἀμφ' αὐτῷ δὲ χοὴν χεῖσθαι πᾶσιν νεκύεσσι,
πρῶτα μελικρήτῳ, μετέπειτα δὲ ἡδέϊ οἴνῳ,
τὸ τρίτον αὖθ' ὕδατι· ἐπὶ δ' ἄλφιτα λευκὰ παλύνειν.
πολλὰ δὲ γουνοῦσθαι νεκύων ἀμενηνὰ κάρηνα,
ἐλθὼν εἰς Ἰθάκην, στεῖραν βοῦν, ἥτις ἀρίστη,
ῥέξειν ἐν μεγάροισι, πυρήν τ' ἐμπλησέμεν ἐσθλῶν.
Τειρεσίῃ δ' ἀπάνευθεν ὄϊν ἱερευσέμεν οἴῳ,
παμμέλαν', ὃς μήλοισι μεταπρέπει ὑμετέροισιν.
αὐτὰρ ἐπὴν εὐχῇσι λίσῃ κλυτὰ ἔθνεα νεκρῶν,
ἔνθ' ὄϊν ἀρνειὸν ῥέξειν, θηλύν τε μέλαιναν,
εἰς ἔρεβος στρέψας, αὐτὸς δ' ἀπονόσφι τραπέσθαι,
ἱέμενος ποταμοῖο ῥοάων· ἔνθα δὲ πολλαὶ
ψυχαὶ ἐλεύσονται νεκύων κατατεθνηώτων.

Od. X, v. 512

Les vœux d'Ulysse sont exaucés comme ceux d'Aristée (*Od. XI*, v. 25). L'image pittoresque des abeilles suspendues en essaim rappelle ces deux vers de l'Iliade :

Βοτρυδὸν δὲ πέτονται ἐπ' ἄνθεσιν εἰαρινοῖσιν·
αἱ μέν τ' ἔνθα ἅλις πεποτήαται, αἱ δέ τε ἔνθα.

Il. II, v. 89.

★

Hæc super arvorum cultu pecorumque canebam,
560 Et super arboribus, Cæsar dùm magnus ad altum
Fulminat Euphraten bello, victorque volentes
Per populos dat jura, viamque affectat Olympo.
Illo Virgilium me tempore dulcis alebat
Parthenope, studiis florentem ignobilis otî;
Carmina qui lusi pastorum, audaxque juventâ
Tityre, te patulæ cecini sub tegmine fagi.

Enfin, après avoir glorieusement achevé sa tâche, Virgile se consacre quelques vers dans ce modeste épilogue qu'il paroît avoir composé long-temps après les Géorgiques, au moment où la publication de l'Enéide venoit de l'élever au-dessus de tous ses rivaux et de lui assurer la faveur spéciale d'Auguste. Cette modération est d'autant plus louable qu'elle n'étoit pas commune parmi les auteurs de son temps ; témoin le fastueux épilogue d'Horace :

Exegi monumentum ære perennius
Regalique situ pyramidum altius ;
Quod non imber edax, non aquilo impotens
Possit diruere, aut innumerabilis
Annorum series, et fuga temporum.
Non omnis moriar ; multaque pars meî
Vitabit Libitinam. Usque ego posterâ

Crescam laude recens, dùm Capitolium
Scandet cum tacitâ virgine Pontifex.
Dicar, quà violens obstrepit Aufidus,
Et quà pauper aquæ Daunus agrestium
Regnavit populorum, ex humili potens,
Princeps Æolium carmen ad Italos
Deduxisse modos. Sume superbiam
Quæsitam meritis, et mihi Delphicâ
Lauro cinge volens, Melpomene, comam.
Livre III, ode 3o.

Ovide a terminé dans le même style son poëme des Métamorphoses (*ch. XV, v.* 846). La Fontaine au contraire, dont l'aimable naïveté sympathisoit si bien avec celle de Virgile, n'a cru pouvoir mieux finir le 11me. livre de ses fables qu'en traduisant l'épilogue des Géorgiques.

INDEX.

DE LA POÉSIE PASTORALE.

I.	*Origine de la Pastorale.*	pag. 3.
II.	*Théocrite.*	4.
III.	*Bion et Moschus.*	6.
IV.	*Virgile. Eglogues.*	7.
V.	*Poëtes Bucoliques modernes.*	8.

EGLOGUES.

I.	*Tityre.*	11.
II.	*Alexis.*	19.
III.	*Palémon.*	29.
IV.	*Pollion.*	43.
V.	*Daphnis.*	52.
VI.	*Silène.*	63.
VII.	*Mélibée.*	74.
VIII.	*L'Enchanteresse.*	82.
IX.	*Méris.*	94.
X.	*Gallus.*	102.

De la Poésie Didactique.

I. *Division du genre Didactique.* . . pag. 113.
II. *Hésiode.* . . . . 114.
III. *Auteurs Agronomiques après Hésiode.* . 116.
IV. *Virgile. Géorgiques.* . . . . 119.
V. *Auteurs Agronomiques après Virgile.* . 120.

Géorgiques. Livre I.

I. *Invocation.* . . . . 127.
II. *Labourage.* . . . . 130.
III. *Origine de l'agriculture.* . . . . 135.
IV. *Instruments aratoires.* . . . . 141.
V. *Travaux des quatre saisons.* . . . . . . 146.
VI. *Signes du temps.* . . . . 159.
VII. *Présages de la mort de César.* . . . . . 171.

Livre II.

I. *Production des arbres* . . . . 179.
II. *Diversité des espèces.* . . . . 185.
III. *Eloge de l'Italie.* . . . . 188.
IV. *Propriétés des sols.* . . . . 192.
V. *Plantation de la vigne.* . . . . 196.

INDEX.

VI. *Culture de la vigne.* . . . . pag. 205.
VII. *Arbres forestiers.* . . . . 210.
VIII. *Eloge de la vie champêtre.* . . . . . . 213.

Livre III.

I. *Temple d'Auguste.* . . . . 225.
II. *Chevaux et taureaux.* . . . . 227.
III. *Exercices du manége.* . . . . 233.
IV. *Fureurs de l'amour.* . . . . 239.
V. *Brebis et chèvres.* . . . . 247.
VI. *Bergers d'Afrique et de Scythie.* . . . . 250.
VII. *Soins du bercail.* . . . . 254.
VIII. *Reptiles et maladies.* . . . . 256.
IX. *Epizootie.* . . . . 260.

Livre IV.

I. *Emplacement des ruches.* . . . . 271.
II. *Emigrations et combats.* . . . . 274.
III. *Le vieillard de Tarente.* . . . . 278.
IV. *Mœurs des abeilles.* . . . . 282.
V. *Renouvellement des essaims.* . . . . . . 288.
VI. *Episode d'Aristée.* . . . . 295.

FIN DU VOLUME.

www.ingramcontent.com/pod-product-compliance
Lightning Source LLC
Chambersburg PA
CBHW060414170426
43199CB00013B/2131